国共内戦期の中共・ソ連関係

——旅順・大連地区を中心に——

鄭　成　著

御茶の水書房刊

国共内戦期の中共・ソ連関係　目次

目次

国共内戦期の中共・ソ連関係

――旅順・大連地区を中心に――

序章

第一節　問題提起

もし、ただ一つの言葉を使って、一九四〇年代なかば以降の中共とソ連の関係を集約するならば、おそらく「劇的」という言葉より、適切なものはないだろう。確かに、一九四〇年代後半に入ると、中共とソ連は急速な接近を実現し、一九五〇年に同盟関係を確立した後の数年間は、社会主義国家同士としての親密な友好関係を世界中の人々に鮮烈な印象を焼き付けた。だが、一九五〇年代後半に入ると、両者間の亀裂は徐々に広がり、両者関係は悪化の一途を辿り、ついに深刻な対立状態に突入した。中ソ関係の歴史的展開は、このように衝突と急変に富み、まさに「劇的」と言う以外に、あてはまる言葉がないだろう。むろん、「劇的」という言葉の裏に、不安定という意味も根強くひそんでいる。

なぜ、中ソ両国は安定した関係を維持できなかったのか、もし両者の関係に何かの特質性があるとすれば、それはどういうものであるのか。中ソ関係を検討する際、このような類いの問いがつねにつきまとう。

これまでの中ソ関係研究は、右のような問いを基本的な問題意識に据えながら、政治史、外交史のアプローチから、中ソ両国の指導部の政治的往来を主な研究対象として、両者関係の歴史的変遷の解明に力を注いできた[1]。そして、近年来、こうした問題意識を共有しながら、一九五〇年代の中ソ交流が経済、文化、教育などの各分野で活発に行われたという、社会全体で展開された中ソ間の歴史に着目して、より広い視野と複数のアプローチから、転換期にある中ソ関係の全体像を提示する動きが国際学界で台頭している[2]。

本書は、こうした問題関心を共有しながら、一九四〇年代後半の中国の旅順・大連地区（以下は旅大地区とする）の中共とソ連軍の協力関係に焦点を当て、その協力実態を明らかにすることで、同盟関係確立前の中共とソ連の関係を地方の基層組織レベルの視点から考察し、その特質を把握することを目的とする。

中共とソ連の関係は国共内戦期に入ってから、飛躍的な進展を遂げた。東北地域に進出した中共軍とソ連軍の間には、「反国民政府」という共通の戦略利益のもとに、地方レベルの協力関係が形成された。両者の協力関係は中共の軍事勝利に寄与したほか、ソ連に対する中共側の歩み寄りをも促進して、中華人民共和国建国までの中共とソ連の関係に大きな影響を与えた。この時期の中共の対ソ接近は、上層部レベルでは、毛沢東率いる中共指導部が対米、対国民政府への戦略意図から決めたものであるが、一方、中国東北で展開された中共とソ連の協力関係が、下層の実務レベルからそれを支えたと捉えることができる。

旅大地区では、中共とソ連軍は国共内戦期を通じて、地方政権の共同運営を展開し、協力関係を樹立した。双方の協力関係は、行政、経済、文化などの各分野に広がり、中共幹部を含める現地の民衆を広く取り込んだ。双方の協力活動は中共とソ連全般の互相関係に、二つの点で大きな意義を持つ。一つ目は、ソ連軍の庇護の下で、中共は旅大地区を後方基地に仕上げて、自身の軍事攻勢に物的と人的側面から大きく貢献したことである。二つ目は、国共内戦期の旅大地区では、社会主義国家のソ連の優位性と中ソ友好が盛んに宣伝され、ソ連の社会主義を勉強する気運が高まったことである。この時期の旅大は、一九五〇年以降、対ソ一辺倒に覆われた中国全土と同じ様相を呈しており、ある意味では先取りをしているような状況にあった。

だが、ほかの研究者が論じているように、ソ連が旅大地区で中共政権を樹立させたのは、旅大地区に対する自らの支配確保であることも留意に値する。(3) 国民政府勢力を同地区から排除するという点で、中共とソ連軍は利害が一致していたが、旅大の経済資源の利用、行政管理の主導権などをめぐって、双方は多くの利益対立を抱えていた。双方の衝突が頻発するにつれて、中共とソ連軍はともに対処に躍起になったが、協力関係がつねに安定した状態にあるわけではなかった。相互の力関係、各自の思惑と行動様式の相違が、両者の齟齬を生み出したが、加えて、流動化する旅大地区を取り巻く内外の情勢がそれに拍車を掛けた。その結果、個々の衝突が場当たり的に解決された場合が多く、大きな衝突が起きると、相互の協力体制基盤の存続に影響を及ぼした場合もあった。中ソ双方の協力関係はつねに一種の緊張感を孕んでいた。

同時期の中国国内を見渡すと、旅大地区のような百万人規模の都市圏で、ソ連軍が中共組織を含めて現地の中国人と広範囲に亘って、協力を継続した実例は、旅大のほかには存在しなかった。一九四七年後半より、ソ連は旅大以外の東北地域の中共に対して、貿易、軍需物資提供、医薬品提供、鉄道修復などの形で援助を行った事実があるが、いずれも一方的援助で、かつ短期プロジェクトとしての性格が強いものであり、旅大の場合と大きく異なっている。一方、旅大における中共・ソ連軍間の協力関係は、その後の中ソ国家間の協力関係の一つの雛形と言える。この旅大地区で、中共の地方組織とソ連軍が利益上の対立点を抱えながら、いかに協力関係を展開したかを明らかにすることは、基層組織レベルから、当時の中ソ関係の特質を理解するのに有益である。そして、それ以後の激しい起伏を経験した中ソ関係を考察するにも極めて示唆的であろう。

本書は、旅大地区の中共とソ連軍の協力関係を考察するにあたって、以下の二つの問題を中心に展開したい。

一つ目は、中共とソ連軍の協力関係の性格を判断する物差しであり、つまり両者の間に、対等的なパートナーシップが形成できたかどうかということである。

二つ目は、一つ目の問題の続きである。つまり、一つ目の問題の結論がいかなるものであれ、その背後の要因は何であろうか。そして、中ソ関係を考察するにおいて、いかなる示唆を与えられるのか。

第二節　先行研究

中ソ関係の先行研究

中ソ関係の先行研究は枚挙に暇がないほど蓄積が多い。そのため、本書の研究関心に即して、学界全体の研究動向の流れに留意しつつ、国共内戦期の中ソ関係を扱う研究を中心に紹介する。説明の便宜上、国別に分けて紹介を進めたい。

中国では、従来から中国革命に対するソ連の役割を「善玉」か「悪玉」というように、単純な功罪の論断に終始する研究は多数存在していた。これは、従来の党史研究とプロパガンダ宣伝の影響力がまだ強かったためである。しかし、イデオロギーの束縛が緩和された一九九〇年代以降、中ソ関係研究は一気に活気を呈し、多くの研究成果が現れるようになった(4)。学界の主流は従来の革命史観中心の研究への反省から、ソ連、中国の公文書及び档案を利用して、マルチアーカイブのアプローチから中ソ関係の歴史実態を考察する方向へと大きく方向転換が実現した。紙幅の関係で、中国の中ソ関係研究の集大成として、以下の二点だけを挙げる。

楊奎松の『中間地帯的革命─国際大背景下看中共成功之道』は、一九四九年に中共が全国政権を樹立するまでの、中共革命の道程の紆余曲折を詳しく考察した上で、ソ連側のイデオロギー的と物的影響がなかったら、中共革命は実現できなかったと論じている。(5) 国共内戦期における中共とソ連の両者関係に関して、楊奎松はソ連側の物的援助が中共の軍事攻勢をサポートした事実を認めながら、ソ連の揺れ動く中国政策が中共を大きく困惑させた事実をも指摘し、中共自身の国民政府との徹底抗戦に対する確固たる信念が、革命を成功に導いた最大の要因であったと主張している。

沈志華、楊奎松、李丹慧、牛軍の共著『中蘇関係史綱』は、二〇世紀の中ソ関係全般を取り上げている。著者らは、中国国内の档案、ソ連の公文書、関係者の証言を中心とした、従来ではほかに例を見ないほどの厖大な史料をもとに、中ソ関係の進展を押し進めた各時期の歴史的要素を分析して、その歴史的流れを描き出している。中ソという二つの巨大な社会主義国家の起伏が多い歴史を前に、沈志華らは中ソ両国はなぜ相互の対立が避けられなかったのか、社会主義国家同士の間にいかなる構造的問題があったのかという問いを問題意識の根底に据えながら、研究を展開している。(6)

中国の中ソ関係研究が一九九〇年代以降開花したのは、右のような要因のほか、中国人研究者の多くが、中ソ両国関係の激動時期に青春時代を送っていたことも挙げられる。そのため彼らの研究にはより深い思いが込められているのである。(7)

日本は、海を挟んだ中ソの隣国としての歴史的経緯から、中ソ関係に対する関心が衰えた時がない。一九六〇年代前半、日本国際政治学会が企画した中ソ関係をテーマとした数回の特集は、対立の溝が深まりつつあるた二大社会主義大国に強い関心を表している。(8) それ以降、中ソ対立をテーマにした研究が相次いで現れた。(9) 一九八〇年代後半、中ソ間の緊張緩和を受けて、中ソ関係への関心は再び高まった。日本のソ連研究者と中国研究者が共同で編著した『現代中国とソ連』『中ソ関係と国際環境』は、イデオロギー中心の視角を超えて、政治、経済、歴史などの視角から、中ソ関係を捉え直そうとした学界の動きの表れである[10]。石井明の『中ソ関係史の研究一九四五—一九五〇』は、中ソ関係の歴史変動における国共内戦期の重要性に注目し、同時期の中共、国民政府、ソ連の複雑な三者関係に焦点を当てている[11]。二〇世紀前半の中国東北地域を取り扱う論文集『近代中国東北地域史研究の新視角』は、中ソ関係の専書ではないが、地域史という新しい視角から、東北地域に進出したソ連軍の足取りを経済、軍事などの側面から捉えて、中ソ関係研究の新たな可能性を提示した。全体的に、日本の中ソ関係研究が従来のイデオロギー中心の政治研究から、国際関係研究へと、そして実証的歴史研究に広がって行くという流れが読み取れる。

欧米学界の中ソ関係研究について、国共内戦期の中ソ関係を扱ったものを中心に紹介する。まず国共内戦という中国革命の視点から中共とソ連の関係に触れた研究は、ウェスタード（Westad）とレービン（Levine）のものがある。ウェスタードは、中共が国共内戦の最終的勝利を獲得したことについて、ソ連軍からの物的、技術的支援を一つの要因として挙げている[12]。国共内戦中、中共が東北地域を掌握した歴史的過程を研究したレービンはウェスタードと同じく、中共軍の勝利にソ連の援助が大きな推進的役割を果たしたと指摘している。しかし、ソ連の援助は明確かつ一貫した中共支持の政策があったわけではなく、あくまでもソ連自身の国家利益のため実行されたものであるとも、レービンは強調している[13]。

国共内戦期を視野に入れ、中共とソ連の同盟関係の確立過程を考察し、その要因を分析する研究者として、在米中国人研究者の陳兼と盛慕真が挙げられる。両氏とも、毛沢東の中共指導部とスターリンのソ連指導部の政治往来を主な考察対象にして、共通のイデオロギーが中ソ同盟関係の基盤であったと論じている[14]。また、ドイツ人研究者ハインツィヒ（Heinzig）は、多くの先行研究成果を踏まえながら、同盟関係の確立に向けての中共とソ連の相互接近の歴史的過程を綿密に考察している[15]。

二一世紀に入ってから、ソ連と中国の公文書の公開状況の改善に伴って、マルチアーカイブ的手法の利用が可能となり、各国の研究者間の交流も盛んになった。これを受けて、これまで政治史と外交史のアプローチを主流とした中ソ関係研究は二国間に止まらず、多国間の視点を意欲的に取り入れるようになった。そのほか、経済、文化、教育、地域史などの分野から中ソ関係に全面的にアプローチする動きも活発となっている。これは中ソ関係の歴史的展開が、国民を一人一人まで取り込んで、国のあり方に深遠な影響を及ぼしていることから、従来の政治史、外交史のアプローチが十分にカバーできないという認識が、研究者の間に広がっているためである。筆者が参加した二〇〇九年一月に上海の華東師範大学国際冷戦史研究センター主催の「冷戦と中ソ関係―外交、経済と文化交流」と題する国際学会では、経済、文化、教育などの分野からのアプローチが報告全体数の半分に上っていることが、このような流れの一つの現れである[16]。本書もこうした流れの一部として位置づけられよう。

旅大の中ソ関係の先行研究

以下は本書の研究内容と関連性が高い先行研究を紹介したい。

まず、国共内戦期の東北全域で、中共とソ連の関係に触れている研究は、大沢武彦のものがある[17]。大沢武彦は、東北に進出した中共はソ連とのバーター貿易を通じて、かつての満洲国や糧桟の役割を担うようになり、東北の流通において大きな地位を占めるようになったこと、そして、こうした活動は中共が設立した基層政権によってなされ、東北の社会に新たな統合を図るきっかけともなったことを指摘し、中共の基層政権の樹立過程において中共とソ連の貿易が働いた役割を論じている。

旅大地区に関する先行研究は石井明、薛衛天、クリスチャン・ヘス（Christian Hess）、汪朝光の研究成果があり、それぞれの着目点が異なっている。

最も早く国共内戦期の旅大問題に注目したのは石井明である。[18]石井明は旅大の接収をめぐるソ連軍と国民政府の交渉、中華人民共和国建国後の旅大返還とソ連軍の撤退を考察の中心に据えていたが、本書の研究対象である中共とソ連軍の協力関係を取り上げなかった。

薛衛天は、旅大地区における中共とソ連軍の協力関係を国共内戦期の中共とソ連の両者関係の重要な一部として取り上げている。[19]薛衛天は、中共が旅大で強固な後方基地を建設して、物資供給と人員供給の面で中共を大きくサポートすることができたのは、同地区での中共とソ連軍の協力関係が重要な役割を果たしたとして、協力関係を高く評価している。このような見解は中共の党史文献と共通している。

ヘスは、国共内戦期の旅大地区で展開された、一般民衆のソ連の受け入れの変化過程に注目している。ヘスはこの過程を、旅大中ソ友好協会（中共旅大の外郭組織）の宣伝活動とソ連軍側の働きかけを受けて、現地の一般民衆の対ソ感情が好転し、社会主義大国ソ連に対する憧憬が次第に高まったと捉えている。[20]ヘスは、ソ連式の社会主義モデルが旅大地区の企業生産、学校教育などの分野に影響を及ぼした事実を挙げ、日本敗戦後の旅大地区は、一九五〇年以降のソ連一辺倒の全国展開に先立って、ソ連の文化、経済、教育に広く接したことで、ソ連の影響を進んで受け入れた地域であると指摘している。

本書でも取り上げた、中共旅大とソ連軍当局の対立点について分析を行ったのは、汪朝光の研究である。汪朝光は、劉順元と唐韵超という二人の旅大地区の中共組織のトップがソ連軍当局に更迭されたのを手がかりに、中共とソ連軍の利益上の対立点及び一連の衝突を考察した。中共とソ連軍の利益上の対立点について、汪朝光はそれが双方の基本的目標が一致している中の、路線方針と利益上のささやかな相違であると位置づけている。彼はソ連軍当局側の高圧的な姿勢が衝突悪化の原因だと指摘しながら、中共上層部の寛容な姿勢が、両者の対立をうまく緩和させた鍵であり、そして旅大地区における中共とソ連軍の協力関係は基本的に成功したと評価を下している(21)。

しかし、旅大地区において、行政、経済、対外宣伝などの各方面で展開された中共とソ連軍両者の協力実態についての立ち入った考察が十分でないため、両者を取り巻く全体の情勢が見えず、その深層原因についての分析がまだ十分ではない。中共が旅大において対ソ関係をうまく対応したという評価は、結果論的に聞こえる。換言すれば、協力関係が最後まで維持されたという事実だけに注目して、それを成功と評価したのはやや早急である。一方、中共・ソ連軍関係の複雑な様相が捨象されてしまう印象が残る。協力関係について、汪朝光の分析は薛銜天より一歩進んでいるものの、両者の協力関係が中共の国内革命に貢献したという従来の枠組みから抜け出してはおらず、新たな見識を提起することに至らなかった。

第三節　本書の構成

本書は、国共内戦中の旅大地区に焦点をあて、同地区に進出した中共組織とソ連軍当局を対象に、協力関係の形成経緯、旅大地区の行政運営、経済活動、対外宣伝という側面から、両者の協力関係の実態を考察し、その特質を明らかにすることを研究目的とする。それに基づいて、以下の構成となっている。

序章では、問題提起と先行研究の検討を行い、本書の構成と研究手法を説明する。第一章では、第二次世界大戦直後の東北地域を取り巻く内外情勢、及び東北をめぐる中共、国民政府とソ連の三者間の複雑な関係を概観する。第二章では、旅大地区進出の試みに失敗した中共が、ソ連進駐軍のバックアップを得て地方政権を樹立できた過程を明らかにする。第三章では、中共とソ連軍当局による共同政権運営の実態を考察し、ソ連軍主導の二重統治構造の特徴を明らかにする。第四章では、ソ連軍支配の大型企業の生産活動、中共側が自力で進めた兵器弾薬開発と生産、地域の貨幣管理などの経済面の個別問題から、ソ連軍主導の経済活動及び両者の協力実態を詳細に考察する。第五章では、ソ連軍当局が発行する『実話報』に対して社内運営と報道記事の二つの側面から、マスメディアという特殊な分野における中共とソ連軍の協力実態、及びソ連軍の対外宣伝を考察する。終章は、国共内戦期の中共とソ連の協力関係の歴史的流れを総括して、その特質を指摘する。

第四節　研究手法と利用資料

本書は主として史料文献研究とオーラルヒストリーの二つの研究手法をとる。

利用資料は、発行者または編著者を基準に分類すると、中共、国民政府、日本、ソ連の四種類に分けることができる。利用資料の主体となる中共側の資料は主として、統計資料、内部発行の資料集、档案集、関係者の回想録に分ける。

統計資料の中で、最も史料的価値が高いのは、一九四九年に内部発行された『旅大概述』である。同書には経済、農業、行政、教育などの分野に亘って、国共内戦中における旅大地区の全般状況について、詳細な統計データが掲載されている。大連史志弁公室、大連公安局、各中共の企業事業体が編纂した史料集には、旅大地区の経済事情、行政運営について詳細なデータがある。中共内部発行の資料集としては、『蘇聯紅軍在旅大』、『大連建新公司兵工生産資料』、『解放初期的大連』など多数のものがある。これらの資料集は、中共の革命を記念する資料であるため、党史文献としての性格が強いことは否定できないが、中共関係者の回想文、中共旅大の工作報告、会議記録、中共旅大・ソ連軍間の交渉記録など、当時の状況を反映する資料が多数収録されているため、史料的価値も極めて高い。そのほか、韓光、劉順元、唐韵超などといった、旅大の中共組織で指導者を務め、中共とソ連軍との交渉を担当したことがある中共幹部の回想文と伝記などは、当時の中共旅大の仕事を取り巻く状況を知る上では、重要な価値がある。

大連档案館に保管されている、国共内戦時期の旅大地区に関する地方档案は、本書の刊行時点では未公開のため、本書の研究段階では、利用できなかった[22]。大連档案館の档案が利用できるようになれば、国共内戦期の旅大地区における中共とソ連軍の協力実態の解明は飛躍的に進むであろう。

上記の資料を補完する意味で、本研究は国民政府側の資料と日本の出版物をも利用している。

国民政府側の資料は、主として旅大接収をめぐる国民政府とソ連の交渉過程の関連記録、及び国共内戦期の出版物である。第二次世界大戦後の旅大において国民政府勢力の存続期間が短い上、活動範囲が限られたため、関連史料が少ない。筆者が利用できたのも上記のものに限られている。国民政府側の資料の発掘が進み、利用できるようになれば、より複眼的視点から考察することが可能になるだろう。

日本側の資料としては、主として残留日本人の関連記録と日本植民時代の経済統計資料集の二種類を利用した。戦後、一時期大連に残留した日本人は数多くの回想文を残している。残留日本人の記憶・経験をもとにした戦後の旅大地区の状況を記録したノンフィクションは、混乱を極めた戦後の旅大地区における民衆の日常生活やソ連軍の行動について、臨場感を伴いながら多くの情報を提供している。激しい権力交代の時期であったため、民衆の日常生活についての中国側の記録が欠如している現在、これらの資料から窺えた当時旅大地区の社会状況は、中共とソ連軍の関係の背景把握に重要な一助となる。

ソ連側の資料は、主に沈志華主編の『蘇聯歴史档案選編』を利用した。同資料集は、ソ連崩壊後、利用制限が大きく緩和されたロシアの複数の公文書館から入手した膨大な公文書をもとに編集されたものである。戦後ソ連の対外政策や、旅大の『実話報』を中心としたソ連軍の対外宣伝を知る上で重要な価値がある。ただし、旅大地区のソ連軍と直接関連した档案資料は収録されていない[23]。

そのほか、旅大ソ連軍が発行した中国語新聞『実話報』の五年分（欠号あり）、東北日報などの国共内戦期の中国東北で出版された同時代文献が複数存在しており、これも利用した。

本書は、研究対象の関係上、利用資料は中共側の資料が中心となっている。上に述べたように、ほかのアクターの資料の保存状況及び公開状況が異なるため、結果的に中共側の資料に依存せざるをえない一面があった。また、中共の革命史観と中共の偉大さを宣伝するため、中共側の資料に史料加工の可能性が指摘されかねない。これに対して、筆者は次のように認識している。あらゆる史料が加工されたものである。史料に向き合う際、まず当該史料の性格を十分に把握して、そして、利用史料に存在するイデオロギー宣伝の要素に対して、フィルターを通して読むことが大事となる。資料の具体的利用にあたって、特定の種類の資料への依存を避け、なるべく複数の資料を丹念比較して、客観的立場に立って、事実を丹念に抽出する作業が肝心である。付言しておくと、中共の文献資料がイデオロギー宣伝の色を強く帯びる一面があるのは事実であるが、革命に参加した中共幹部の中には、一時の政治的需要に迎合せず、歴史事実を曲げずに次の世代に伝えたいという純粋な気持ちを抱く人も存在していることもまた事実である。筆者が本研究でインタビューした欧陽恵氏はこのような人物であった。

文献資料のほか、中共旅大に派遣されて、『実話報』で記者を務めた欧陽恵氏に対して、三回に亘ってインタビューをした。『実話報』社内における中共とソ連軍の協力実態、当時の旅大地区を取り巻く社会状況について、欧陽氏が語った歴史状況は文献情報を補完する上で非常に有益であった。

註

(1) 中ソの不安定な両者関係について、同盟関係を対象とした分析から着手する考察が多い。これまでの研究は共通のイデオロギーと国家利益を二つの基本要素に据えて、中ソ同盟関係の形成を分析する傾向が強い。具体的には、中ソ同盟関係の形成過程において、双方の共通のイデオロギーと各自の国家利益考慮のどちらがより主導的役割を果たしたかという議論であった。イデオロギーの役割を強調する研究者は、陳兼と盛慕真が挙げられる。一方、沈志華は、ソ連はあくまでも自国利益を優先した前提で、中共援助を行ったとして、各自の国家利益が主導的役割を果たしたと指摘している。国家至上主義が台頭したソ連では、社会主義国家が従来理想とした国際主義は、ソ連の国家利益を追求する手段と化した、と中ソ間の対立の原因を論じている毛里和子の論点は沈志華に近い。毛里和子「序説社会主義の変容と中ソ関係研究の新しい視角」日本国際政治学会『中ソ関係と国際環境』一九九〇年、九—一〇頁。

近年、沈志華は、従来のイデオロギー対国家利益という分析枠組みを超えて、社会主義国家関係の構造的特徴に原因を求めている。中ソ双方が、国際主義と民族主義の矛盾点を克服させるため、安易にイデオロギーを利用する傾向と、共産党の同士関係を国家関係と混同させ、国家間の利益衝突の解消を図る行動様式が、利益上の相違点を拡大させ、関係の亀裂を招いてしまったという論点である。沈志華主編『中蘇関係史綱一九一七—一九九一中蘇関係若干問題再探討』社会科学文献出版社、二〇一一年、五三五—五四〇頁。

イデオロギーと国家利益という分析の枠組みについて、筆者はどちらも特定の歴史的文脈でそれぞれ主導的役割を果たした時期があるので、全体的に一律に断言できない側面が多いと考えている。両国関係を論じている場合、民主主義国家同士の場合でも、社会主義国家同士の場合でも、いかなる国家同士であっても利益上の衝突が起きるのが当然である。このような認識に即して言えば、両国の国家関係を考察するにあたって、衝突の解決に焦点をあてるやり方が、両者関係の実質の把握により効率的であると言えよう。

(2) 筆者が参加した二〇〇九年一月に上海の華東師範大学国際冷戦史研究センター主催の「冷戦と中ソ関係――外交、経済と文化交流」と題する国際学会では、経済、文化、教育などの分野から中ソ関係を取り上げた報告が報告全体数の半分前後に上っており、このような動きの現れと捉えることができよう。同国際学会の詳細について、拙稿ご参照。鄭成「「冷戦と中ソ関係――外交、経済と文化交流」――国際学会に参加して」早稲田大学アジア太平洋研究センター編『アジア太平洋討究』第一四号、二〇一〇年、一九七―二〇七頁。

(3) 汪朝光『一九四五―一九四九国共政争与中国命運』社会科学文献出版社、二〇一〇年、二〇七頁。

(4) 一九九〇年代以降、中国で刊行された中ソ関係の論著は数多くある。そのなか、幾つかの代表的なものを挙げる。

王真『動蕩中的同盟――抗戦時期的中蘇関係』広西師範大学出版社、一九九三年。

劉志青『恩怨歴尽後的反思――中蘇関係七十年』黄河出版社、一九九八年。

羅志剛『中蘇外交関係研究』武漢大学出版社、一九九九年。

孫其明『中蘇関係始末』上海人民出版社、二〇〇二年。

孔寒氷『中蘇関係及其対中国社会発展的影響』中国国際広播出版社、二〇〇四年。

(5) 楊奎松『中間地帯的革命――国際大背景下看中共成功之道』山西人民出版社、二〇一〇年。四頁。

(6) 沈志華主編『中蘇関係史綱 一九一七〜一九九一年――中蘇関係若干問題再探討』(増訂版) 社会科学文献出版社、二〇一一年、五三一―五四〇頁。

(7) 前述した二〇〇九年一月の「冷戦と中ソ関係――外交、経済と文化交流」国際学会の挨拶で、陳兼は同主旨の発言を行った。

(8) 日本国際政治学会編『共産圏の研究』有斐閣、一九六三年。日本国際政治学会編『中ソ対立とその影響』有斐閣、一九六四年。

(9) 菊地昌典ほか著『中ソ対立：その基盤・歴史・理論』有斐閣、一九七六年。中嶋嶺雄『中ソ対立と現代——戦後アジアの再考察』中央公論社、一九七八年。中でも、中嶋は、一九七〇年代に公開された資料が少なかったため、自ら立てた仮説を検証するという研究手法を使い、中ソ関係研究に臨んでいた。

(10) 山極晃、毛里和子『現代中国とソ連』日本国際問題研究所、一九八七年。日本国際政治学会編『中ソ関係と国際環境』有斐閣、一九九〇年。

(11) 石井明『中ソ関係史の研究 一九四五—一九五〇』東京大学出版会、一九九〇年。

(12) Odd Arne Westad. *Decisive Encounters: The Chinese Civil War, 1946–1950*. Stanford University Press, 2003.

(13) Steven I. Levine. *Anvil of Victory: The Communist Revolution in Manchuria,1945–1948*. New York: Columbia University Press, 1987.

(14) Michael M. Sheng. *Battling Western Imperialism: Mao, Stalin, and the United States*. New Jersey: Princeton University Press, 1997.
Chen Jian. *Mao's China and the Cold War*. Chapel Hill: University of North Carolina Press, 2001.

(15) 迪特・海茵茨希（Dieter Heinzig）張文武、李丹琳ほか訳『中蘇走向聯盟的艱難歴程』新華出版社、二〇〇一年。

(16) 同国際学会の詳細について、前掲、拙稿「冷戦と中ソ関係——外交、経済と文化交流」——国際学会に参加して」、参照。

(17) 大沢武彦「戦後内戦期における中国共産党の東北支配と対ソ交易」『歴史学研究』第八一四号、二〇〇六年五月、一一五頁、六一—六二頁。

(18) 石井明「第二次世界大戦終結期の中ソ関係——旅順・大連問題を中心に——」江夏由樹ほか編『近代中国東北地域史研究の新視角』山川出版社、二〇〇五年、二一二—二三九頁。石井明は、戦後の旅大地区を取り巻く中共、国民政府、ソ連の三者関係を取り上げた。石井明『戦後内戦期の国共両党・ソ連の関係について――一九四五年秋、中国東北――』東京大学出版会、一九八四年。石井明「中ソ関係における旅順・大連問題」日本国際政治学会『中ソ関係と国際環境』一九九〇年、四六―六二頁。

(19) 薛銜天『民国時期中蘇関係史(一九一七―一九四九)』(下)中共党史出版社二〇〇九年、一〇四―一二四頁。

(20) 何凱思(Christian Hess)「蘇聯人在旅順和大連的活動(一九四五―一九四九)」沈志華、李濱編『脆弱的聯盟――冷戦与中蘇関係』社会科学文献出版社、二〇一〇年、二八―四六頁。

(21) 前掲『一九四五―一九四九国共政争与中国命運』二〇八―二二四頁。

(22) 国共内戦期の地方档案、とりわけ中共関連の档案は、その資料の性格上、敏感視されるところが多い。大連档案館と遼寧省档案館は、どちらもこの時期の档案を公開していない。筆者が知っている限り、国共内戦中の旅大地区を研究する数人の中国人研究者とアメリカ研究者が、筆者と同じように大連档案館の資料利用を図ったが、成功していない。これらの档案館の資料利用の現状が、本文で紹介している資料に依拠した大きな要因でもある。

(23) 二〇〇八年夏、筆者が北京で沈志華にインタビューした時、旅大のソ連軍関係の資料は軍関係のため、公開されていないという説明を受けた。その後、依然としてこのような状況が続いている。

第一章　国共内戦中の中共とソ連の関係

第一章では、より広い視野で、旅大地区における中共とソ連軍の協力関係を考察できるように、中共成立から国共内戦終了までの、中共とソ連の二者関係の変遷を概観する。加えて、国共内戦期の旅大地区を取り巻く情勢の推移を紹介する。

第一節では、中共成立以降から日本敗戦までの、中共とソ連の二者関係の歴史を紹介する。第二節では、国共内戦中、東北地域をめぐって繰り広げられた、中共、国民党、ソ連の複雑な三者関係を概観する。第三節では、日本敗戦直後から国共内戦が終了するまで、旅大地区を取り巻く情勢の流れを描く。

第一節　一九四五年に至るまでの中共・ソ連関係

中共とソ連の関わりは、中共の成立の一年前まで遡ることができる。一九一九年、誕生して間もないソビエト・ロシアはコミンテルンを設立し、欧州各国を対象範囲に社会主義革命の普及に力を注いだ(1)。その後、ソビエト赤軍がシベリアをコントロール下に置いたことに伴い、中国、朝鮮、モンゴルなどの極東地域もソビエト・ロシア政府の社会主義革命運動の視野に入った。一九二〇年春、ヴォイチンスキーが中国に入り、陳独秀、李大釗らの中国知識人と接触した。これを機に、ソ連の組織的、資金的支援がコミンテルンに一本化されて、中国の共産主義運動を推進する流れができて、一年後の中共の誕生に繋がった。中共の誕生は、陳独秀らの中国知識人が自ら行った歴史的選択の結果ではあるが、その成立過程で、ソビエト・ロシアが発揮した組織的役割も極めて重要であった。

一九二〇年代初期より、ソ連は中国国内の政治に意欲的に関与し始めた。ソ連はまず、国民党の国内革命に対して、組織改革、軍隊設立、政治活動の側面から、人的、資金、物的側面の援助を惜しまずに協力を進めた。この頃の中共は、コミンテルンの一支部としてソ連の強い影響下にあって、ソ連から資金援助とともに、上層部人事から政治方針まで全面的指導を受けていた。ソ連の指示のもとで、中共は中共党員が個人の資格で国民党に入党し、国民党の政治活動に参与していた。ソ連の強力な働きかけで中国の二大政治勢力がはじめての全面協力を実現した。

しかし、一九二七年、国民党が反共クーデターを起こし、中国の政治構図が一変した。その後、弱小勢力である中共が強大な国民党に対峙するという局面がほぼ一〇年近く続いた。一九三四年まで、中共はソ連の社会主義政権をモデルにして、一九二〇年代後半より農村部でソビエト政権を立ち上げて、新たな革命路線の展開を図った。国民党の度重なる大規模な軍事掃討戦を受けて、戦略的移動（長征）を余儀なくされた。一年間の過酷な長征を経て、陝北にようやく辿り着いた中共は、出発時の一〇万人の兵力が一万人未満に減り、軍事力が極端に弱体化した。しかし、それと同時に、コミンテルンと連絡がとれないこととも関係があって、中共指導部の指導権が、コミンテルンから絶大な信頼を寄せられたソ連留学生から毛沢東にシフトしたという事態が現れた（一九三五年一月、遵義会議）。これを契機にこれまで政治方針の面でコミンテルンの指示に全面的に依存してきた中共が、想像に絶するほど数々の困難を自力で乗り越えて、始めて自分自身の自主性と独立性を図るようになった。一九三〇年代までのソ連の中国革命関与は、革命の輸出がロシア革命、ひいては世界革命に資するという認識を持つレーニン主義が支えていたものであると、楊奎松は論じている(2)。

長征後の中共は、強大な国民党に対して独力で対抗することはできず、依然としてソ連に依存する面が大きかったため、ソ連の指示を仰ぐ構図は根本的に変わっていなかった。日中戦争勃発の前夜、中共は西安事件の解決にあたって、蔣介石を釈放して、これまでのソビエト政権樹立を中心とした革命路線を放棄し、赤軍を国民政府軍の一部として編入して、二度目の国共合作に踏み切った。こうした一連の路線転換の背後では、ソ連側が指導的役割を果たしたほか、これらの措置自体が国民党の強い軍事攻勢の緩和に繫がり、中共自身の利益とも一致していたため、中共は進んで実行していたのである。

しかし、やがて第二次世界大戦の危機が迫ってくる中、国民政府に対する中共の対応をめぐり、中共とソ連の間に一連の軋轢が生じて来た。日本という強敵を前に、中共と国民政府は二度目の合作に踏み切ったとはいえ、一〇年間の内戦を経た双方の間に、深い不信は容易に消えなかった。中共軍と国民党軍の小競り合いが頻発して、それが一九四一年の皖南事変をもってピークに達した。両者間の政治的相互糾弾も絶えなかった。事態が深刻化するたび、ソ連はコミンテルンと王明を通して、中共に対して抗日民族統一戦線の重要性と貫徹を強調して、中共の反発を牽制した。

ソ連は従来から欧州と極東地域の東西両方からそれぞれドイツと日本による軍事脅威に直面していた。ドイツ軍と日本軍と同時に対戦する最悪のシナリオを回避するには、中共が国民党と協力して強固な抗日戦線を築くことが、最もソ連自身の利益にかなうという認識から、ソ連は国民政府に対日作戦の強化を要請することと、中共に対して対国民政府の協調を指導することを、自らの対中政策の中心に据えていた。それにより国民政府との闘争で自らの主導性を発揮したいという中共側の意欲との間にずれが徐々に生じて来た。一九四一年六月ドイツがソ連侵攻を発動した後、日本側の軍事脅威が従来より危険性を増したため、ソ連は中共に対して、日本軍への軍事攻勢の強化を要請した。中共は七月の政治局会議で、自分側の協力は情報提供と日本軍の交通網の破壊に止まるものとして、コミンテルンに報告した。[3] 楊奎松は、この時期の中共の対応について、毛沢東がソ連の利益を度外視したわけではなく、むしろ国民党との対峙では、同じイデオロギーを持つソ連に大きく依存する面が強かった。だが、中共自身の安全利益と比べれば、ソ連の国家安全保障はあくまでも二の次と毛沢東が認識していたのだと論じている。[4] また、ソ連が中国に提供した膨大な軍事援助は、その大半国民政府の方に行き、中共側に届けられたのはごく一部だけであった。これは、当時の事情を鑑みるとやむを得ないところがあるが、中共側からすれば決して快いことではなかった。[5]

この頃の中共とソ連の間は、共通のイデオロギー同士であることに変わりないが、一九二〇年代と比較すると、双方とも各自の利益を第一義的に捉える傾向が現れた。

第二節　国共内戦期の中共とソ連

日本の敗戦は、中共とソ連の両者関係に新たな転機をもたらした。

まず、中共は日本敗戦を自らの支配地域拡大の千載一遇の好機だと捉えた。一九四五年八月一一日、ソ連の参戦の知らせに接した後、中共中央は、各解放区に以下のような現状認識と指示を出した。

国民党は進んで我が解放区に対する「失地回復」を狙って、抗日勝利の果実を奪おうとしている。これからの争奪戦は極めて厳しいものが予想される。このような状況下で、我が党の任務は二段階に分けられよう。甲、当分の間、敵偽軍を投降させる。投降しないものに対しては、状況に応じて進攻を行い、壊滅させる。解放区の拡大に力を入れて、都市の規模を問わず、占領可能または占領すべき都市すべてをできるだけ占領すること。（中略）乙、将来国民党は我が方に対して、大挙して進攻する可能性があるので、内戦に備えるように、軍の調整と準備をする必要がある。[6]

その後の数日間、中共中央は続けて支配地域の拡大を各解放区に指示した。このように中共が国民党との内戦をある程度覚悟し、しかも進んで対応する姿勢をとっていた。その背後には、ソ連の援助に対する中共指導部のひそかな期待が考えられる。一九四五年に毛沢東の秘書を務めた胡喬木の回想によると、ソ連軍の東北進軍の知らせに接し、毛沢東が非常に喜んでいたという。[7]

この頃の国民政府は、自らの直系部隊が西南地域に配置されていたため、華北や東北などの地域に移動し、日本軍の投降を受けるのに時間がかかる。華北に軍を展開させていた中共と比べれば、地理的に不利な立場にあった。八月一四日、蔣介石は毛沢東に電報を送り、戦後の国内外の各種の問題についての会談を要請した。毛沢東は国民政府の時間稼ぎの策と喝破して、最初は応じなかったが、スターリンは八月二〇日と二二日に続けて毛沢東に二回の電報を送り、国民政府との会談に応じるように説得工作を展開した。スターリンの意見に対して、毛沢東は内心不服であったが、アメリカとソ連の二重外交圧力を前に応じざるを得なかった。[8]八月二二日、中共中央は、「ソ連は中ソ条約に束縛されるほか、極東地域の平和を維持するため、我々を援助できる立場ではない」との認識を示した上、各解放区に既定の戦略方針を変えて、占領地域を小規模の都市と農村部に転換すると指示を出した。[9]この頃の中共はまだ軍事力が弱く、ソ連に依存するところが大きかった。

ヤルタ協定で中国東北における独占的権益を確保したソ連は、長城を境に、中国においてアメリカとの勢力均衡を保つことを中国戦略の中心に据えていた。毛沢東の中共指導部に対して、国共トップ会談に応じるよう説得したのはこのためである。[10]ソ連のこうした戦略の背景には、アメリカによる干渉への懸念と、実力が弱い中共が国民政府に対抗できないとの認識があった。日本敗戦直後の段階では、中共とソ連は大きな隔たりが存在したまま、情勢の新展開に向かった。ソ連は時には中共軍に援助を行ったりもしたが、一九四六年春に撤退するまで、国民政府を正式の外交相手に据えて、経済協力交渉を通して、自国の権益確保に努めることを基本的な対中姿勢としていた。

まずソ連と国民政府の交渉を中心に、中国東北に進軍した後のソ連の動きを見てみよう。一九四五年十月中旬より、国民政府の軍事委員会東北行営とソ連軍総司令部の間に、経済協力、国民政府軍の東北上陸及びソ連軍の東北撤退を中心とした交渉がスタートした。行営側の代表は、行営主任兼政務委員会主任熊式輝、経済委員会主任委員張嘉璈、外交部特派委員蔣経国で、ソ連軍側の代表はマリノフスキー元帥、経済顧問のスラドコフスキーであった。[11]

東北地域へのアメリカ進出を排除して、同地域における自国の経済利益を排他的に確保するとの考えから、ソ連はまず、東北に残っているすべての工場設備をソ連軍の戦利品として、中国との経済協力にあたっての自らの出資に充てるという厳しい交渉条件を提示した。国民政府は、自らの東北接収でソ連の協力を得るため、ある程度の歩み寄る姿勢を見せたが、全ての工場設備を戦利品とするソ連の強引なやり方に反対した。さらに、東北域内のすべての重要な工場を中ソ合弁に据えたいというソ連側の意向と、一部の分野で独自の産業基盤を持ちたいという国民政府の考えとの間の、意見相違が解消できなかった。その上、東北全土を占領し、重要工場をコントロールしていることを自らの交渉材料に利用するというソ連側の思惑と、国民政府軍の東北接収とソ連軍の東北撤去を優先して解決したいという国民政府側の期待が交錯して、妥協点に辿り着くことが難しかった。

国民政府は、ソ連側の一部の条件に応じたものの、ソ連側から東北接収協力の約束を取り付けることができなかった。苛立ちを覚えた蔣介石は十一月中旬、国民政府東北行営に長春からの撤退を命じ、ソ連側に圧力をかけた。その後、ソ連側は国民政府の長春、瀋陽の接収に協力をして、譲歩を示したが、経済協力をめぐるソ連と国民政府のそれぞれの目標が大きくかけ離れたことから、交渉は少し進展があったものの、全体的に膠着していた。

一九四六年二月に入ると、ヤルタ協定の段階でソ連の独占権益獲得に容認の態度を示したアメリカは、中ソの経済協力交渉が門戸開放原則に反するものとして、異議を表明する外交文書をソ連に送りつけ、はじめて介入した。さらに、ソ連に圧力をかけるため、アメリカとイギリスが単独でヤルタ協定の内容を公開した。ヤルタ協定の内容に接した中国国内の対ソ世論は一気に悪化した。重慶、長春、南京などの全国各大都市で大規模な反ソデモが相次いだ。この反ソデモについて、ソ連側は国民政府が意図的に引き起こしたものだと捉えたが、中国民衆の国民感情の爆発だと理解すべきである。いずれにせよ、二月以降、経済協力交渉をめぐる環境がますます悪化し、合意形成が遠ざかってしまった。

このような中国の対ソ環境と国際世論の険悪化を受けて、ソ連は東北撤退を早めることにした。撤退の際、ソ連軍は撫順、吉林、瀋陽などの地域で、国民政府側に事前通告せず、かわりに中共軍に撤退情報を伝え、中共軍の接収に便宜を提供した。

一方、東北地域において、ソ連の中共に対する対応は一様ではなく、最初からいくつかの変遷を辿った。日本敗戦後、中共軍は東北に隣接する地理的利点を活用して、いち早く東北入りを実現した。この時期、ソ連指導部は、国共内戦が起きた場合、アメリカに介入の口実を与えることを懸念して、国共平和会談に参加するように、中共指導部に対して説得工作を展開し、その活発な動きを牽制する姿勢をとっていた。ただし、東北地域では、国民政府牽制の目的と中共へのイデオロギー的親近感から、ソ連軍が東北入りした中共軍に対して日本軍武器の譲渡や地域占領などの便宜を提供した一連の事実もある。[13] 九月中旬、ソ連軍代表が延安に赴き、八路軍の名称を用いないという条件で、ソ連軍と中共指導部との間に、中共軍の東北入りを黙認するという了解が成立した。[14] 日本敗戦後、中共指導部は「北進南防」（北に向かって進軍し、南では防御態勢をとる）という方針を打ち出し、短い間に解放区から一〇万人の部隊と二万人の幹部を東北に派遣した。これは東北地域の戦略的地位を重視する中共指導部自身の戦略によるものであるが、右のようなソ連軍の対応に慫慂された要素は否定できない。

ソ連側の対応は一貫したものではなかった。一九四六年五月の東北撤退まで、ソ連軍の対応は、協力から非協力、そして非協力から協力へと、二転三転した。[15] 特に、一九四五年一一月下旬におけるソ連の急変が目立つ。国民政府との妥協案を結んだ後、ソ連は、東北地域における中共の活動を制限し始め、中共東北局に対してハルビン、長春、瀋陽などの大都市からの撤兵を強い態度で迫った。[16] ソ連側の対応に対して、中共側は不満を感じながら、「譲開大路、占領両廂」（大都市を放棄して、広い農村部と中小都市部に戦略の中心を置く）との新たに方針を打ち出し、路線変更をはかった。[17] ソ連軍の東北進軍に対する中共最初の喜びと期待は次第に冷静な情勢判断に変わっていった。[18] 言うまでもなく、こうしたソ連軍の態度の一連の変化は国民政府との交渉状況、しいて言えば自らの戦略利益の達成状況によるところが大きかった。

一九四六年五月、ソ連軍が中国東北より撤退した後、中共と国民政府は四年間に亘る国共内戦に突入した。国共内戦を通じて、ソ連は国共内戦の拡大がアメリカの介入及びヤルタ協定で確保できた自国権益にもたらしうる損害を危惧して、国民政府が大陸から撤退するまで、表面上、国民政府と外交関係を維持して、中共と距離をとるような姿勢をとっていた。[19] その一方、ソ連と国境で繋がっている東北戦場においては、国共内戦の後半より、ソ連は中共東北との貿易を開始し、中共軍に対しては、各種援助の提供を始めるなど、中共支持の姿勢が鮮明となった。一九四六年末より、ソ連は中共東北とのバーター貿易を始めた。同貿易は、物資が不足し、窮境に陥っていた中共にとって大きな救いとなったほか、大沢武彦が指摘するように、東北地域における中共の基層政権の樹立にも大きく寄与した。[20]一九四七年末より、東北地域でペストが猛威をふるった。ソ連は大量の医療用品を携えた医療チームを東北に派遣して、ペストの撲滅に決定的役割を果たした。一九四八年六月、中共の要請に応じて、ソ連は鉄道専門家のチームを派遣して、中国東北の鉄道網の修復に協力した。鉄道網の修復は東北戦場における中共軍の全面勝利を物理的に大きくサポートした。また、一九四八年一〇月、中共東北局の要請に応じて、二万トンの綿花を緊急物資として提供した。

これらの援助は、国共内戦の初期から物資不足をはじめ多くの困難を抱えていた中共にとって、物的、人的側面に止まらず、精神面においても大きなサポート的役割を果たした。ただし、本書で検討する旅大地区で展開される中共とソ連軍の協力関係と比較する場合、現時点で入手が可能な資料が少なく、全貌を明らかにすることが難しい上、こうしたソ連軍の東北地区援助は短期的プロジェクトの性格が強いため、そこから同時期の基層組織レベルでの中共とソ連の協力関係を考察するにはやや難点がある。

第三節　旅大地区へのソ連の進出

遼東半島の最南端に位置する旅大地区は、南には黄海、北には広大な中国東北が広がり、地政学的、軍事的に重要な価値を有するほか、交通中枢としての商業的価値も高かった。[21]域内の旅順・大連の二大都市は、旅順港と大連港という二つの天然良港を発展の基礎に据えて、北東アジア有数の軍港都市、近代的工業都市に成長した。[22]

ソ連が旅大地区と関わりを持ち始めたのは帝政ロシアの一九世紀末に遡る。当時、清政府と締結した露清同盟密約をもとに、ロシアは一八九八年に、満洲全域を縦断してハルビン—旅順間を結ぶ東清鉄道支線（本線は満洲里—綏芬河間）の建設を開始し、加えて、清政府から旅順港及び大連港の二五年間租借権を確保した。旅順港を要塞化して、軍事整備を強化するとともに、ロシアは大連に対して二千万ルーブルに及ぶ膨大な投資をかけて、都市整備と港湾建設を進めた。(23)

しかし、ロシアのかかる凄まじい満洲経営の展開に対して、日本は深刻な危機感を抱き始めた。特に東清鉄道の全線開通が実現した場合、満洲全域はロシアの勢力圏に置かれることになり、ひいては、日本が強く関心を持っていた朝鮮の独立も危ぶまれる、と日本の支配層は危惧した。両者の利権対立は最終的に日露戦争まで発展した。(24)日露戦争で大敗を喫したロシアは、サハリン島南部の割譲のほか、大連・旅順両港の租借権と、長春以南の東清鉄道支線（南満洲鉄道）を日本に移譲し、満洲における多くの利権を失った。以降、第二次世界大戦終結まで、旅大地区は日本の植民支配下に置かれ、日本は旅大地区を足場に二〇年近くかけて満洲全域を自らの勢力下に収めた。

日露戦争後も、ロシアは、長春以北の東清鉄道本支線（中東鉄路）の権益を有していた。数次の日露協約によって、ロシア・日本は満洲を南北に分割し、互いの勢力圏を承認し合う、協調的関係に発展した。(25)だが、ロシア革命によって、パートナーであったロマノフ朝が倒れると、シベリア出兵の一環として日本の北満進出が図られたが、撤兵とともに頓挫した。一九二四年奉ソ協定によってソ連が帝政ロシアの権益を継承したことにより、ソ連時代も北満洲に依然として権益を有していた。しかし、満洲事変により、満洲全域が日本の勢力圏となった。(26)そして、一九三五年に中東鉄路が満洲国に売却されたことによって、ソ連は満洲における権益を完全に喪失した。(27)日本の満洲掌握の歴史とは、つまりはロシア・ソ連の満洲喪失の歴史であった。この結果、ソ連の満洲に対する勢力の進出は封じ込められた。苦心して経営した満洲の喪失は、ソ連にとってまさに国家的屈辱であったのである。

写真 1-1　1945 年 8 月に大連に入ってくるソ連軍への中国民衆の熱狂的歓迎ぶり

だが、旅大地区をはじめ、満洲における自らの権益の奪還に対する、ロシア人の強い執念が消えたわけではなかった。一九四五年二月のヤルタ会談で、アメリカから対日参戦を強く要請されたソ連は、その見返りとして、旅大地区をはじめ、極東地域におけるソ連の特殊権益の確保に関する承諾をアメリカとイギリスから取り付け、さらに国民政府との中ソ友好同盟条約をもってそれを確保した[28]。一九四五年八月、ソ連は中国東北に出兵し、再び旅大地区を支配下に置いた。ソ連にとって、旅大地区の再支配は、重要な極東地域の軍事拠点を手に入れただけでなく、長年の屈辱を晴らした瞬間でもあった。一九四五年九月八日、極東ソ連軍総司令官ワシレフスキー元帥がソ連軍上級将官を率いて旅順を訪れ、日露戦争で陣没したロシア軍人の墓地を墓参りしたのは、こうした心情の現れだろう[29]。

一九四五年八月下旬、ソ連軍は、旅大地区を占領した後、直ちに軍政を敷いた。一〇月中旬より、ソ連軍当局は国民党勢力を同地区から排除して、一一月より中共が主体となる地方政権を樹立させ、中共との協力体制を発足させた。

第二節で述べたように、東北のソ連軍当局は、自らの権益を最大限に確保するため、中共と国民党の間を自由自在に往来して、明確なスタンスの表明を一九四六年春まで避けていた。それを鑑みると、旅大地区でのソ連軍当局の対応はやや異例とも言える。

中共とソ連軍の協力体制は、一九四九年に中共が全国政権を奪取するまで維持された。その間、一九四七年春に国民政府が発動した旅大接収の外交攻勢を受けて、両者の協力体制が一時深刻な痛手を受けそうになったものの、それ以降は比較的平穏な状態が続いた。中共が国共内戦で優位性をとるにつれて、旅大ソ連軍の支配統制は徐々に緩和された。一九四九年四月、中共旅大はそれまで党の名義を伏せて活動していたのを改め、はじめて中共の看板を掲げて活動をするになった。旅大ソ連軍の軍政が正式に終了したのは、一九四九年一二月であった。同月、ソ連軍当局が民政局（ソ連軍の行政担当部署）を撤廃して、旅大現地の行政運営から手を引いた[30]。ただ、ソ連の軍事力の存在は、一九五五年五月にソ連軍が旅大から完全に撤退するまで続いた。

以上、国共内戦中の旅大地区をめぐる流れを紹介した。強い執念と地政学的な現実戦略を持つソ連軍が、どのような統治施策を持って、旅大占領に臨んだか、そして中共との間に、いかなる協力体制を築き上げたのか。第二章以下で詳しく考察する。

註

（1）本書で基本呼称である「ソ連」が、一九二二年ソビエト社会主義共和国連邦が成立した後定着したため、本節は文脈に応じて、ソビエト・ロシアとソ連を使い分ける。

（2）楊奎松『中間地帯的革命――国際大背景下看中共成功之道』一六二頁。

（3）前掲『中間地帯的革命――国際大背景下看中共成功之道』四二〇頁。

(4) 前掲『中間地帯的革命——国際大背景下看中共成功之道』四二一頁。
(5) 沈志華主編『中蘇関係史綱　一九一七—一九九一——中蘇関係若干問題再探討』六九頁。
(6)「中央関于日本投降後我党任務的決定」(一九四五年八月一一日) 中央档案館編『中共中央文件選集』第一五冊、中共中央党校出版社、一九九一年、二二八頁。
(7)『胡喬木回憶毛沢東』人民出版社、一九九四年、八九—九〇頁。
(8) 沈志華『毛沢東、斯大林与朝鮮戦争』広東人民出版社、二〇〇七年、四九頁。
(9)「中共中央、中央軍委関于改変戦略方針的指示——目前方針着重于奪取小城市及広大郷村」(一九四五年八月二三日) 中央档案館編『中共中央文件選集』第一五冊、中共中央党校出版社、一九九一年、二四三、二四四頁。
(10) 前掲『中蘇関係史綱　一九一七—一九九一——中蘇関係若干問題再探討』九四頁。
(11) ソ連と国民政府の経済協力交渉の詳細について、石井明の論文を参照。石井明「戦後内戦期の国共両党・ソ連の関係について——一九四五年秋、中国東北——」東京大学出版会『中国の政治と国際関係』一九八四年、一三九—一七七頁。
(12) 江沛「一九四六年春反蘇運動述評」『江西師範大学学報（哲学社会科学版）』第一期、二〇〇三年、六六頁。
(13) 東北入りした中共軍に対するソ連軍の対応がまちまちで、その中、武器提供などで友好的なものも多かった。その時の状況について、以下の中共軍関係者の回想文がある。曾克林「我们是怎么取得東北這一戦略基地的——憶党中央対挺進東北所採取的戦略決策」(『冀熱遼人民抗日闘争』第二輯、天津人民出版社、一九八七年、五七三—五七五頁。王道文「与蘇聯共守江橋——一九四五年進軍東北紀聞」『党史縦横』九号、一九九七年、三九頁。
(14) 薛衔天「駐東北蘇軍代表飛赴延安内情」『炎黄春秋』第二期、二〇〇三年、四九—五一頁。
(15) 丸山鋼二「戦後満洲における中共軍の武器調達——ソ連軍の「暗黙の協力」をめぐって」江夏由樹ほか編『近代中国東北地域史研究の新視角』山川出版社、二〇〇五年、二九九—三二七頁。
(16) 牛軍「論中蘇同盟的起源」『中国社会科学』第二期、一九九六年、一八五頁。
(17) 楊奎松「美蘇冷戦起源及対中国革命的影響」『歴史研究』一九九九年、第五期、一八頁。

(18) 一九四五年に毛沢東の秘書を務めた胡喬木は、ソ連軍の東北進軍の知らせに接した毛沢東は非常に喜んだと回想している。『胡喬木回憶毛沢東』人民出版社、一九九四年、八九―九〇頁。陳雲、高崗、張聞天の中共東北局のトップらが、一九四五年一一月三〇日に中共中央への報告書で次のように述べている。「中共には、今後長期にわたる闘争に備えるための心構えが必要である。すべての希望をソ連の援助に託することは極力避けるべきである」。陳雲「満洲工作的幾点意見」『陳雲文選』第一巻、人民出版社、一九八三年、二二一―二二四頁。

(19) 前掲『中蘇関係史綱 一九一七―一九九一――中蘇関係若干問題再探討』一〇一頁。

(20) 大沢武彦「戦後内戦期における中国共産党の東北支配と対ソ交易」『歴史学研究』第八一四号、二〇〇六年五月、一一五頁、六一―六二頁。

(21) ウラジオストク以南で不凍港を求める帝政ロシアにとって、朝鮮半島東岸の港湾で軍事拠点を構えると、対馬海峡と宗谷海峡を塞がれたら身動きがとれなくなるという、致命的な弱点があった。それと比べれば、こうした不利なところがない旅順は地政学的価値が断然と高い。

(22) 旅大地区の行政区分と個別の地名は時期によって頻繁に変更していた。本論文の対象時期となる国共内戦期、ソ連軍当局の軍事管制下に置かれた旅大地区は、基本的に、大連市、旅順市、大連県と金県(金州とも呼ばれていた)の四つの部分によって構成されている。金県の北部と隣接する新金県、庄河県などの地域は、中共軍と国民政府の交代した軍事支配にあった。便宜上、本書は特別の場合以外、旅大地区という呼称を使う。

(23) 一八九八年、ロシア海軍は旅順港を占領した。東清鉄道会社は旅順港の共同利用をロシア海軍に提案したが、拒否された。そのため、旅順と別途に大連で都市と港湾の建設を独自に進めることになった。つまり、満洲進出を進めていたロシアの二大勢力、大蔵省と軍の縄張りが、結果的に大連の建設のきっかけとなり、同地区に軍港と商港が一つずつ存在する局面に繋がった。また、膨大な投資をかけて作られた大連は最初、商港都市として十分な魅力を見せなかったが、ロシアは関税面での優遇措置のほか、清国からロシアへの輸出貨物の運送を大連に誘致するなどの工夫をして、大連の商港としての潜在的価値を大きく引き出すことに成功した。ディビッド・ウルフ「ハルビンとダーリニー(大連)の歴史――一八九八年から一九〇三年まで」和田春樹ほか編『東アジア近現代通史』（第二巻日露戦争と韓国併合）岩波書店、二〇一〇年、八四、八八頁。

(24) 主に角田順『満州問題と国防方針』原書房、一九六七年、一九—二八三頁を参照。

(25) 前掲、『満州問題と国防方針』五五四—五九六頁、及び、バールィシェフ・エドワルド『日露同盟の時代』花書院、二〇〇七年参照。

(26) ここまで、服部龍二『東アジア国際環境の変動と日本外交』有斐閣、二〇〇一年参照。

(27) 富田武『戦間期の日ソ関係』岩波書店、二〇一〇年、七九—一一八頁参照。

(28) ヤルタ協定で、大連に関して、大連商港が国際自由港として、ソ連が優先的権益を確保する。そして旅順はソ連が従来のように海軍拠点として租借権を持つという文言になっている。薛銜天編『中蘇国家関係史資料滙編（一九四五—一九四九）』社会科学文献出版社、一九九六年、四九五頁。中ソ友好同盟条約では、ソ連の権益について、次のように規定されている。大連の行政権は中国政府に属し、大連港を国際自由港として一律に開放する。旅順港は中ソ両国の海軍基地として共同で管理・使用する。旅順軍港の共同使用に関しては、中ソ両国が共同で設立した軍事管理委員会が、その管理にあたる。旅順市の民政権は中国政府に属するが、中国政府はソ連の利益を考慮すること。並に、旅順市の民政人員の任免は、ソ連軍事当局の同意の上でこれを行うこととする。王鉄崖編『中外旧約章滙編』第三冊 生活・読書・新知三聯書店、一九六二年、一三三四—一三三七頁。

(29)「蘇軍遠東軍総司令蘇聯元帥華西列夫斯基視察旅順口」『解放日報』一九四五年九月一一日、一面。

(30) 孫宝運、関恒喜「蘇軍進駐旅大十年大事記」大連市史志弁公室編『蘇聯紅軍在旅大』内部発行、一九九五年、三七〇頁。

第二章　進駐初期における中共とソ連の接近

本章では、ソ連軍進駐直後の旅大地区全体の情勢を概観した上で、同地区で中共とソ連軍の協力体制が樹立するまでの両者の接近過程を考察する。

前述したように、日本が敗戦するやいなや、東北地域は、中共、国民政府、ソ連の三者が共存する場へと一変し、三者の間に激しい駆け引きが繰り広げられ始めたのである。ソ連は、東北において、自らの利権を最大限に確保するため、ある時には、中共に武器譲渡や軍事占領の便宜を提供し、また別の機会には、国民政府との経済協力交渉を有利に進めるために、中共に対して高圧的態度をとることもあった。というのも、一九四六年五月に中国国内の世論と国際世論の圧力に屈して、東北全域から撤退するまで、ソ連軍は、中共と国民党のどちらを支持するか、自らのスタンスを明確にすることはなかったのである。一方、旅大地区においては、ソ連軍は比較的早い時期に中共政権を樹立させ、全面的に中共支持の姿勢を打ち出したのである。

前述のような複雑な情勢にあったソ連軍進駐初期において、旅大地区に進出した中共組織は、ソ連軍といかに接近したのか。そして、協力体制の確立に向けて、どのように動き出したのだろうか。以上が本章の問題設定である。この過程を明らかにすることは、後に同地区で展開された中共とソ連軍の協力体制の行方、性格を考察する上で重要な意味を持つ。

中共側の公式的記述である『中共大連地方史』では、中共とソ連軍の接近はスムーズに実現したとされている。[1] このような記述は、旅大地区における両者の協力が中共の国内革命に大きく寄与したという公式宣伝と一貫性をとるためのものであり、必ずしも事実とは限らない。他方、国共内戦中の旅大地区について、詳しい研究成果を挙げている汪朝光と薛銜天も、中共とソ連の接近については同様の見解をとっている。[2] 両者の説では、地方政権樹立をめぐる、中共とソ連軍、双方の合意はスムーズに形成されており、順調な船出であったとされている。

本章は上記の説に対する再検討を意図したものである。まず、第一節から第三節まで、ソ連軍の暴行、治安秩序の混乱と各勢力の乱立、国民党勢力の大連進出を取り上げ、一九四五年一〇月上旬まで、ソ連軍進駐直後の旅大地区の複雑な様相を概観する。加えて、第四節では、中共とソ連軍の接近過程とともに、ソ連軍の援助を受けた中共が旅大政権を樹立するに至る過程と考察したい。

第一節　ソ連軍の暴行

暴行の実態

ソ連軍が中国東北に進駐して間もなく、東北各地でソ連軍による大量の工業設備の撤去と現地住民への暴行が多発していた。ソ連軍の工業設備の撤去はソ連当局の意図的行動であったのに対し、ソ連軍の暴行はソ連軍当局の不作為によるものであり、両者の性格は異なっているものの、いずれも解放者として旅大に現れたソ連軍のイメージを大きく悪化させ、中国人の強い不信を招いた。東北の産業基盤に致命的打撃を与えたソ連軍の工業設備撤去について、その考察は中共旅大とソ連軍の経済協力を扱う第四章に譲り、ここではソ連軍の暴行を取り上げる。

ソ連軍の暴行は一九四五年八月の東北進出から翌年五月の撤退まで続いた。その内容は金品略奪や入室強盗から性犯罪まで、広い範囲に亘っている。暴行の事件数や被害者人数、摘発率など、ソ連軍の暴行の全容は今日でも把握されていないところが多い。ただし、中共の党史文献や残留日本人の回想録にある断片的記述を通して、ある程度状況の深刻さをつかむことができる。

ソ連軍の暴行の一番の被害者は、人口が最も多い現地の中国人住民である。一九四七年に南京で出版された、ソ連軍統治下の旅大地区を紹介する本には、次のような記述がある。

> 旅大地区は、ソ連軍進駐後、老若婦女が野蛮なソ連軍に暴行を加えられ、その中、殺害された例が数え切れないほど多かった。女性が髪を切り尼になり、ソ連軍のことを狼や虎のように恐れて、なるべく避けるようしていた。男性のような格好を装って、家にこもって外出しないようにしたが、それでも暴行を加えられた実例がしばしば伝わって来た。（中略）ソ連軍の略奪行動は夜も昼も問わず、通行人を思うままに略奪し、一般住民の住居に突入して、金品財産を勝手に奪い去った。それに抵抗を試みたものは、多くの場合、殺害されたのである。(3)

当時、国民政府は、旅大での支配権を有しておらず、その活動は地下活動に止まっていた。従って、公開した形での取材を行うことができなかった。そのためか上記の記述は具体的事例と数字を挙げられていなくてやや抽象的である。

対して、一九九〇年代に大連で出版された中共の内部資料である『蘇聯紅軍在旅大』には、個別事件についての記述があり、旅大ソ連軍の暴行について具体的なイメージを提供してくれる。下記文中の董崇彬、劉玉泉の二人は、東北抗日聯軍の軍人であって、日本敗戦後、ソ連軍に編入されてソ連軍とともに東北に戻った後、一時は大連で治安秩序の維持と中ソ連絡役を担当していた。

（大連）沙河口ソ連軍司令部副司令官董崇彬が車で外出していた際、一人のソ連人中佐が女性を強姦するところを目にした。董は同行のソ連軍兵士を介してソ連人中佐の暴行を止めさせようとしたが、ソ連軍中佐は従わなかった。董は自ら車を降りて、説得に出た。しかし、同中佐から相手にされなかった。董は兵士に命じて、同中佐を取り押さえて沙河口ソ連軍司令部に送致した。甘井子ソ連軍司令部副司令官劉玉泉は、一人のソ連空軍大尉と一人の少尉が、中国人少女を輪姦しているところを目撃していた。劉の制止が二人のソ連軍軍人に無視されたため、劉は威嚇発砲をした。しかし、空軍大尉はかえってピストルを取り出し、弾をこめはじめた。劉はやむを得ず先制攻撃をして、その場で大尉を射殺した。(4)

車での外出中で暴行の現場に遭遇してしまった、という記述から、ソ連軍軍人が人目を憚らず公然と女性に暴行を働くことがいかに日常的になっているかが分かる。董と劉の二人はソ連軍の階級を持っているソ連軍士官であるにもかかわらず、暴行中のソ連軍軍人は、二人の制止を振り切って、抵抗を試みた、しかも暴行者本人が中佐階級を持つ士官であるという記述から、軍紀荒廃がソ連軍にいかに蔓延していたかを伺うことができる。

ソ連軍軍人による暴行被害は、中国人住民に止まらず、残留日本人にも及んでいた。日本人の回想録には以下のような目をそむけたくなる描写がある。「（大連）播磨町交番に日本女性三名這ってたどりつく。ソ連兵に輪姦され、腰も立たぬほど下半身血だらけ。なんとかしてほしいと訴えたが、交番もなす術なし」[5]。

ソ連軍の女性暴行があまりにも頻繁かつ深刻のため、大連の日本人団体は「ソ連軍の暴行の激しさを和らげるため、逢坂町の女性たちを口説き、寺の地下室を改造して慰安所を作って」、ソ連軍人の相手をさせるなど、苦肉の対応策を取らざるを得なかった。担当の日本人はソ連軍当局から米一俵、油三罐の実物つきの、スターリン賞を受賞した[6]。ソ連軍軍人が集団的に性犯罪に走った結果、多くの軍人が性病にかかった。満鉄の中央試験所の生産する薬サルゾールは、性病の治療に効果的であったため、高価にもかかわらず、好調な売れ行きが続いた。この薬サルゾール一つのおかげで、経営に苦しんでいた中央試験所はかろうじて維持できたという[7]。

ソ連軍の暴行は、時には東北地区に進出した中共軍を巻き込んだこともある。その中、中共の松江軍区副司令官盧冬生がソ連軍兵士に射殺されたことは最も衝撃的であった。盧冬生は一九三〇年代中共紅軍の第二方面軍第四師の師長を務めて、中共の第七回党大会では僅か数票の差で中央委員から落選した実力者であった。事件が起きた一九四五年一二月、盧冬生はソ連のフルンゼ軍事学院での留学を終え、ソ連軍少佐として東北に帰った。一四日の夜、盧は松江軍区の副司令官に任命された直後、ハルビンの路上で略奪を犯そうとした数名のソ連軍兵士に遭遇した。彼は自分のソ連赤軍士官証をソ連軍兵士に提示して、ロシア語で兵士らの氏名、所属を問い質した。告発を恐れたソ連軍兵士らは盧冬生を後ろから射殺した。事件が起きた後、ソ連軍当局は捜査に乗り出したが、結局、真犯人は捕まらなかった[8]。この事件は、各大都市におけるソ連軍兵士の路上略奪の横行ぶりのほか、兵士が上級士官を射殺したほど、ソ連軍の風紀が乱れ、軍のコントロールが利かなくなっていたことを集約的に反映している。

中共の対応

ソ連軍の暴行は、多くの中国人の人々の嫌悪と不満を招いた。[9]「小鼻子をやっと追い出したが、また大鼻子がやってきた」（小鼻子と大鼻子とは、それぞれ日本人とソ連人のことを指す）という俗話が民間社会に広く伝わっていることが、当時の状況を如実に反映していた。中国人住民の不満が徐々に高まり、その結果、ソ連軍人に中国人客の二倍の代金を請求したり、[10]日常生活の商売やサービスでソ連軍兵士とソ連軍関係者を差別したりすることが多くなり、中国人住民とソ連軍の関係が疎遠になってしまった。

中共組織の中にも、一般民衆と同様、ソ連軍の行為に対して強い反感を持つ中共幹部は多数存在していた。中には、ソ連軍への不満が原因で大連を離れた幹部までも現れた。[11]しかし、中共の組織として、中共旅大ができることはソ連軍への意見具申に止まっており、暴行を働いたソ連軍兵士に対して自ら処罰を加えることができなかった。実際、地元の警察が、暴行を働くソ連軍人に対して武器を持って自衛することすら、ソ連軍当局に認められなかった時期もあった。[12]

中共側の苦情具申に対して、ソ連軍の担当者は、自らの指導不足を認めざるをえないと同時に、種々の理由を付けて、穏便な対応で済ますことが多かった。たとえば、中共旅大地委副書記の柳運光によると、ソ連軍の士官は、ソ連軍暴行に関する詳細な報告を受け取った後、柳運光に「この申し出を受理したら、（暴行を働いたソ連軍人は）きっと処刑されるでしょう。しかし、戦争が終わったばかりの今、これらの若者は殺されるべきなのでしょうか。殺してしまえば、一人の労働力が減ってしまうのですよ」と述べた。[13]これを聞いた柳運光は、これ以上の追及ができず、問題は不問のままにされた。

また、旅順市長を務めた王世明によると、彼の意見具申に対して、ソ連軍警備司令部の指揮官は、真剣な様子で王の意見を聞いてから、次のような事情を述べて、中共側の了承を求めた。その事情とは、ソ連軍兵士には、刑務所の犯人やトロツキストも混ざっていること、部隊の政治思想工作が弱まったこと、ドイツ敗戦後、ソ連軍がそのまま欧州戦場から中国に向かったこと、さらに多くのソ連軍兵士がドイツ軍に対して深い憎しみを持っているので、ドイツ侵攻の際にも報復行為は止められなかった例もあること、多くのソ連軍兵士が中国人と日本人を区別できないこと、などであった[14]。

ソ連軍の暴行に対して、中共旅大が有力な措置を打ち出せなかったのは、中共がソ連軍の援助を受けて、はじめて旅大の地方政権を掌握できたという背景がある。その結果、中共旅大は極めて難しい立場に置かれていた。半世紀以上も経った現在も、ソ連軍の暴行が公に議論されることは避けられている。今日の中共の公開宣伝資料では盧の死に関する記述が、「盧冬生は一二月一四日夜、ハルビンで殉職した[15]」となっており、詳しい経緯に触れられていない。この記述から、半世紀以上前の中共が直面したジレンマを伺えることができる。

なぜ、本来解放者と自己標榜するソ連赤軍が、同じ戦争被害者の立場の人々に対して、人目を憚らず、このような暴行を加え得たのか。その原因はソ連軍当局の指導責任放棄のほか、以下の客観的要素もある。

まずは治安秩序を維持する警察組織が機能停止したことである。ソ連軍が旅大に進駐した直後、日本当局の警察機構は機能を一時的に維持できたものの、その権限と拘束力は極端に低下した。この時期、蜂起した中国人住民が、中共幹部の指導下で警察署を包囲し、日本人警察の武器を奪取する出来事が相次いだ。敗戦者という立場に置かれた日本人警察は、自らの生存確保だけで精一杯であり、ソ連軍の暴行を取り締まる権限もなければ、精神的余裕もなくなった。

また、中共政権が大きな牽制的役割を果たせなかったことも指摘できる。これは旅大地区に限らず、中共軍が進出したほかの地域においても同様の現象が見られた。その背景はやはり中共軍の現地占領におけるソ連軍依存であり、中共がソ連軍の暴行を一掃できる立場ではなかったためである。

国民政府の方においても、一九四五年末までは、国民党軍の東北上陸協力や、ソ連軍の撤退、東北経済談判などを中心に、ソ連軍との交渉が難航していた最中であった。そのため、ソ連軍の暴行を取り上げてソ連軍当局に対応を求めることは難しかった。

有効な抑止力が存在しなかった結果、ソ連軍人の暴行が長く存在していた。ソ連軍の軍紀が好転して、軍人による暴行が大きく減少できたのは、一九四六年下半期に入って、ソ連進駐軍がソ連国内からの部隊と交代した後である。[16] その時はソ連軍の旅大進駐から実に一年近くも経った時期である。自身の振舞いにより、解放者としての自己イメージを塗りつぶしたソ連軍は、現地住民に強い恐怖感と深刻な不信感を与え、自らの統治に難局を来たした。その後、ようやく問題の深刻さを認識し始めたソ連軍当局は、実話報という中国語新聞の発行などの、中ソ友好をアピールする一連の宣伝活動を行い、イメージの向上を図った。その詳細は、第五章にて後述する。

混乱した社会情勢

一九四五年八月二二日は、四〇年間に亘る旅大地区に対する日本植民統治に終止符を打った日である。この日、ソ連軍のヤマノフ少将とイワノフ中将が各自二五〇名の空挺兵を率いて、別々に大連周水子空港と旅順口土城子空港のルートを経由して、大連と旅順の市内に入り、二都市を接収した。以下では、大連を中心に、ソ連軍進駐後の現地の治安情勢を見てみよう。

日本敗戦後の大連は、社会の治安秩序が極端に悪化した。戦後の大連では、ソ連軍と日本軍の交戦はなく、直接的被害がなかったものの、日本植民統治の崩壊と、新たに君臨したソ連赤軍が治安秩序を有効に維持できなかったことにより、各地では治安事件が頻発した。

治安事件はおおよそ、①中国人と日本人の集団的小競り合い、②中国人による日本警察への襲撃と、③一般の強盗、盗難の三種類に分けられる。中国人と日本人の集団的小競り合いに関しては、日本敗戦を機に、日本人に強い憎悪を抱いた中国人の報復行為に端を発し、次第に相互の集団的武力衝突までエスカレートしたパターンが多い。その代表的事件として、大規模な集団流血衝突の一歩手前まで発展した聖徳街事件が挙げられる[17]。

中国人による警察署への襲撃事件も後を絶たなかった。日本敗戦直後、敗戦国の立場に置かれた日本人警察は、中国人に対して、武力を持って制圧することができなくなった。日本警察のこの弱みにつけこみ、中共の幹部たちが住民を動員して警察署を囲み込んで、銃器の引き渡しを強要する場面が頻繁に起きるようになった。こうして武器を獲得したことは、「起槍」（チーチャン）と呼ばれていた。小崗子警察署襲撃事件はこうした代表的事件であった。

事件の経緯は以下の通りである。八月二八日から九月二日まで、数百人の中国人住民が中共幹部李仲和の指揮下、中国人街の中心部に位置する小崗子警察署を取り囲み、武器の引き渡しを求めた。武力応酬の末、中国人側に死者が三人、日本人警察官に死者が一人出るまで事態は悪化した。その後、日本人警察と中共幹部が交渉して、警察側が武器を提供して、双方が共同で警備にあたるという条件で了解が取り付けられ、騒動がやっと終息した[18]。事件を起こした李仲和は当時、三〇〇人前後の労働者を率いて、「中国八路軍仲和治安大隊」と称しながら、大連各地の警察署を武力攻撃し、武器奪取を繰り広げていた。このような警察署襲撃は、李仲和の部隊に限らず、旅大地区の各地で多数発生していた[19]。このような事件が起きた際、ソ連軍当局による介入は一切見られなかった。

商店や倉庫への掠奪、強盗などの、通常の治安事件も多発していた。一九四五年九月五日から九月二二日まで、大連市内の食糧加工工場、石炭倉庫、木材加工工場、醤油会社、青果会社、油脂会社、倉庫、埠頭、空港などの一九箇所と二四軒の住居に掠奪事件が起きた、という統計データがあるが、統計されていないことを考慮に入れると、現状はより厳しかったろう。[20]これらの治安事件は、混乱状態に乗じて私利を図る悪質のものもあれば、敗戦直後、食糧が高騰して、生活苦に強いられた中国人が多数存在したことが背景の一つである。[21]食糧不足に喘ぐ大勢の中国人住民が、警備にあたるソ連軍兵士の銃撃を浴びているにもかかわらず、大連埠頭に侵入し、小麦などを命がけでもち帰ろうとする、という衝撃的な場面もあった。

ソ連軍当局は、日本軍の武装解除、日本の統治機構の無力化と現地の工場設備の調査及び撤去に力を入れた反面、治安秩序の維持を疎かにした。戦後の旅大に残留した日本人の回想文から、そもそもソ連軍人の中に、現地の治安秩序を維持する意識が薄かったことを窺える。[22]

進駐直後のソ連軍は、まず旅順・大連に駐在した合計五万五千人の日本軍の武装解除に取りかかった。武装解除された日本人軍人は全員シベリアに移送された。日本植民当局の行政機構に対して、ソ連軍当局は別宮夫大連市長などの少数官僚を留用して、日本人社会の管理業務を一時まかせた一方、八月末より司法関係者、州庁外事を次々と拘留した。九月に入ると、拘留対象が次第に拡大し、今吉敏雄州庁長官、中野四郎内務部長、前田正夫経済部長、潮海辰亥警察部長などの高官を相次いで逮捕した。その後、逮捕の対象が一般官僚のクラスに広がった。[23]治安維持の面で、ソ連軍は日本人の警官を一時留用したが、八月下旬より、まず防諜関係の担当の外事警察を拘留して、一〇月四日に旅順警察署所轄の日本人警察全員一二〇名、一〇月五日に大連警察署所轄の日本人警察約一〇〇〇名を拘留した。[24]旧日本警察組織が破壊された後、現地の治安秩序は地元の乱立した各種の治安維持会が仕切ることになったが、それが

表 2-1　旅大地区の各組織の一覧表

	中共の組織	国民党の組織	その他
大連	「大連職工総会」（唐韵超、張洛書）	「大連地方治安維持会」（汪漁洋）	・大連市内：徐吉慶、王立本、蔡顕蛟らの武装勢力 ・新起屯、青雲街、桃源街一帯：王老九（日本時代の元区長）が地元のやくざをまとめて作った「八路軍」 ・香炉礁：駱福海（日本時代の労働者を斡旋、管理する実力者）と劉金祥らが立ち上げた武装勢力 ・甘井子：王宝発（日本時代の警察署連絡員）と冷鎮北らが作った「八路軍」 ・沙河口：崔中敏の「八路軍」（偽者の八路軍）
旅順	「旅順民衆連合会」（張心斎）	「旅順地方治安維持会」（劉徳智）	多数あった
金県	中共の組織が10月まで出現しなかった	「金州民衆臨時維持会」（劉徳智）	多数あった

出所：『蘇聯紅軍在旅大』の関連記述をもとに、筆者が整理。
中共組織に関して、より詳細な一覧は表 2-2 にある。

後述するように、新たな混乱を招いたのである。ソ連軍は進駐後、日常の行政管理に直接に関与しようと試みたが、現状をよく検討せずに、いきなり措置を打ち出したケースが多く、その大半は不評に終わった。(25)

乱立する諸勢力

ソ連軍進駐直後の旅大地区は、中共、国民党、地元の実力者などの各勢力が立ち上がり、それぞれの名義で団体を設立するとともに、各地の実権を手に入れようとして、ソ連軍当局の承認獲得に躍起した。一時、諸勢力が乱立し、複雑な構図を呈していた。どの勢力を利用するかは、当時のソ連軍にとって、自らの占領統治を維持する上で非常に重要な意味を持つ。

各勢力の活動状況について、次の各組織の一覧表（表2-1）がある。旅大地区の主要都市である大連、旅順、金州では、国民党と中共が把握する、規模・影響が大きい組織が一つずつ存在し、そのほか、地方の実力者または闇社会が立ち上げた規模が比較的小さい組織が大連市内と大連周辺地域に多数点在するという構図であった。

第二節　国民党系勢力の進出

ソ連軍進駐後、国民党は九月初めより旅大地区に進出し、各地で党支部を立ち上げた。地元の実力者が立ち上げた治安維持会を吸収して、傘下に収めるのは国民党支部が組織拡大を実現していく過程でよく見られるパターンであった。当時、旅大の実力者を含めて、多くの住民が国民政府こそ中国の唯一の正当政権であると認識し、国民政府による接収に期待をかけていた事情が、国民党支部の順調な組織拡大を可能にした要因となった。

大連地方治安維持会は、こうした実例の一つである。同維持会は、日本時代の大連商会会長を務めた張本政が八月一五日に設立した「地方自衛委員会」が最初のきっかけである。八月二二日、ソ連軍進駐当日、張本政は早速ソ連軍司令部を表敬訪問して、協力の意思を表明した。数日後の二回目の訪問で、ソ連軍司令官コズロフ中将が、社会治安維持のため、ソ連軍に協力する組織を作りたいとの張本政の申し出を承諾した。九月七日、張本政はコズロフ中将が提案した「中国人会」との名称を使い、中国人会自衛団を設立した。九月一二日、中国人会の組織名が大連地方治安維持会に変わった(26)。維持会の三つの大隊は大連周辺の三ヶ所に駐在して、指揮センターと第一大隊は大連市内の大広場警察署に進駐した。大連中心部に位置する大広場警察署が日本統治時代では、周辺地域で最も大きい警察署であったことから(27)、同警察署を掌握したことは、大連市内の警察力を統括できたことを意味していた。発足当初、維持会は武器交付などを含めて、ソ連軍から一連のバックアップを受けた(28)。ソ連軍当局が維持会の運営に力を貸したのは、当時の旅大地区の治安秩序が混乱を極めて、ソ連軍が維持会の活動に治安秩序の改善を期待したためであった(29)。

一方、九月はじめより、国民党東北党務専員羅大愚の派遣を受けて、長春第一八区党部書記汪漁洋が大連に進出し、国民党大連市党部を設立した[30]。同支部はソ連軍当局の許可を得て、九月一〇日より公に活動を行い始めた。大連地方治安維持会を傘下に収めた後、国民党大連市党部は、同維持会を活動の基盤として、大連接収に向けての準備活動を展開した。その前後、国民党旅順区党部と国民党金県党部はそれぞれ組織を立ち上げ、活動を展開していったのである[31]。旅順の場合、日本統治時代に旅順商会会長を務めた劉徳智らが、八月一七日に「旅順地方治安維持会」を立ち上げた。同維持会は八月二四日にソ連軍当局から承認を得た。九月のはじめ、国民党金県党部書記長の劉啓華が出身地である旅順に戻り、国民党旅順区党部の設立準備に取りかかり、九月下旬、同党部を設立した。九月二二日、劉啓華が「旅順地方治安維持会」を旅順区党部に取り入れた。

旅大地区北部に位置する金県の場合、日本統治時代の金州会会長曹世科はソ連軍の了承を得て、八月二六日に金州民衆臨時維持会を立ち上げた。九月二一日、劉啓華が金県に来て、四日後の二五日に国民党金県党部を設立した。同部は維持会をそのまま傘下におさめたのである。総じて、九月を通じて、ソ連軍当局が国民党系の治安維持会に強く依存していた傾向が見られる。

第三節　中共の旅大進出の失敗

中共が日本敗戦直後の旅大地区で展開した活動について、旅大地区の中共党史を記録する『中共大連地方史』では、「この時期の大連にある共産党の地下組織と武装勢力は、まだ一本化されず、各自が孤立し、分散した状態で、各種の反動勢力と戦っていた[32]」と述べられている。現地の中共政権の樹立過程については、膠東区党委[33]から大連に派遣された党員幹部が、中共東北局からの幹部と合流し、ソ連軍の協力の下で政権を立ち上げたとしている。[34] しかし、中共とソ連軍がいかに接触を行い、協力関係を築き上げたか、その具体的経緯について、記述は曖昧であった。

確かに、日本敗戦直後中共の各組織は、孤立した状態で苦しい活動展開を強いられた時期があったが、ソ連軍との協力関係の樹立も必ずしも既に述べたように順調なものではなかった。

日本敗戦前後の旅大における中共組織

旅大地区における中共の展開状況を考察する前に、まずは日本敗戦直後の東北全域における中共の活動を概観しておきたい。中共が東北地域で活動し始めたのは一九二三年であった。一九二七年の中共満洲省委の設立をもって、東北全域における中共の組織が統括されるようになった。その後、日本統治当局の取り締まりと国民政府の軍事粛清を受け、一九三五年に中共満洲省委は活動中止さらに組織解体に追い込まれた。それ以降の東北地域の中共は、統率機関がないまま、各地の抗日聯合軍を基盤に各自で活動を展開した。

一九四〇年代はじめより、中共中央指導部は、複数のルートを通して東北に幹部を派遣し始めた。この派遣に関わった部署は以下の通りである。中央直轄の「東北救亡委員会（略称：東総）」、延安に設立された「東北工作委員会（略称：延安東委）」、晋察冀辺区の「東北工作委員会」（略称：東委）、情報工作系統及び山東地区（とりわけ膠東地区）と冀東地区の党組織などである。

そのうち、一九四一年に東北隣接の晋察冀辺区に設立された「東北工作委員会（東委）」は、延安と晋察冀辺区から選抜された幹部を特殊訓練させた後、東北地域に送り込んでいた。一九四二年七月から一九四五年八月までの間、長春、瀋陽、営口、承徳、ハルビン、撫順、阜新に送り込まれた幹部の人数が数十名前後となっている。[35] これらの幹部は「蓄積力量、長期埋伏、等待時機、配合反攻」（力を蓄えて、長期に亘って潜伏することを覚悟し、反攻に備えて時機を待つ）との活動方針の下で、地下党組織設立の任務に従事した。日本統治当局が厳重な防諜体制を敷いたこともあり、東北における中共党組織は大きな組織拡大を実現できず、日本敗戦の一九四五年八月の時点で、少人数の地下幹部と抗聯幹部に止まっていた。[36]

旅大地区も同様の状況であった。旅大地区における中共の活動は、一九二六年一月一五日に大連特別支部が成立したのをもって始動した。日本当局の取り締まりを受けて、旅大地区の中央組織は一九四五年まで組織の全滅を四回も経験した。その間、日本当局の厳しい統制下に置かれた大連の中共組織が、労働者への勧誘活動に力を入れて、組織の拡大を活動の優先事項としていた。一九二七年六月、党員数はピークに達し、二三〇名前後となっていた。しかし、翌月の七月に入ると、事態は急転した。日本当局の大規模な取り締まりを受けて、組織は完全に破壊された。以降、党員人数は二〇名から四〇名の間を浮動し、一九四五年八月日本敗戦の時点の党員数は六〇名であった。[37] 日本敗戦までの二〇年近くの間、組織の拡大が実現できなかった要因は、日本当局の厳しい取り締まりのほか、中共自身による民衆組織化の努力不足が挙げられる。つまり、組織活動は少数の党員メンバーの間に終始し、現地に組織の根を下ろし、大衆の間に基盤を広げようとする働きが十分でなかったということである。[38]

日本敗戦の前後、いち早く大連で活動を展開し始めたのは、左友文が率いる中共膠東大連支部であった。同支部は中共膠東区委の指示の下で、左友文が大連に潜入して、一九四二年に設立したものである。その後、「長期潜伏、発展組織、積蓄力量、等待時機」との膠東区委の方針のもとで、同組織は地下で党員の勧誘、組織の発展拡大に専念していた。時には中共膠東の軍需用品購入に協力したこともあるが、基本的には日本敗戦までは目立った活動をせずに、待機状態にしていた。[39]

中共膠東大連支部と別途に膠東区党委は一九四三年春、大連各界抗日同盟分会（以下は大連抗盟とする）を大連で設立した。一九四五年八月の時点で、大連抗盟の会員が一〇〇名で、うち一六名が共産党員である。[40] 日本敗戦時点で、大連の中共組織は六〇名であったとの記録はあるが、[41] 大連同盟の一六名を計算に入れたとしても、一〇〇名未満であった。

日本敗戦に接し、これらの中共組織が一斉に動き出した。膠東大連支部の場合、膠東区党委からの指示を受けて、八月下旬から九月上旬にかけて、大連支部の宣伝委員趙恩光（別名、劉戈）と李彭華が周水子と杏樹屯の二ヶ所で労働者を動員して、警察署を襲撃した。警察署から獲得した武器弾薬をもって二〇〇人あまりの労働者武装グループを立ち上げて、工人大隊と称した。九月初め、ソ連軍占領当局から大連駐在の許可を得られなかったため、工人大隊は北上し、大連の北に位置する庄河で挺進東北先遣支隊と合流した。挺進東北先遣支隊は、中共中央からの東北入りとの指示を受けて、膠東区党委が急遽作った特殊部隊で、兵士が八〇人で、党委連絡部長鄒大鵬、組織部長呂其恩が指揮を執っていた。九月五日、同部隊が二隻の汽船に分乗して東北に向け出発して、九日に庄河の県城を占領した。[42] 両部隊が合流後、遼東人民自衛軍遼南縦隊（以下遼南縦隊）と称して、膠東区委から派遣された陳雲涛が指揮官を務めた。[43]

一〇月初め、遼南縦隊が大連市の北に位置する普蘭店へ向かった。遼南縦隊は事前に華家駐在のソ連軍と連絡を取れて、華家駐在のソ連軍を経由して、普蘭店のソ連駐屯軍から普蘭店進駐の了承を取り付けた。ソ連軍の斡旋下で、遼南縦隊は普蘭店地方維持会と交渉を行った。交渉の結果、遼南縦隊が維持会を解散させるほか、維持会保安隊の武装をも解除できた。ここまでの過程においては、ソ連軍は大きな役割を果たした。

その後、予想外の事態が起きた。普蘭店接収後の一〇月一〇日、趙恩光が遼南縦隊の一部を率いて、金州接収に行ったところ、現地のソ連進駐軍と武力衝突が起きた。趙本人がソ連軍に拘束されたほか、部隊も武装解除された。二日間の談判と遼南縦隊側のハンストを経て、両者はようやく和解できた。ソ連軍側が遼南縦隊の重傷者の治療と損壊したトラックの修理を引き受けて、遼南縦隊が自分側の軽傷者と戦死者の遺体を引き取るという話し合いの結果から、遼南縦隊が蒙った人的、物的被害はある程度に達したことが推測できる。双方の武力衝突の原因は遼南縦隊側から事前周知を行わなかったこととされるが[44]、武力衝突による損害状況を鑑み、単なる意思疎通不足によるものとは考えにくい。上記のようなソ連軍の対応から、この時期のソ連軍内部の意見は一本化されていない可能性が高かったと思われる。

他方、一九四三年より大連で活動を展開した大連抗盟は、八月中旬から組織の武装化に着手した。抗盟の幹部たちは「起槍」（小銃などの武器を日本人警察から奪い取る）の手段で、一〇日間以内に拳銃一〇本、小銃六〇本余、銃弾四〇〇〇発余を入手した。九月八日に大連抗盟の第一回代表会議では、出席した代表人数は二〇〇人程度であった。さらに、九月一四日の武装部隊の結成式に出席した会員は、六〇〇人に上った。結成式の前日より、リーダーの張世蘭は、大連のソ連軍と連絡を試みたが、難航していた。九月二四日、沙河口のソ連軍警備司令官が副司令官董崇斌と四人の中国人私服警官を率いて、大連抗盟部隊が駐在する王家溝に来て、張世蘭の部隊を非合法の武装勢力だとして、解散を命じた。張世蘭はその場で中国人私服警官に射殺された。抗盟部隊は一時解散を余儀なくされた[45]。九月二八日、抗盟部隊の兵士が巡回中の甘井子警備司令部副司令官劉玉泉と偶然に遭遇して、これを機に甘井子ソ連軍司令部と連絡がとれた。劉玉泉の計らいで、抗盟部隊は甘井子管轄下の各派出所に駐在することになって、その後、旅大中共政権下の甘井子警察大隊の主体となった[46]。

張世蘭の殺害を実行した四人の私服警察官（崔忠敏、孫培臣、黎栽松、黎培富）はいずれも現地実力者張本政系統の人物であった。[47] ソ連軍司令官がこの四人を利用している事実から、この頃のソ連軍が、地元の実力者に依存して、疑わしい武装勢力に対して容赦なく取り締まりを行っていたことが窺える。張世蘭らの本当の身分が、現場で通訳を務めた副司令官董崇斌でもすぐ把握できなかったことから、彼が率いる大連抗盟がソ連軍司令官から正体不明の疑わしい武装勢力と見られても不思議ではない。ちなみに、董崇斌は前文に出たソ連軍兵士の暴行を止めようとした東北抗聯出身の軍人で、ソ連軍とともに大連入りした後、行く先々で出会った中共と名乗る人々を支えていた。[48] 彼が張世蘭らの本当の身分をその場で把握できたら、誤殺が避けられたかもしれない。このような現実に起きた悲劇は、当時の状況の複雑さを物語っている。

その他の中共武装勢力

上記のほか、同時期に旅大地区に進出して、現地で定着を図ろうとした中共の武装勢力は多数あったが、その大半は最初、ソ連軍から承認を取り付けることができなかった。同じく膠東区委から派遣された呂塞は九月初め、三、四〇人を率いて、渤海を渡って、大連に入ったとたん、ソ連占領当局によって武装解除された。呂塞らが、政権設立準備のため、再び大連に戻った韓光と合流できたのは一〇月中旬の後である。[49]

同じく膠東区委の命令を受けて、呂塞と別ルートを取った郭壮は、一四名の武装兵士を率いて九月七日に旅順に到着した。しかし、遭遇したソ連軍は郭壮らを汪兆銘政府の残党と疑い、彼らを一時拘束していた。九月二二日、膠東区委の派遣で本来、遼寧西部に向かう予定の王世明、姜文閣一行五三人は、搭乗した船が案内船と連絡を失い、旅順に漂着した。旅順のソ連軍当局から給養を与えられた後、ソ連軍当局の要請に応じ、王世明らの八人は釈放された郭壮の一行と合流して、旅順に残ることにした。[50]

表2-2　中共系の武装組織の設立経緯とその行方

組織名	指導者	規模	立ち上げ経緯	行方
工人大隊	趙恩光（別名、劉戈）、李彭華	200人あまり	前身は中共膠東大連支部。宣伝委員趙恩光が労働者を率いて、日本人警察から武器奪取。ソ連軍から承認得られなかったため、庄河へ移動。	庄河で膠東区委からの鄒大鵬、呂其恩が率いる挺進東北先遣支隊と合流した後、遼東人民自衛軍遼南縦隊と編成される。
遼東人民自衛軍	陳雲涛	山東省を出発した時点では、200人前後の正規部隊	もともと大連で立ち上げられた工人大隊が、膠東区委から派遣された挺進東北先遣支隊と合併した後できた数百人規模の部隊。	普蘭店を接収した後、一部がソ連軍と衝突し、死傷者が出た。旅大中共政権樹立後、大連市内に戻り、韓光らの旅大中共と合流した。
大連抗日同盟組織（大連抗盟）	張世蘭	600人前後	山東にある膠東抗盟会から旅大地区に派遣された。	ソ連軍当局から承認を得られず、張世蘭がソ連軍の取り締まりで射殺され、組織の解散を強いられた。
膠東区委の派遣であったため、特にない	郭壮、王沢民	16名	9月7日、旅順に到着。最初はソ連軍に拘束されたが、誤解解消後、ソ連軍の要請に応じて旅順に残ることにした。	別ルートで旅順入りした王世明などと合流した。
膠東区委の派遣であったため、特にない	王世明、姜文閣	53人前後	膠東区委から遼寧西部に派遣された。	郭壮らと合流して、旅順に残り、「旅順民衆聯合会」を傘下におさめた。
膠東区委の派遣であったため、特にない	呂塞、郭壮	30、40人	9月初めごろ、山東半島より旅大入り。ソ連軍に武装解除され、荘河への移動させられた。	10月中旬、中共政権の樹立準備にとりかかる韓光とに合流した。
大連職工総会	唐韵超	7,000人前後	日中戦争中、中共と連絡を失った古参党員唐韵超が、日本敗戦後、いち早く大連市内に入り、企業設備を保護するという名目で、中共の名義を使わず、労働者を組織した。	効率的組織力が買われ、ソ連軍当局から承認を得た後、韓光らと合流して、中共旅大政権をサポートする重要な戦力となった。

出所：『中共大連地方史』、『大連市志・中共地方組織志』をもとに、筆者作成。

地元出身の中共幹部が率いる部隊の場合でも、うまくいかないことが多い。前に述べた、小崗子警察署襲撃事件を起こした李仲和が率いる部隊は、九月一五日にソ連軍の取り締まりにあった。李仲和は一〇日間以上拘留され、その三〇〇人規模の部隊は解散させられた。そのほか、工場労働者の張世政が立ち上げた二七〇人前後の部隊が、一〇月上旬にソ連軍と地元の治安隊の取り締まりにあったため、張世政をはじめとする二〇人余りの幹部が拘留され、部隊が解散させられた(51)。

組織の活動が開始した時点からソ連軍当局の信頼を得られた唯一の中共系組織は、唐韵超が立ち上げた大連職工総会である。唐韵超は大連地元の出身で、一九二六年に入党した古参党員である。日中戦争中、大連の中共組織が破壊された後、唐は大連郊外の実家に帰った。日本が降伏した知らせに接し、唐は直ちに大連市内に戻り、各工場の労働者と連絡を取りながら、大連職工総会の設立と工場設備の保護に奔走した。彼をはじめとする複数の労働者活動家の活動を受けて、大連職工総会傘下の労働者警備隊は七〇〇〇人にも上る、大連屈指の団体となっている。ソ連軍当局が、唐韵超らの大連職工総会をすんなりと受け入れたのは、同組織の驚異的組織力のほか、職工総会という団体名が中共の色を持たなかったことが大きい。

この時期の旅大地区で活動した中共の各組織から以下の共通点を見出すことができる。第一に、中共の各組織の旅大進出と現地活動の活発化は、八月下旬から九月下旬までの間に集中していた。第二に、敗戦直後の時点で、中共側が速やかに旅大に人員を派遣できたのは、派遣元の膠東区委が旅大に近いという地理的利点のほか、中共自身の俊敏な行動力が重要な要素として挙げられる。そして、第三に、ソ連軍の対応は地域によって異なるが、全般的に中共の各組織に対して部隊の解散または強制移動という強硬的なものが多く、中に遼南縱隊とソ連軍の武力衝突と張世蘭の誤殺はその代表的事例である。

一方、ソ連軍側のまちまちな対応の背後に直接的及び間接的な要因が考えられる。直接的な要因は、ソ連軍旅大進駐後、域内の治安管理に関する細かい対応は、各地に設置された警備司令部の裁量にまかせたことである。また、各地に散発的に現れた中共の武装勢力、とりわけ張世蘭が率いた大連抗盟のような組織は正規部隊でないため、服装がまちまちで、現地の状況を把握できていない各ソ連軍警備司令部の責任者には「正体不明」の武装勢力のように映り、排除措置を取る対象になったとしても不思議ではない。

間接的要因は、ソ連軍全体の行動方針が挙げられる。ソ連軍が東北を占領した直後、同地域に進出した中共軍と国民党軍への対応方針は完全には固まっていなかった。特に八月末から九月までの間、旅大地区のソ連軍は、地元の実力者に依存する傾向が強かった。張本政らの大連治安維持会が、ソ連軍のお墨付きをもらって、大連市内の各警察署と派出所を掌握できたことは、こうしたソ連軍の方針の表れである(52)。

ソ連軍に引き止められ、旅順に残ったという郭壮のようなケースがある。ソ連軍から個別的に好遇されたこのような事例は当時の東北全域で散発していた。これについて、長い間政治教育を受けてきたソ連軍人が、同じイデオロギーを有するもの同士に対する一種の自然な反応であり、必ずしもその時点で、ソ連軍は中共軍を徹底的に援助すると明確に方針を定めたということを意味していない、と論じている研究者がいる(53)。旅大地区の状況を見る限り、確かにその通りである。

第四節　ソ連軍の援助と中共旅大政権の樹立

ソ連軍当局のアプローチ

中共系の各武装勢力がソ連軍に冷遇されつつあった状況は、中共東北局の韓光が一〇月上旬に大連を訪れたことを機に、急に転機を迎えた。

韓光が大連を訪れたのは、後の大連政権の樹立とは別件のためであった。当時、中共の部隊は、東北への進軍にあたって、山海関を経由する陸上ルートのほか、山東省膠東半島から渤海を渡り、遼東半島南端部で上陸し、そこから東北内陸部に向かうという海上ルートをも利用していた。海風の影響で、渡海する部隊の一部が予定の目的地に着けず、ソ連軍支配下の旅大沿岸一帯に流されたことがしばしばあった。上陸した中共部隊に対して、ソ連軍は例外なく武装解除した上、厳しい審査を行うようにしていた。中共の部隊であることが確認できた場合、全員をただちに釈放するので、大事に至ることはなかった。しかし、ソ連軍の審査に引っかかった場合、数日間も足止めされることが多く、これは一刻も争う中共部隊にとっては耐え難い時間の損失である。東北局の指示を受け、旅大に向かった韓光は、問題解決を図るため、ソ連軍当局との直接交渉にあたった。

大連に到着した韓光は、早速ソ連軍警備司令部司令官コズロフ中将と面談をした。二人の面談は韓光にとって意外な展開となった。以下、韓光の回想文における会話の部分を引用しながら、当時の状況を説明する。

会話が五分も経たないうちに、韓光の協力要請に対して、コズロフ中将は直ちに解決すると約束した。話題が旅大接収に代わった。コズロフ中将は単刀直入に切り出した。

「あなたたちは、大連はもう要らないのですか」

「もちろん要ります。我々は全国解放を目指していますから」。韓光は予想外の話に一瞬ためらったが、明確な答えを返した。

「でしたら、なぜいまだにこちらに幹部を送り出していないのですか。あなたたちが悠長に構えていると、自分の首を絞めるようなことになるのですよ」。

「分かりました。だから、私が今ここにいるのではないですか」。韓光はコズロフ中将側からのアプローチを喜んで受け止めた。

「できるだけ早く市委書記の人選を派遣して、急いで市委を立ち上げるとともに、市政府も作らなければなりません。それと、副市長の人選もそちらで決めてください」とコズロフ中将は念を押した。コズロフ中将は続いて、大連市長はすでに地元の商人遅子祥に決まって、財政、工業、商業、銀行のトップポストは、地元から選び、そして、副市長と教育局、民政局の局長、ラジオ局、新聞の編集長のポストは中共に保留してあるなどの決定事項を伝えた。最後に彼はこうした事項はいずれもソ連の外交立場を配慮したもので、実質的に中共が大連の行政を握ることになると説明した。


会談を終えて、韓光は一〇月一二日に瀋陽に戻り、東北局に経緯を報告した。東北局は韓光を市委書記に任命して、大連での政権樹立を決めた。一〇月中旬、韓光は幹部数十人を率いて再び大連へ向かい、大連で唐韵超、左友文、呂塞、陳雲涛らの中共幹部と合流できた。「抢形勢、搭架子（タイミングを掴んで、組織一式を設置する）」との中共東北局の指示の下、一行は早速地方政権の樹立準備に取り掛かり始めた(54)。中共幹部の人数が少なかったため、韓光らはしばらくの間、「工委」の名義を使い、活動していた。

一〇月二八日、コズロフ中将は遅子祥を市長として、陳雲涛を副市長に据えた新政府の人事を発表した。中共側がソ連軍の協力を得て、政府の各部署、ラジオ局、新聞、学校などの要所に幹部を送り込んで、これらの部署に対する確保に努めた。一一月八日、中共が実質的に支配する大連市政府が正式に発足した。年末まで、県と区の各レベルにおいて、中共の党組織はほぼ一通りできあがり、重要な政府機関と一部の事業所をコントロール下に置くことができた。「中ソ友好協会」、「婦女建国会」、「青年連合会」などの一連の外郭団体が設立されたとともに、「大連職工総会」の基盤強化も図られた。

大連市政府樹立後、中共の名義を伏せた方が有利との判断及びソ連の外交立場への配慮から、中共はソ連軍の了解の下で中共の名義を公開しないことにした。中共が旅大地区ではじめて名義を公開したのは、三年半後の一九四九年四月一日で、中共が東北全土を制圧した後である。なお、以下本書において、旅大地区の中共組織ないしその指導部を指す場合は、中共旅大と呼ぶこととする。

中共政権の初期建設

政権樹立初期、中共旅大は中堅幹部の不足という深刻な問題に直面していた。八〇万人規模という近代的大都市を管理・運営していくには、わずか数百人の幹部だけでは当然ながら十分ではない。中共旅大は、中共東北局や膠東区委からの派遣幹部を受け入れたほか、時には別件で大連を通過した中共幹部を引き止めることも進んで行なっていた。[55]大連市政府が設立した時点で、職員の人数は二六五七人であり、そのうち日本統治時代から留任した日本人職員と中国人職員がそれぞれ七八〇人と約一五〇〇人で、合計で二二八〇人で、職員の主体となっていた。[56]職員全員を入れ替

図 2−1　第二次世界大戦後、旅大地区においてソ連軍が支配する勢力範囲

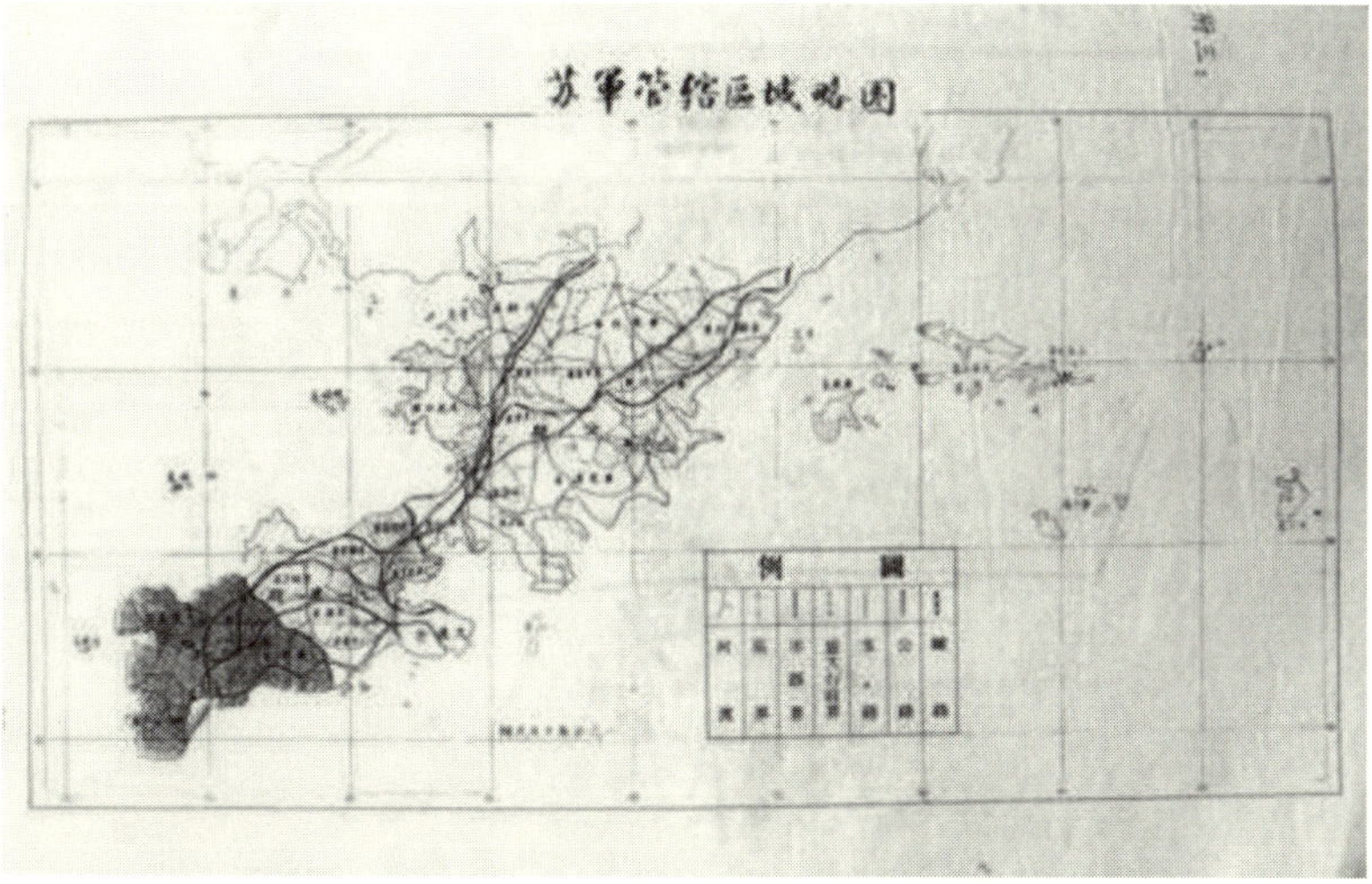

出所：「蘇聯管轄区域略図」大連市史志弁公室編『蘇聯紅軍在旅大』内部資料、1995 年、385 頁。

図 2−2　ソ連海軍基地の支配範囲

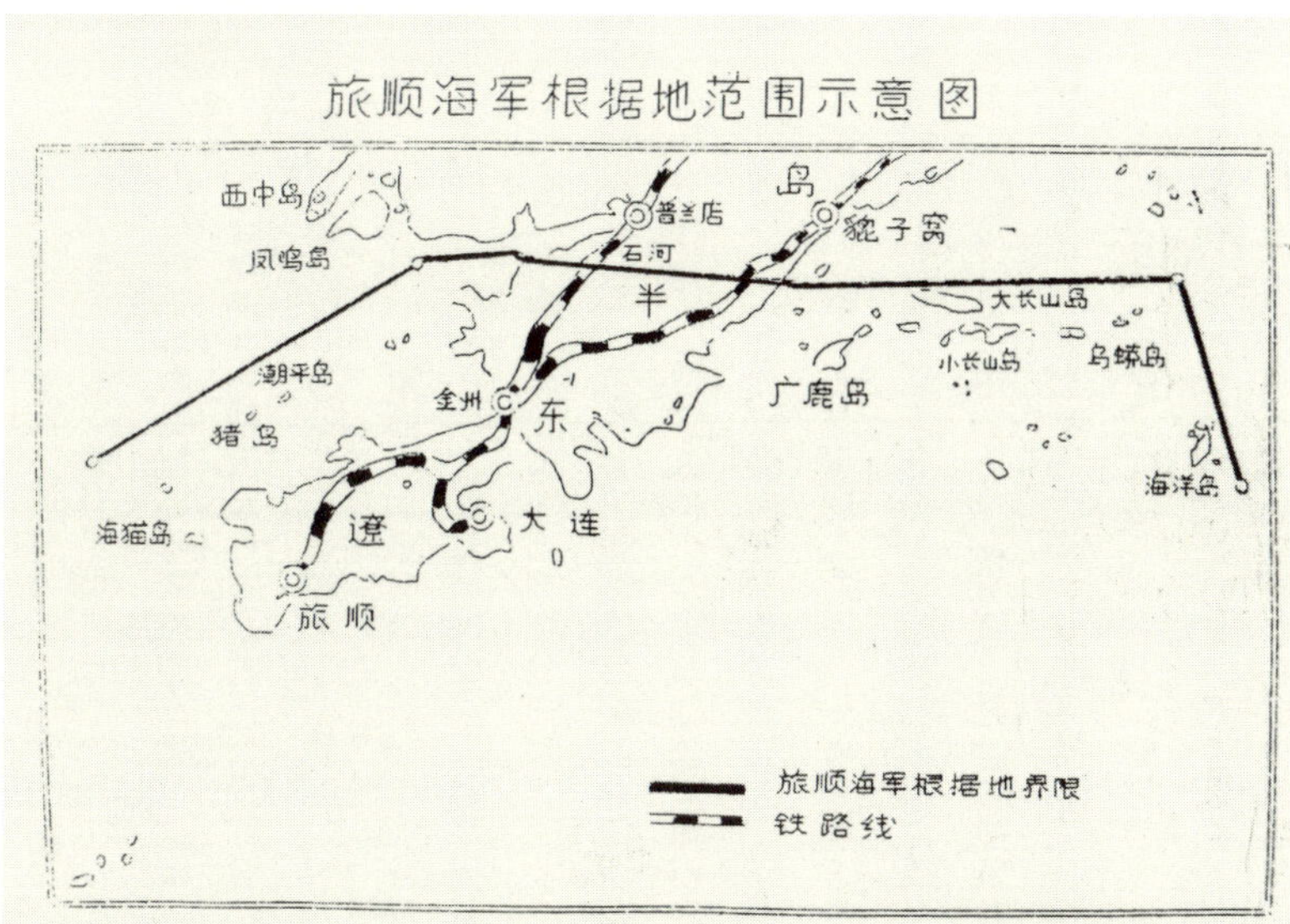

出所：「旅順海軍根拠地範囲示意図」大連市史志弁公室編『蘇聯紅軍在旅大』内部資料、1995 年、386 頁。

えることは難しいため、中共旅大は指導権の確保のために、市政府の秘書処、財政、社会、建設、教育、衛生の一処五局に幹部を送り込んで、秘書長、局長または副局長のポストを獲得する方法をもって対処した[57]。

中共旅大が人員面で大きな力を入れたのは、警察力の確保である。政権基盤を固めるには警察力は欠かせない。一一月七日、大連市政府成立に先立って、大連警察総局が成立した。同局は一一月二五日より大連公安総局に改称した（記述の便宜上、以下は公安総局とする）。自らがコントロールする警察部隊を育成するため、中共旅大はできる限り中共軍の関係者を警察に登用した。初代の公安総局総局長に任命された趙東斌は大連に来る前、山東軍区浜海三分区の司令官を務めていた、勇敢な作戦スタイルで知られる正規軍の指揮官であった。公安総局は中共の色を出さないように、警察部隊の政委である韓光が対外的に訓練処長という肩書きを使うなどの措置をとっていた。

設立直後の公安総局が実効支配できた警察局は[58]、抗聯出身の劉玉泉が率いる甘井子地区警察局の一箇所だけであった[59]。一方、張本政らの地方実力者が中共政権樹立前に組織した保安隊は二〇〇〇人に上っており、大連市内の各警察局をコントロールしていた。公安総局はソ連軍当局の承認を取り付けて、各警察局に人員を送り込んで、敵側の指導格に当たる人物を追放するという切り崩しの手法をもって、警察局の奪取作戦を展開した。一一月末頃まで、大広場警察局をはじめ、公安総局は域内の各警察局をほとんど支配下に収めた。大広場警察局の掌握はこうした切り崩し工作の代表例である。局長の潘澄宇は地元出身である。ソ連軍進駐直後、彼が率いる中国人会自衛団はソ連軍当局の承認を得て大広場警察局を接収した。中国人会自衛団の治安隊は数百人に上っているため、中共旅大にとって、真正面の勝負は難しい。そこで、中共旅大は公安総局の名義でまず趙恩光を副局長として大広場警察局に送り込んだ。趙に続いて公安総局から送り込まれた中共幹部は二四人だった。大広場警察局である程度の人的基盤ができた後、一一月一七日、公安総局は各区の警察局長重要会議と称し、潘澄宇を総局に呼び出して、そこで本人を逮捕した。これを機に大連市内の一番大きい警察局を一気に掌握できた(60)。

各警察局の接収と同時に、公安総局は別途で総局直轄の大隊を作り、軍事力の育成を図った。旅大地区では中国軍隊の駐屯が禁じられたため、中共が独自の軍事力を持つためには、警察部隊を編成する以外ほかの方法はない。一一月二〇日に設立された総局直轄大隊は三六一名の隊員を有する。一ヶ月後の一二月二四日、同大隊が三つの中隊に再編成された際、人数は四七三名に増え、武器装備は機関銃一一挺、小銃三〇五丁、拳銃一二丁というレベルに達した(61)。総局直轄大隊を基盤に、中共旅大は警察力の拡大を継続した。各区と各県の公安局も各自で三つまたは四つの中隊を編成した。この時期の中共旅大の軍事力について、公安総局局長の趙東斌は次のように述べたことがある。「これらの部隊はいずれも、正規軍並みの装備で、情勢が緊迫した場合に備えて、死守できるように日頃準備を重ねてきた。正規戦が起きた場合、一つの区や県の公安局の警察部隊は一つの団（約三〇〇〇人前後）に相当する戦力を発揮できる」(62)。警察部隊に入隊した兵員は中共各解放区の前線に補充されていた。公安局の档案によると、一九四六年に警察部隊は、兵員募集を二回行い、同年に前線に一万五千人の兵員を送った。一九四七年とあわせて二年間で前線に送った兵員数は二万人余で、そして、一九四八年の実績は一万一二〇〇人であった。三年間の総人数は三万二七〇〇人に上った(63)。こうした大規模な兵員提供をサポートするため、中共旅大は常時一万人前後の警察部隊を維持していた(64)。日本時代の二〇〇〇人以下の警察力を大きく上回る規模であった(65)。中共側の警察部隊の拡大に対して、ソ連軍当局は時には人目を引かないように注意をしたりしたが、それを止めようとはしなかった。その一方、武器交付の面で便宜を提供して、暗黙の支持の姿勢をとっていた(66)。

国民党勢力の粛清

中共政権樹立後、旅大地区の国民党組織は、ソ連軍当局と中共政権の粛清活動によって大きな打撃を受け、存続が難しくなった。

一九四五年一〇月一五日、ソ連軍当局は宴会と称して、汪漁洋ら六人の国民党幹部を誘い込み、六人全員を反ソ宣伝の容疑で拘留した。六人が拘留された後、ソ連軍当局は直ちに国民党大連市党部を封鎖して、国民党の活動を違法活動として全面禁止した。汪漁洋らの六人は二ヶ月の拘束を経て、一二月末に長春に送還された(67)。一方、二〇数人の汪漁洋の部下はソ連軍監獄から沙河口警察局に移送された時、全員が董崇彬と劉玉泉に殺害された。これを受けて、残存の国民党組織は同地区での活動を地下活動に転じざるを得なかった。国民党は引き続き大連に幹部を送り込んで、組織活動の復活を図ったが、いずれも中共が支配する公安総局の強力な取締りにあい、目的を遂げることができなかった。

汪漁洋らが逮捕された後、彼らと同じく、旅大で活動していた国民党員の汪逢璽は一〇月下旬に大連を離れ、一時長春に避難した。一二月二〇日、汪逢璽は地下武装組織を立てなおす任務を負って、再び大連に入った。一九四六年一月初め頃まで、国民党大連市党部は地下活動を展開して、一二の区党部と区分部を設立し、党員を八六〇名に増やした。うち一七五名は政府機関、団体、事業所で勤務する職員であったことから、再建した国民党組織が相当の程度まで旅大の行政機関に浸透できたことが分かる。

一九四六年一月下旬、中共旅大は、偶然につかまった国民党地下組織のメンバーを切り口に、大連市内で大規模な捜査活動を二回に亘って行い、二〇〇名以上の国民党員を逮捕できた。二月一日、大連公安総局副局長于会川が『人民呼声』新聞で「関于破獲反蘇要綱的談話」を発表し、逮捕したグループを匪賊と名指して、「秘密武装組織を行い、暴動を企てる。ソ連軍士官を暗殺し、武器を略奪する。友邦のソ連を中傷し、中ソ友好協定を破壊し、国家間のトラブルを作る」などを逮捕の理由として挙げた。[68]「談話」は国民政府とソ連側の関係への配慮から、逮捕された人たちが国民党員であることを明かさず、あくまでもその罪が反ソと社会秩序の撹乱の二点であるとした。一月末の大規模の逮捕以降、旅大地区に対する中共の支配はますます強化された。一九四八年まで、国民党は旅大地区への組織浸透を図って、中共旅大との間で何度も攻防を繰り広げていたが、いずれも中共旅大の強力な取締まりにあい、大きな進展を遂げられなかった。[69]一九四九年以降、中共が東北全域を支配できた後、国民党の大連での地下組織活動は一層下火となった。中共は自らの政権基盤を確保できたのは、ソ連軍当局による強力な援助があったからなのである。

まとめ

本章では、まずソ連軍進駐直後の旅大地区における混乱した社会情勢を振り返った上で、八月下旬の進駐直後から一〇月上旬までの間に、ソ連軍当局が国民党勢力支持の姿勢から中共支持へ急転換した、という一連の事実の流れを捉えた。

中共とソ連軍の協力体制が形成される前、旅大ソ連軍当局は最初、国民党寄りの地元組織に武器提供などの便宜をはかり、治安維持を依頼するほか、国民党大連市党部の公開活動を許可して、国民党系の勢力を優遇していた。一方、中共系の各組織を散発的武装勢力と見なして排除の態勢をとっていた。その中、中共組織のリーダーが誤殺されたことや武力衝突も起きた。中共組織の排除は、必ずしもソ連軍が意図的に起こしたとは断言できないが、少なくとも当時ソ連軍内部における認識上の混乱、または中共軽視の姿勢を反映したと言うことができるだろう。

事態が急展開を迎えたのは、韓光とソ連軍コズロフ中将の会談であった。この会談はその後、中共とソ連軍の間で協力に関する合意が急速に形成できただけに、両者の接近過程において極めて重要な事実である。しかし、汪朝光と薛銜天は、この会談を取り上げる際、中共とソ連の接近を促した一面だけに注目したため、両者の協力関係がスムーズに運ばれたという結論を出したのである。

一〇月上旬の会談までの、ソ連軍が中共を大連から排除したという一連の事実を分析の文脈に据えて、会談の様子を考察すると、以下の二点が浮かんでくる。

一つ目は、会談に臨む前、中共側が旅大での政権樹立に期待を抱いていなかったことである。コズロフ中将からの発言に対して、韓光が最初驚きを隠せなかったという反応はまさにこの点を説明している。これまでのソ連軍の対応から、韓光は交渉の目的を大連を経由する中共軍がソ連軍に引き止められないことに絞った。従って、コズロフ中将からのアプローチは韓光には意外に聞こえた。

二つ目は、旅大の引き渡しはソ連軍の主導で進められていたことである。コズロフ中将が決定した人選案を一方的に韓光に伝えて、賛同を求めなかったというソ連軍側の態勢がこの点を集約的に反映している。この点は、後の両者間の協力体制の展開を考察する上には、極めて示唆的である。

ここで、一つの疑問が浮かんでくる。なぜ旅大のソ連軍が、国民党支持の姿勢を急に中共支持の方に切り替えたのか、ということである。ソ連軍側の資料が公開されていない現在、ソ連側の意思決定の詳細は把握できない。そのため、以下では先行研究の説を踏まえながら、幾つかの具体的事実を補足した上で、説明を試みる。

そもそも、ソ連が中ソ友好同盟条約という法的根拠が存在しているにもかかわらず、それを破棄するまでのリスクを負い、一地方武装勢力に過ぎない中共に行政権を委ねたことは、通常の論理では考えにくい。ソ連側の動機は、二つの不凍港を有する旅大地区が持つ重要な戦略的意義に求めるほかない。日露戦争などの歴史的経緯と旅大地区の地政学的価値から、ソ連軍は旅大地区の占領を極東戦略の重要な一環として位置づけて来た。

旅大を占領してまもなく、ソ連はアメリカの東北進出の可能性から新たな脅威を感じ始めた。九月中旬より、アメリカ軍が青島に上陸し、華北に進駐したことは、ソ連側の脅威感を増幅させた。[70]ソ連軍との交渉に関わった国民政府代表である董彦平が言うように、この時期のソ連は東北に対して「過度な安全需要」[71]を抱いたため、アメリカ軍の東北進出に過度に脅威を感じたとしても不思議ではない。一〇月一日、国民政府が大連上陸について、ソ連側に協力を要請したところ、ソ連は中国軍が利用するアメリカ軍艦は商港である大連港に入港できないとの理由で拒否した。[72]こうした事実はのソ連側の危惧を端的に表していた。[73]

日本敗戦後の大連に残留した日本人によると、国民政府の大連上陸の協力要請に先立って、アメリカ軍の航空機が八月二二日より旅大上空に出没するほか、大連に駐留していた少人数の米海軍とソ連軍の間、大連埠頭倉庫に貯蔵した物資をめぐって、小競り合いも生じたという[74]一連の事実が存在していた。

ソ連軍の神経を尖らせたこのようなアメリカ軍の動きのほか、旅大地区における国民党組織の活動も一つの具体的要因である。汪漁洋の国民党大連市支部を摘発した際、ソ連軍当局は「反ソ」という名義を使っていた。汪漁洋らの反ソ活動の詳細は中共側の資料では、「反ソ宣伝、群衆を惑わす、情報を収集」とされている。[75]また、大連地方治安維持会のメンバーである、調査科長曹長生と社会部長李鴻年らが日本人を使って、秘密裏にソ連軍による工場被害状況を調査していた。このことがソ連軍当局に知られた後、関係者は全員逮捕された。[76]国民党系の組織の動きが国民政府の上陸協力要請及び大連におけるアメリカ軍事力の出現と合わせて、ソ連側を刺激して、旅大地区のソ連軍当局が比較的早い時期に中共支持の方向に踏み切った要因となっただろう。
いずれにせよ、このような状況下のソ連軍のアプローチは、これまで旅大地区での存続に苦しんでいた中共側に大いに歓迎された。ソ連軍の政権樹立の打診に対して、中共側は迅速に対応した。そして、それが両者の協力体制の確立に繋がった。ただし、ソ連軍側のアプローチは、あくまでもソ連自身の都合によるもので、決して中共を優遇するためではないことは念頭に置きたい。この点は、一〇月上旬までの中共の各組織が経験したことにも裏付けられている。ソ連軍の主導で進められた両者の協力体制が、その後、いかなる展開を見せたかについては、次章以降で考察したい。

註

(1) 大連市史志弁公室編著『中共大連地方史』大連出版社、一九九六年、一三二頁。
(2) 前掲『一九四五―一九四九国共政争与中国命運』一九〇―一九五頁。
前掲『民国時期中蘇関係史(一九一七―一九四九)』一〇四―一〇六頁。
(3) 李充生『旅大的今昔』南京、拔提書局 一九四七年、八四頁。
(4) 張国萍・恵兆倫「東北抗聯大連工作組配合蘇軍接管大連」前掲『蘇聯紅軍在旅大』二二七頁。
(5) 榊谷仙次郎『榊谷仙次郎日記』榊谷仙次郎日記刊行会、一九六九年、二一八頁。
(6) 富永孝子『遺言なき自決――大連最後の日本人市長・別宮秀夫――』新評論、一九八八年、二八四頁。
(7) 丸沢常哉『新中国建設と満鉄中央試験所』二月社、一九七九年、四〇頁。
(8) 徐焔『蘇聯出兵中国東北紀実』天地図書有限公司、一九九三年、一七四頁。
(9) 于宝祥「蘇軍進駐新金地区始末」前掲『蘇聯紅軍在旅大』二二一頁。
(10) 日常生活で、ソ連軍関係者を差別する現象が多数あった。たとえば、ソ連軍の要請にもかかわらず、ロシア語をバス停の時刻表の表記に取り入れないこと、バスの車掌が中国人を優先して車内切符を販売すること、子供を抱いている中国人女性に席を譲るかわりに、子供を抱いているソ連人女性をバスの入り口にブロックすること、というようなことが数多くあった。ソ連軍に対する中国人の根強い嫌悪感が反映されている。傅万傑「蘇軍駐金県的情況」前掲『蘇聯紅軍在旅大』二一四頁。

(11) 前掲「蘇軍駐金県的情況」『蘇聯紅軍在旅大』二一四頁。

(12) ソ連軍兵士の暴行について旅順市長王世明から陳情を聞いた後、ソ連軍指揮官が、ソ連軍兵士の取締まりに地元の警察の協力を要請し、そして警察が自衛できる権限を与えたという記述から、これまで地元の警察がソ連軍の暴行取締りに対して、受身的立場に置かれたことが分かる。王世明「旅順解放初期与蘇軍関係的回顧」前掲『蘇聯紅軍在旅大』一一六頁。

(13) 柳運光「我所了解的蘇軍」前掲『蘇聯紅軍在旅大』八三頁。

(14) 前掲「旅順解放初期与蘇軍関係的回顧」『蘇聯紅軍在旅大』一一五―一一六頁。

(15) 中国共青団傘下の、青少年教育を目的とする中青網に盧冬生を記念する文章が掲載されている。文章はもともと新華社が二〇〇六年五月一二日に配布した記事であって、中共の公式見解だと考えてよいだろう。二〇〇八年七月一五日アクセス。http://vwebyouthcn/cms/2006/2006news/87zn/yyfb/200806/t20080630_744571htm

(16) 前掲「旅順解放初期与蘇軍関係的回顧」『蘇聯紅軍在旅大』一一六頁。

(17) 事件の経緯は以下の通りである。九月一日、聖徳街周辺の日本人住民は隣の中国人居住エリアに大勢の中国人が集結しているのに気付いて、中国人が襲撃を企んでいると思い込んで、在郷軍人連合会長岩井勘六少将の引率で応戦準備を進めた。その一方、中国人住民は日本人住民の応戦準備を襲撃の前兆だと誤認した。双方は木銃、竹槍を武器に聖徳街公園の丘を挟んで対峙した。駆けつけた沙河口署長江見は日本人側を説得した後、中国人の陣営に飛び込み、懸命な説得を展開した。江見の尽力が功を奏して、一触即発の緊張状態がようやく解消できた。斎藤良二編著『関東局警察四十年の歩みとその終焉』東京、関東局警友会事務局、一九八一年、一四八―一四九頁。

（18）前掲『関東局警察四十年の歩みとその終焉』一四六―一五〇頁。富永孝子『大連　空白の六百日』新評論、一九九九年、一〇五―一二二頁。李仲和に関する記述は、日本の関連書籍と中国の史料に散見する。『大連　空白の六百日』での書き方は、李中和となっているのである。張殿選編『大連公安歴史長編一九四五―一九四九』大連市公安局　内部資料、一九八七年、六頁。

（19）前掲『関東局警察四十年の歩みとその終焉』一五二―一八〇頁。

（20）夏振鐸『蘇聯紅軍進駐旅大的十年』前掲『蘇聯紅軍在旅大』七頁。

（21）前掲『大連　空白の六百日』一〇〇頁。前掲『関東局警察四十年の歩みとその終焉』一六二頁。

（22）日本人に掠奪、もしくは復讐を図る中国人に対して、ソ連軍は介入せず、傍観の態度に終始したことについて、日本人の回想録に次の記述がある。荷物を新しい移転先へ運ぶ途中の日本人は、五、六〇人の中国人から襲撃された。十台の馬車の中、先頭の馬車三台の荷物は全部取られた。すぐ傍にいたソ連軍兵士は明らかな掠奪行為に対して、ただ高みの見物をするだけで、何も助けてくれなかったという。吉村暁『少年たちの満洲』自由社、一九九二年、三七二―三七四頁。

（23）別宮は八月二二日より、一〇月三〇日解任されるまで、主として市内の秩序維持、電力と水源の確保など、一般市民の日常生活と密接に関わる業務運営を担当した。富永孝子『遺言なき自決――大連最後の日本人市長・別宮秀夫――』新評論　一九八八年、二二八頁。

（24）前掲『関東局警察四十年の歩みとその終焉』二〇四―二〇五頁。

（25）この時期のソ連軍の行政措置は以下のようなものがある。進駐二日後の八月二七日、ソ連軍当局が、車両の左側通行を右側通行に変更せよと公布した。突然の変更令は市内の交通に大きな混乱をもたらした。さらに、ソ連軍兵士の乱暴な運転が原因で交通事故が続出し、犠牲者が多数出た。また、ソ連軍当局が、旅順刑務所の日本人看守の反対を押し切って、刑務所に収容された約一〇〇〇人の政治犯と刑事犯囚人を強引に釈放させた。急に街頭に現れた大勢の赤衣の囚人は、地元の住民に強い恐怖を与えた。前掲『大連　空白の六百日』九二―九四頁。

（26）朱秀春「蘇軍進駐大連初期的党派活動情況」前掲『蘇聯紅軍在旅大』七頁。朱は中共党員で、張本政がソ連軍警備司令部を訪問した際、通訳を務めた。
(27) 同じ時期の関東局の各警察署の編成人員は以下の通りである。旅順署は二〇一名。奉天署は三七八名。撫順署は二〇九名。営口署は一一四名。普蘭店署は一二一名。前掲『関東局警察四十年の歩みとその終焉』写真ページ。
(28) 張寿山「大連各界抗日同盟分会的活動」大連市史志弁公室編『大連市志・中共地方組織志』中央文献出版社、二〇〇一年、七三三頁。
(29) ソ連軍進駐後の大連市内の治安は極めて混乱しており、ソ連軍自身の力だけでは対応しきれなかった。八月下旬、大連港は日本側からソ連軍に引き渡された二、三日後、「無防備状態となった埠頭構内に大勢の中国人が侵入し、引込線に停車していた軍用列車から略奪を開始したことによるものであった。いくら銃撃を浴びせても、血を流しながら死体を乗り越え、小麦や砂糖の袋を背負った中国人が、蟻の行列のように延えんと続き、警備のソ連兵を呆れさせた。」そのため、ソ連軍側から日本警察に「ふたたび埠頭一帯の警備につくよう」要請した。前掲『関東局警察四十年の歩みとその終焉』一六二頁。
(30) 前掲『大連公安歴史長編一九四五—一九四九』一二頁。
(31) 董希政「蘇軍在旅順的十年」前掲『蘇聯紅軍在旅大』一九二—一九三頁。前掲「蘇軍駐金県的情況」『蘇聯紅軍在旅大』二〇九頁。
(32) 大連市史志弁公室編著『中共大連地方史』大連出版社、一九九六年、一三一頁。
(33) 膠東区は渤海を挟んで、旅大地区の対岸にある山東省の東部にある。日中戦争期より、中共の一つの根拠地として発展してきた。
(34) 前掲『中共大連地方史』一二七頁。
(35) 何元廷『関于「東工委」向東北派遣幹部中的幾個具体問題』陸毅主編、中共吉林省委党史研究室　吉林省東北抗日聯軍研究基金会編『韩光党史工作文集』中央文献出版社、一九九七年、五七二—五七三頁。
(36) 韓光「党史工作意義重大　主動服務義不容辞」前掲『韩光党史工作文集』九—一一頁。

(37) 前掲『大連市志・中共地方組織志』一五〇―一七四頁。
(38) この時期の大連の中共の組織活動について、一九三六年九月から一九三七年四月まで大連中共市委書記を担当した王群は、大規模な群衆団体を作らなかったことが一番の失敗だと述懐している。王群「対大連地下党組織情況的回憶」前掲『大連市志・中共地方組織志』七二〇頁。
(39) 前掲『大連市志・中共地方組織志』二七―二八頁。
(40) 張寿山「大連各界抗日同盟分会的活動」前掲『大連市志・中共地方組織志』七二四―七二九頁。
(41) 前掲『大連市志・中共地方組織志』一七七頁。
(42) 張樹漢 徐仁清「進軍東北 智取庄河」中共大連市委党史資料征集弁公室編『解放初期的大連（紀念大連解放四十周年）』大連、大連出版社 一九八五年、一〇二―一〇九頁。
(43) 王福如「留在普蘭店的記憶」前掲『蘇聯紅軍在旅大』一二四―一二五頁。
(44) 前掲「留在普蘭店的記憶」『蘇聯紅軍在旅大』一二五頁。
(45) 前掲「大連各界抗日同盟分会的活動」『大連市志・中共地方組織志』七三二―七三三頁。
(46) 前掲『大連公安歴史長編一九四五―一九四九』二〇―二一頁。
(47) 大連市中山区民政局「碧血迎朝暉――張世蘭」大連市史志弁公室、大連市民政局『大連英烈』大連出版社、一九九五年、一九五頁。
(48) 董崇彬「随蘇軍進入大連的両個月」前掲『蘇聯紅軍在旅大』一二一頁。
(49) 前掲「我所了解的蘇軍」『蘇聯紅軍在旅大』七九頁。
(50) 董希政「蘇軍在旅順的十年」前掲『蘇聯紅軍在旅大』一九三―一九四頁。
(51) 前掲『大連公安歴史長編一九四五―一九四九』六―七頁。
(52) 前掲「大連各界抗日同盟分会的活動」『大連市志・中共地方組織志』七三八頁。
(53) 牛軍「論中蘇同盟的起源」『中国社会科学』一九九六年第二期、一八三頁。

(54) 前掲「旅大八年」『韩光党史工作文集』三〇二―三〇三頁。
(55) 『実話報』で地方部記者を務めた欧陽恵氏は、大連経由で南洋へ向かう途中、大連に引き止められた幹部の一人であった。欧陽氏は一九四六年の夏に大連に滞在した後、そこから南朝鮮を経由して南洋へ向かおうとした。南朝鮮で南洋への渡航ルートが確保できず、大連に戻った。そこで、中共旅大社会部のルートで、ソ連軍の『実話報』に入社したのである。欧陽氏によると、このようなことはあの時期によくあった。二〇〇四年八月八日、筆者による欧陽恵氏へのインタビュー、於タイ、バンコク。類似の経緯で大連に留まり、大連で任命されたケースは、中共幹部の回想録の中で多数見られる。
(56) 前掲『旅大概述』二六八頁。
(57) 前掲「旅大八年」『韓光党史工作文集』三〇九頁。
(58) 日本敗戦後、日本植民時代の各警察署は、警察局と呼ばれるようになった。また、一一月七日に警察総局が成立したのをもって、警察署は警察局と改称されたのに伴って、署長は局長と改称された。前掲『大連公安歴史長編』一八頁。
(59) 前掲『大連公安歴史長編一九四五―一九四九』一六頁。趙傑、王華「解放戦争初期的大連公安工作」前掲『蘇聯紅軍在旅大』九一頁。
(60) 前掲『大連公安歴史長編一九四五―一九四九』二八頁。
(61) 前掲『大連公安歴史長編一九四五―一九四九』三六―三七頁。
(62) 前掲「解放戦争初期的大連公安工作」『蘇聯紅軍在旅大』九三―九四頁。ちなみに、文中の「団」とは中国軍編制の単位で、英語では regiment と表記して、兵員規模は通常二〇〇〇人から三〇〇〇人までである。
(63) 前掲『大連公安歴史長編一九四五―一九四九』二五六―二五七頁。
(64) 前掲「旅大八年」『韓光党史工作文集』三一〇―三一一頁。
(65) 一九三五年の数字である。前掲『関東局警察四十年の歩みとその終焉』関東局各警察署の写真紹介ページに掲載数字を合計した数字。
(66) 趙東斌によると、ソ連軍司令官のコズロフ中将が彼に次のような疑問を投げかけたことがある。「世界中を見渡すと、一つの町にこれだけの警察を備えるのは、とても珍しい。なんで一万人以上までも増やしたのか」。「私たちは警察でもあり、軍隊でもあります。すべてはあなたたちに協力して、「旅大金」（旅順・大連・金州のこと）を守るためです」と趙東斌は答えた。前掲「解放戦争初期的大連公安工作」『蘇聯紅軍在旅大』九四頁。また、韓光もその回想録では、警察力の拡大にあたって、ソ連軍当局に武器の援助を要請したことがあると述懐している。前掲「旅大八年」『韓光党史工作文集』三一〇頁。

(67)「国民党大連市党部的報告書」前掲『蘇聯紅軍在旅大』三五〇頁。

(68) 大連市公安局公安史編集室「偵破国民党大連市党部全歼第四独立団」前掲『解放初期的大連』二四七—二五〇頁。前掲『大連公安歴史長編一九四五—一九四九』四七—五六頁。

(69) 前掲『大連公安歴史長編一九四五—一九四九』四三—一三三頁。

(70) 前掲「論中蘇同盟的起源」『中国社会科学』一八四頁。

(71) 秦孝儀主編、中華民国重要史料初編編輯委員会『中華民国重要史料初編—対日抗戦時期第七編、戦後中国』中国国民党中央委員会党史委員会、中央文物供応社、一九八一年、二二二—二二三頁。

(72) 前掲『中華民国重要史料初編—対日抗戦時期第七編、戦後中国』第一冊、一一九頁。

(73) 前掲『一九四五—一九四九国共政争与中国命運』一八七頁。沈志華『毛沢東、斯大林与朝鮮戦争』広東人民出版社、二〇〇七年、五三頁。

(74) 同時期、旅大における米海軍の活動について、複数の残留日本人の証言をもとに、富永孝子が著書に詳しい事実をまとめている。前掲『大連　空白の六百日』一九六—二〇一頁。

(75) 前掲『大連公安歴史長編一九四五—一九四九』一二一—一二三頁。

(76) 前掲『大連　空白の六百日』二三四頁。

第三章　中共旅大とソ連軍の共同行政運営

前章で見てきたように、中共はソ連軍の一〇月上旬の呼びかけに迅速に反応して、一〇月末に地方政権樹立の準備を整えた。旅大の中共地方政権が樹立した時点では、中共の党員人数は千人を超えない程度であり、無論単純に数で比較するわけにはいかないが、数万人もの軍人も擁するソ連軍と比べれば、その実力の差は歴然である。このような状況下、共同の行政運営にあたって、いかなる展開をしていたのか。本章はこの問題を中心に、中共旅大とソ連軍の協力の実態を考察する。

第一節　中共とソ連軍による二重の統治構造

二重の統治構造の概要

旅大地区の統治管理は、一種の二重権力構造であった。つまり、中共が行政機関の各部署を掌握して、表舞台に立って日常的行政管理を運営するが、最終決定権はソ連軍当局の手にあった。ソ連軍は、中共旅大の行政管理の監督役と指導役を務め、必要に応じて、行政のトップ人事に介入するなどを通して、地区全体の行政方針を自らに有利な方向へ持っていくこともたびたびあった。中共の行政運営への干渉は時に中共側のトップを辞めさせたほど強力なものでもあった。以下ではこの二重構造の内容について見ていきたい。

旅大地区の行政業務を統括するにあたって、ソ連軍はまずソ連軍民政局を設立した。民政局で旅大地区全体の施政方針と行政手法が決定されたのち、中共が掌握する行政機関に伝えられる。その実施状況については、ソ連軍当局が監督及び指導を行った。旅大地区全体の行政業務を統括する民政局のほか、ソ連軍当局はさらに、各区、各県のソ連軍警備司令部という別のルートを通して、現地の行政機関の行政運営を監督、指導した。

業務内容に応じて、ソ連軍の各行政機関への参与程度は異なっていた。軍事防衛、対外交渉、金融管理、新聞・ラジオの検閲、港湾、税関、電力、水道局のインフラ管理、といった地区全体の支配維持に関わる最も重要な業務内容は、一九四五年から一九四八年にかけて、ソ連軍当局がすべて直接掌握していたのである(1)。

治安維持と国民党勢力の取締まりを主な業務内容とする公安局の場合は、各区、県のソ連軍警備司令部が直接運営に参与せず、その日常業務を監督・管理するという形をとっていた。公安局の中共組織が、東北局や遼東軍区などの上級機関の指令を実行するには、ソ連軍警備司令部の許可を必要とした。そのため、ソ連軍当局の許可を得るため、韓光や趙東斌（公安総局の初代局長）らがソ連軍当局に出向いて、コズロフ中将に直接事情を説明し、了承を得ることがよくあった(2)。

一般行政はソ連軍当局の監督と指導下に置かれていた。具体的実施形態として、行政の各機関、部門にソ連軍軍人の駐在員が配置されており、各部門は業務遂行にあたって、すべての事項について駐在員の同意を得なければ実行できなかったという(3)。すべての行政機関にソ連軍の駐在員が派遣されていたかどうかは、関連記録が少ないため、事実関係を判断しにくいが、一般行政機関でも、ソ連軍当局の厳しい監督と指導下にあったことは、間違いないようである。

この頃のソ連軍当局の統治姿勢には高圧的な態度が目立ち、多くの中共幹部の反感を招いた。韓光は回想文でソ連軍の態度について次のように述懐している。「政治面では、ソ連軍当局は、各市、県（区）に代表を駐在させ、現地の行政運営全般に対して、事柄の大小にかかわらず、全部関与していた。時には直接に表に出て、号令を出したりして、威張った様子で我が方の幹部をでたらめに叱ることすらあった[4]」。ソ連軍の旅大駐在一〇年間を総括する文章は、ソ連軍の高圧的な態度については、次のように述べている。「旅大ソ連軍警備司令部が実行した各種の重大な措置は、すべてモスクワの方で決定したものである。したがって、一部の任務に関しては、ソ連軍は中共旅大に忠実な服従と実行だけを要求し、任務の目的についての問い合わせや確認は禁じられていた。命令実行の遅延はもちろん許されず、まして命令の内容の修正あるいは命令を実行しないことは論外であった[5]」。

高圧的な態度のほか、ソ連軍当局の計画経済の管理手法が、慣れない中共幹部にとって大きな負担となっていた。韓光によると、「ソ連側の同志たちは各地区、各部門にいくつかの統計資料を求める際、いつも事前に知らせることはなく、突然に期限付きで迫ってきた。しかも内容は多岐にわたり、対応に本当に困った。関東公署発布の政令は、ソ連軍最高当局の承認を得たものであるにもかかわらず、各市、県に下達された際、やはり現地のソ連軍代表の同意を得なければ実施の段階には移すことができない[6]」。これらの事象から、ソ連軍当局が、多くの場合に必要な説明もせずに、中共旅大に命令だけを出すという構図が浮き彫りになる。

国共内戦期を時系列に見渡すと、一九四八年まではソ連軍当局が主導権を握り、その後、中共側の実力が増強するに伴って、両者の力のバランスが次第に調整されていったという傾向が見られる。

国共内戦期の数年間に亘って、ソ連軍は二重の権力構造を維持しながら、中共側の業務運営に対して強い姿勢で監督と指導を行っていたが、その手法には多くの欠点があった。一九四八年三月に中共旅大がソ連軍当局に提出した改善を求める意見書はこれらの欠点を次のようにまとめている。[7]

「第一に、ソ連軍当局は事柄の大小にかかわらず、中共の業務運営にむやみに口を出したり、時には直接に干渉し、命令を出したりすることがあった。（中略）中共側の政策、中共幹部の仕事を乱暴かつ無配慮に否定したりする対応姿勢が非常に目立つ。[8]

第二に、ソ連軍当局が行政機関の進捗状況に配慮せず、統計データの作成と提出を過剰に要求して、行政機関に大きな負担を強いた。

第三に、関東公署が正式の文書を公布するにあたって、ソ連軍民政局から一一許可をもらわなければならないとされていた。中共側は（ソ連軍側から許可をもらうことに）特に異議はないが、すでにソ連軍民政局の許可を得た関東公署の決定でも、実施するにあたって、各地のソ連軍警備司令部から改めて許可をもらわなければならないことは納得しかねる」。[9]

意見書は中共側の一方的言い分ではあるが、当時の両者の力関係を鑑みると、中共側が現状を過大に表現した場合、かえってソ連軍当局の反感を招き、適切な対応を得られない可能性があるので、意見書に述べられたものは事実を反映しているものと考えてよいだろう。以上の三点から、ソ連軍当局は中共が掌握する行政機関の上に立って、時には過度の介入を厭わずに行政運営全般を進めていた、という構図が見える。その分、中共が掌握する行政機関が与えられた政治的空間は非常に限定されていた。

ソ連軍の人事干渉

政権発足の初期では、ソ連軍当局は人事任命のすべてを仕切っていた。大連市政府の市長人選決定はその一つの典型例である。一九四五年一一月の大連市市長の人選に際して、ソ連軍当局は遅子祥という地元の商人を候補として挙げた。遅子祥は日本占領時代に当局に協力した人物で、民間の評判は芳しくなかった。多くの中共幹部が遅子祥を市長に据えた人選に反発し、中共旅大も反対の立場だった。ソ連軍当局は、遅の市長任命によって大連市政府が民主政府であることをアピールできると強調して、中共側の反対を押し切った。[10]

ソ連軍当局が行政トップの人事を仕切る体制は一九四七年半ばまで変わりがなかった。一九四七年春、国民政府に接収された場合に備えて、旅大地区の行政区分を再編成して、旅大地区全体を統括する関東公署を設立する動きが出始めた。財政庁副庁長の人選をめぐって、中共側が推薦した姚醒吾はソ連軍当局に却下された。これまで中共が独自に物資調達を行ってきたことに対してソ連軍は不信を募らせており、中共側の人事を否定して、かわりに市長遅子祥の名義を使い、中共幹部を財政庁に入れないことを決めた。[11] ソ連軍当局の強い意向で、新しく設立された関東公署は民政庁長と公安局長を除き、ほとんどの部門のトップが非中共系の人間で占められた。[12] 中共側はソ連軍の人事干渉に強い不満を覚えた。しかし、決定に従う以外にほかの選択肢はなかった。

中共幹部側の不満

ソ連軍は中共旅大との共同行政運営において、自らの優位な立場を利用して、中共側に対して高圧的な態度をとることがしばしばあった。ソ連軍が中共旅大に対して、任務の忠実な服従と実行だけを求める統治姿勢は次第に中共幹部らの不満と反発の気持ちを刺激して、中共幹部とソ連軍当局の間の個人レベルの衝突が増える原因となった。中共幹部とソ連軍当局の衝突についての記述が幾つか見当たる。第五章で詳しく述べるが、『実話報』のベテランスタッフである秋江がソ連軍当局に辞めさせられたのはその一例である。

ソ連軍当局は旅大地区の新聞ラジオの報道に対して、常に厳しい検閲を行い、国民政府を批判する文章の掲載を禁じていた。『実話報』というソ連軍当局が発行する中国語新聞紙に勤務する中国人スタッフたちは、ソ連軍側の言論規制に異議を唱えていた。中国人スタッフたちのほとんどは中共旅大から派遣された中共幹部であり、編集、翻訳の業務を担当した。彼らは記事を通して、中共支援、国民政府批判の世論作りに非常に意欲的であった。秋江らは、ソ連軍当局の厳しい掲載規制への異議中立書をソ連軍当局に提出して、編集裁量権を求めたが、相手にされなかった。ソ連軍当局との激しい応酬の末、事態は秋江が辞職するまでに悪化した[13]。

個人レベルで最も激しかったのは、中共旅大の第二書記劉順元と党委の唐韵超の二人とソ連軍との間に起きた衝突である。それが個人レベルのトラブルに留まらず、組織間の激突で結末を迎えた。最終的に、中共旅大がソ連軍当局の強い圧力に屈して、劉と唐を更迭させた。

劉順元と唐韵超

中共旅大のナンバーツーである劉順元は、北京師範大学英文学部卒で、当時の中共では珍しい高学歴の秀才の部類に属する。気性が強く、自らの信念を曲げたり、周囲に迎合するようなことはせず、物事をストレートに言う性格の人間であった。その性格が災いして、一九五〇年代に江蘇省の第一書記代理を務めた際、劉は大躍進の暴走ぶりに対する疑問を公にしたため、再び失脚させられた[14]。

劉順元がソ連軍の顰蹙を買った直接のきっかけは、ソ連軍の貨幣改革に反発姿勢を示したことだと言われている。一九四七年五月、ソ連軍当局は、国民政府代表団が大量のソ連軍軍票を旅大地区に持ち込み、旅大地区の金融秩序を撹乱するとの理由で、急遽貨幣改革を断行した。劉順元は、一般住民が経済的不利益を蒙ることを危惧して、反対した。しかし、ソ連側に撥ね付けられ、さらに公署副主席としてラジオ局で貨幣改革の意義を宣伝せよと命じられた。劉順元はやむを得ず反対意見を撤回したが、ラジオ局での講話はあくまでも拒否する姿勢を徹した。それ以降、劉順元はソ連軍主催のイベントや宴会を一切ボイコットして、ソ連軍との関係は一気に冷え込んだ(15)。

唐韵超は旅大地区の地元出身で、日本占領時代から活動し始めた筋金入りの中共党員である。日本敗戦の知らせに接し、唐は直ちに大連市内へ戻り、工会活動を展開した。その有能な組織力がソ連軍に買われ、一時重用されていた。劉と同じく、唐も物事をストレートに言う性格であった。後に唐は、「当時の自分は、上の指導者に対して、恭しくしなければならない、元帥に対して違う意見を申し立ててはいけないことを全然心得ていなかった」、とソ連側に嫌われた原因が自分の歯に衣を着せぬ意見の述べ方にあったと回顧している(16)。

劉、唐の二人のソ連軍当局との衝突は、本人たちの性格と無関係ではなかったにせよ、その根本的原因は個人の性格の次元に帰せられるものではなかった。ソ連軍側は劉順元の解職を求めた理由として、次のことを中共旅大に通告した。

一．劉順元が前線への支援を優先するあまり、資本家、地主から資金財産を奪い取って、前線への支援にまわした。
二．一九四七年五月のソ連軍主導の貨幣改革に反対し、妨害活動を行った。
三．ソ連軍に対して非協力的態度をとった。たとえば、関東公署の公務を執行しなかったり、ソ連軍側主催のイベントをボイコットしたりした。

四．中共主導の公安局は、秘密裏に生産を行うだけでなく、独断で人を逮捕して、ソ連軍の指示に従わなかった。

唐韵超については、ソ連軍側は、ソ連軍の指示に従わなかったことと、ソ連軍の功績宣伝に力を入れていなかったことの二点を挙げた[17]。

右のソ連軍側の意見は、ソ連軍当局が、経済協力と行政運営で中共と様々な対立点を抱えている中で、ソ連軍側の利益を優先しない中共に対して、強い不満を持っていたという一点に集約される。一方、これまでソ連側の厳しい規制と高圧的な態度を受けてきた中共幹部の中で、ソ連軍に対する不満と反発の感情は広がりつつあった。一九四九年までの間、中共旅大のトップを務め続け、ソ連軍と良好な繋がりを維持してきた韓光でさえも、「政治面では、ソ連軍当局は、各市、県（区）に代表を駐在させ、現地の行政運営全般に対して、事柄の大小にかかわらず、全部関与していた。時には直接に表に出て、号令を出したりして、威張った様子で我が方の幹部をでたらめに叱ることすらあった」と回顧している[18]。

中共内部の意見相違

劉順元らの解職を求めるソ連軍側の勧告を受けた前後、ソ連との協力関係をいかに展開していくべきかについて、中共旅大内部には、ソ連を両者の協力関係の主体とすべきとの意見と、ソ連と距離をおいて、中共独自の政策を展開すべきとの意見が対立していた。

両者の意見は、中共旅大がソ連軍側の意見を受けた後の一九四七年一〇月に開催した地委会議（後に「十月会議」と呼ばれる）で真正面から衝突した。前者は、「旅大はソ連軍の根拠地である以上、ソ連軍が対外的にも、対内的にも、多くの面で管理責任を果たすことになる」と、ソ連側の主体性を肯定した上、ソ連軍側の責任について、「ソ連同志にも、もちろんそれなりの欠点はあると思うが、主な反省すべきところは我が方にある」と自分側の原因を強調して、さらに旅大地区が難しい経済状況にあったのは、「その責任が我が方にあり、ソ連側にあるのではない」とソ連軍側を全面的に擁護した[19]。

劉順元らは、真っ向から反論した。彼は「ソ連軍根拠地の強化と建設は、我が方の後方基地の建設と対立することではない」と明確に主張し、その理由を以下のように述べた。「旅大の後方基地があるから、我々は思い切って解放区に対して十分な支援を行うことができる。仮に東北解放区の戦況が悪化して、国民党とアメリカがチチハルやジャムスなどの重要都市に進入し、そこに空軍基地を構えたら、ソ連にとっての軍事脅威になるだろう」。旅大中共組織とソ連軍の関係に関して、劉順元はモスクワの指示に従うことを前提にした上、具体的運営にあたって、「ここは中国だから、ソ連同志が中共側の積極的なアドバイスを謙虚に受け止めなければ、（双方が）うまくいくはずがない」と、中共側の主体的役割を強調した。さらに劉は「我々ももちろん反省するが、ソ連側にも直すところはきちんと改めて直してもらわないと困る」と、双方のギクシャクした関係にはソ連側にも責任があると明言した[20]。

旅大地委の辺章五も劉順元の意見に同調した。辺章五は、旅大の工業生産が回復できなかった原因の一つは、ソ連軍による工業設備の持ち去りにあったと追及の姿勢を見せた。

当時、旅大地委常務委員は韓光、劉順元、辺章五、蘇傑、唐韵超の五人構成で、その三人がソ連側の非を明確に追及する発言を行ったことは、中共幹部に浸透していた対ソ不信感を集約的に表している。

「以蘇為主」政策の確立

中共旅大は東北局の指示をもとに、劉順元、唐韵超の解職を決めて、「十月会議」で二人の解職を次のように説明した。一、ソ連軍側の辞職勧告は、劉順元や唐韵超個人へのものではなく、地委全体への意見として受け止めている。ソ連軍側との関係を円滑に運営させていくため、ソ連軍側の辞職勧告を受け入れると決定した。中共旅大は、これまで多くの間違いを犯してきた。ソ連軍側から幾度となく意見を出されたにもかかわらず、中共旅大が素直に受け入れなかったため、結局ソ連軍側の強硬策を招いた。二、ソ連軍との間で、最も揉めたのは財経問題である。中共旅大がこれまで前線への物資支援を優先してきたため、ソ連軍側の強い不満と不信を招いた。ソ連軍側の不信感は、中共系の貿易公司に対して納税調査を行うなどの行動に滲み出ている。三、ソ連軍との関係を良好にするのが最優先課題である。ソ連軍軍事根拠地を守るのは、中共旅大だけの任務でなく、中共全体の任務でもある。ソ連軍側の意見を謙虚に受け止める心構えが必要である。よって、劉順元、唐韵超は深く反省しなければならない。四、劉順元、唐韵超の解職は一般住民に公開しないこと。[21]

韓光は会議で次のように総括した。旅大地域の特殊性は、ソ連軍の海軍基地にあり、旅大中共の任務は「まずソ連軍の海軍軍事根拠地の建設と強化にあり、これを前提にしてわが党の後方を建設し、強化すること」にある。「(今回の件については）地委が主な責任を負うべきである」と自ら進んで責任をとり、対ソ全面協調姿勢を強調した。[22] 十月会議後、劉、唐、辺の三人は病気などを理由に次々と旅大を離れた。

劉順元らの解職は、旅大の中ソ協力関係の展開を象徴する出来事であった。以降、中共旅大の対ソ姿勢が徐々に固まっていった。中共旅大は市、県各レベルの内部会議で繰り返し対ソ協調を強調し、幹部たちの対ソ認識の一本化を図った。一九四八年七月、その強化工作の一環として、中共東北局は欧陽欽を旅大に派遣して、旅大第一書記の職に任命した。陝西省書記を務めたことがある欧陽欽は、党内工作の経験が豊富な幹部である。着任早々、彼は旅大の中共幹部に対して対ソ協力の必要性を力説した。[23] 一方、中共東北局でも同様の思想工作が展開された。一九四八年七月、中共東北局の常委兼組織部長張聞天は東北局主催の会議で、旅大中共幹部を前に「十月会議」の方針を肯定し、「以蘇為主（ソ連に従え）」を中心とする対ソ協調路線を再度強調した。(24)こうした各レベルの思想工作を通して、「十月会議」路線が固められ、ソ連軍を主体とする方針が中共幹部の間に定着するようになった。

その後の中共旅大の対応

実は、一九四五年に中共が東北入りした時点から、対ソ協調は中共の方針となっていた。一九四五年一一月、中共指導部は、中共東北局に次のような指示を出していた。「ソ連側が、中ソ条約を履行するに当たって、何らの支障も与えてはならない。これは米・蔣の外交攻勢を打ち破り、米国の中国内政干渉の陰謀を撃退する必要条件である」。これを受けて、東北局書記彭真が中共旅大に次のように指示した。「旅大はソ連軍の軍事管理地区であり、大連での中共の対外政策の面における発言権は大きくはない。対内政策においては、ソ連軍から十分な了承をとりながら、絶えず歩調を合わせていかなければならない(25)」。

しかし、現実は中共が思う通りにいかなかった。ソ連軍の二転三転した対応によって、中共指導部が失望を覚えたように、旅大地区の中共組織においても、ソ連軍と協力していく中で多くの問題が発生した。劉順元の更迭をきっかけに、中共旅大は対ソ協調の重要性をいっそう認識するようになって、一般幹部の認識強化を図った。「中ソ関係において生じた不正常、不調和な現象の責任は、私たち中国側の幹部にある」という中共旅大の総括は、この認識を集約的に現わしているのである(26)。

ただ、留意すべきなのは、旅大中共がソ連側の強い勢いに圧されながら、ひたすら相手側に歩調を合わせようとしなかったことである。むしろ、自らの実力がついてきた時、中共旅大はソ連軍当局に意見を出して、改善を求めるようになった。上にも触れたが、一九四八年三月、旅大地委は、「関于聯共与中共同志在完成巩固蘇聯海軍基地共同任務中的工作関係問題的幾点意見」と題した意見書をソ連側に提出した。意見書は冒頭でソ連側の支援に対して謝意を述べた後、経済貿易分野と日常業務面での接触という二つの面で、ソ連側の問題点を指摘し、改善策を提案した。両者の根本利益に関わる経済問題について、意見書は「私たちは旅大地域における物資供給において、ソ連軍事当局は最も優先されるべきだと認識している」とした上で、「関東地区の中共は、中国革命戦争における支援任務を遂行するため、一定の経済利益を確保しなければならない。また関東地区における百万人の人民の経済利益も考慮に入れて欲しい」と、自分側の需要の重要性をも強調して、ソ連軍当局に対して、明確に配慮を求めた(27)。

意見書提出の翌日、中共とソ連両側の責任者が会談を行った。会談中、中共幹部は、ソ連軍幹部の以前の発言に対して苦情を申し立てた後、「ソ連の同志たちに一つのお願いがある。中国の同志たちから中国の事情、中国の党の活動方法について、勉強してほしい」、と注文をつけた(28)。これは今までの中共旅大の対応には見られなかった、自らの要請を堂々と主張する態度であった。ちなみに、このやりとりが行なわれた一九四八年春は、東北戦場の中共軍が戦略的反攻の段階に入った時期で、旅大地区の場合は、経済が回復し始めた段階である。

第二節　国民政府の旅大接収への抵抗

一九四七年春、国民政府は旅大接収をめぐって、ソ連政府に対して一連の外交攻勢を強めていた。しかし、一連の試みは結局国民政府代表団の大連視察をもって、収束した。

旅大接収の問題は一九四五年二月のヤルタ会談に遡ることができる。ソ連はヤルタ会談で対日作戦参加の条件として、アメリカとイギリスから旅順軍港の租借権と大連商港の利用権の承認を獲得した。さらにソ連は一九四五年八月に国民政府と締結した中ソ同盟条約で同利権を確保した。

第二章で触れたが、一九四五年一〇月、国民政府は東北に軍隊を輸送するため、ソ連側に大連上陸の協力要請を出した。しかし、国民政府がアメリカ軍艦を利用するため、ソ連側の警戒心を刺激することになった。その結果、国民政府の協力要請はソ連から大連が商港であり、軍隊の立ち入りを禁止するとの理由で拒否され、大連上陸が実現できなかった。ソ連軍は国民政府との経済交渉が成立しなかったため、一九四六年春に東北から撤退した際、東北に進出した中共軍に占領地域の引き渡しなどの便宜を提供した。そのため、国民政府の東北接収は順調に展開できず、旅大問題を含める東北接収をめぐる政府の一連の対応を批判する声が国民政府内部に噴出した[29]。これを受けて、国民政府はソ連に旅大接収をめぐって、一連の外交活動を仕かけた[30]。それに対して、ソ連は一九四七年一月七日、中国政府が速やかに旅大で行政機関の設立を検討するようとの主旨の照会を国民政府外交部長王世傑に出して、国民政府の大連接収を受け入れる意思を表明した[31]。一九四七年四月一六日、王世傑はソ連大使に董彦平が引率する代表団を派遣して、旅大を視察すると知らせて、協力を要請した。六月二日、代表団は瀋陽を出発して、翌日旅順に到着して、一二日まで旅大を視察した。

それと平行して、一九四七年四月より、国民政府の旅大接収に対応するため、旅大地区では、一連の準備活動が展開された。ソ連軍の主導で、大連市、旅順市、大連県、金県を統轄する関東公署が設立された。大連市だけが接収された場合、中共旅大が蒙りうる損害を軽減するため、大連市の行政管轄範囲を縮小した[32]。そのほか、ソ連軍はこれまでソ連軍が単独で経営していた主要企業を中共旅大とソ連軍が共同で経営する、いわば中ソ合弁の形に切り替えた。これは旅大が接収された場合、ソ連軍の支配権を確保するための措置である[33]。また、国民政府代表団が大量のソ連軍票を持ち込んで、旅大の金融秩序を乱すとして、五月二三日から二七日までの五日間で旅大域内の流通中のソ連軍票を当局が新たに発行するシール付きのソ連軍票と両替させる措置を実施した[34]。そのほか、公安総局が地方自治の警察であることを視察団に印象つけるため、警察が一律に新しい警察制服を着用するようにした。

董彦平らの代表団が旅大入りした後、ソ連軍は、代表団の受け入れは関東公署の所轄業務であると称して、応じなかった。代表団の訪問先の斡旋要請に対しても、ソ連軍は直接に各訪問希望先と連絡するのが望ましいと回答するのみであった[35]。代表団にとって、関東公署を訪問して、視察上の便宜を要請すると、関東公署の合法性を認めることになるので、一番避けたい事態である。しかし、ソ連軍当局の受け入れ現状では、現地の行政機関の協力を受けないと、視察が順調に行うことができないというジレンマになった。結局、董彦平らは、関東公署訪問を避けて、視察を継続したが、各訪問先で対応を受け入れられず、期待通りの効果を挙げることができなかった[36]。

旅大視察が頓挫して、国民政府の旅大接収の動きは再び下火となった。その後、一九四七年夏以降、東北戦場の中共軍の攻勢強化を受けて、国民政府軍がますます守勢に強いられるようになり、国民政府は旅大接収を図る余裕がなくなった。

薛銜天は、ソ連は最初から大連を引き渡すつもりはなく、国民政府の旅大接収に応じる意思を表明したのは、あくまでもその頃の米ソ英仏四カ国外相会議に備えるため、一時的便宜上の措置に過ぎないと論じている[37]。旅大地区に対するソ連の従来の執着を考慮すると、旅大を引き渡さないというソ連側の意志の強さは疑う余地が少ないだろう。ただし、国民政府の旅大接収に備えて、ソ連軍が打ち出した行政管轄の再区分や主要企業を中ソ合弁に切り替えるなどの措置は、どれもある程度の現実性を持っているので、留意に値する。

国民政府旅大代表団の視察が失敗したもう一つ大きな原因は、視察期間中、中共旅大とソ連軍の連携プレーがうまく功を奏したことが挙げられる。しかし、それより前に国民政府の旅大接収の動き及びソ連軍主導の一連の対応が、中共旅大に大きな衝撃を与えたことは忘れてはいけない。国民政府の旅大接収への対応準備期間中、中共幹部は大連を失うという最悪のシナリオまでも想定した[38]。国民政府の旅大視察の失敗を受けて、国民政府の接収による脅威が解消され、中共とソ連軍の協力関係が一気に強化されるようになった。

第三節　土地改革から「住宅調整運動」

中共の土地改革

本節では、土地改革の展開がソ連軍当局に阻止されたため、中共旅大がかわりに「住宅調整運動」を実施した経緯を考察して、両者間に政策相違が生じた時の中共側の対応を見る。

土地改革は中共が革命理念を実現するための伝家の宝刀とも言える。土地改革を通して、地主の土地を分配された農民たちは中共を支持する側にまわり、さらに土地改革の果実が奪われないために、中共軍に入隊し、国民政府軍と勇敢に戦った、というのが土地改革の革命論理である。国共内戦中の各解放区では、広大な農村部に点在する人的、物的資源動員の重要な手段として、土地改革は急速に推進された。中共勢力が弱い旅大地区において、人的資源を動員するためには、土地改革は有効な手段となるはずであった。

東北地域における土地改革

一九四六年春、中共指導部は「五四指示」を公布し、土地改革の迅速な展開を号令した。

東北地域の場合、同年の七月から八月上旬にかけて、土地改革が本格的に動き出した[39]。初期の土地改革は、「減租減息」時代の統一戦線方針との継続性に配慮して、比較的温厚な措置に留まった[40]。しかし、同年の秋より、国民政府軍との軍事作戦において、中共が不利な情勢に追い込まれるにつれて、兵力増員の需要が逼迫した。そのため、土地改革は東北地域で急進的に進められた。

国共内戦期の土地改革の進捗傾向は、旅大地区を取り囲んだ遼東半島南部の遼南地区にも見られる。一九四六年の内戦勃発以降、国民政府軍は遼南地区で一時優位な立場に立った。そのため、遼南の中共軍にとって、兵力の確保が最大の課題となった。九月一五日、中共遼南省分委は一五日間以内に六五〇〇人の兵員を補充すると目標を立てた。そのうち、旅大地区の枠は一〇〇〇人だった[41]。戦闘の激化に伴い、兵員補給の需要がますます高まった。一九四六年一二月、中共遼南省分委は戦闘死傷者の増加による部隊の減少の補充を最大の課題として挙げた[42]。一九四七年に入ると、軍事情勢が好転に向かい、兵員増員の需要はいっそう高まった。同年六月、遼南地区の兵員募集の目標は八〇〇〇名となった[43]。

兵員募集の目標を実現するため、土地改革が大規模に展開された。遼南地区の中共組織、遼南五地委は、五四指示を受けて間もなく、土地改革に乗り出した。翌年の一九四七年七月、反攻への準備活動の一環として、遼南の中共組織は、土地の再分配が当面最も重要な仕事であり、またその実施規模は一九四六年を超えるべきである、と各下級機関に明確な指示を与えた[44]。

こうした流れに、旅大地区も遅れをとってはならなかった。一九四六年九月、中共遼東省委は、旅大地区の特殊性を過度に強調せず、適切な方法に従って五四指示を展開せよ、と中共旅大に明確な指示を出している[45]。

しかし、中共旅大の土地改革の試みはソ連軍当局によって封じ込められた。その理由は中共の下で土地改革を旅大地区で行うと、国民政府に糾弾の口実を与えることになるからであった。五四指示の前の一九四五年冬、中共は旅大地区の一部地域で抗日戦争時代の「減租減息」に「反奸清算」を加えた形で、大衆運動を展開した。一九四六年二月から三月まで、中共主催の公開闘争会が大連の北部に位置する金県で数回行われ、一時的な盛り上がりを見せたが、いずれも現地のソ連軍当局によって規制され、公開闘争大会が中止させられた。一部の現場では中共の工作隊長がソ連軍に拘束されるという事態にまで発展した。ソ連軍の封じ込めに対し、多くの中共幹部が強い不満を覚えた[46]。

一九四七年半ばになると、中共の軍事情勢が徐々に好転しつつあり、土地改革への軍事的要請に応えるかのように、中共旅大はふたたび減租などの形をとって、土地改革実施の可能性を探った。七月二〇日、中共旅大は「記念『八・一五』発動回憶運動」(「八・一五」日本敗戦を記念して、辛い記憶を呼び起こす運動)を行い、農村部では「減租減息」(緩やかな程度に留まる土地改革)を展開せよと方針を決めた。この新たな方針はソ連軍当局の強い不満を招いた。ソ連軍民政局局長ゴレコフ(中国語訳名：格列克夫)大佐は中共側の幹部たちを招集し、厳しく叱責した。さらに金県では、現地のソ連軍司令部は分配済みの土地の地主への返還を中共幹部に命じた[47]。旅順では、中共の土地改革は官有地の再分配に留まり、地主の土地を分配するまでには至らなかった。大連県も同様の状況であった[48]。当時、ソ連軍当局の強い反対に遭い、中共は旅大地区で土地改革を思い通りに展開できなかった。中共旅大が旅大地区で土地改革を本格的に実施できたのは、一九四九年後半のことであり、他の東北地域より三年遅れたのである。

「住宅調整運動」の実施

土地改革の実施がソ連軍側に阻害されたことにより、中共旅大はその代替策として、大連市内で「住宅調整運動」を展開することを通して、大衆支持の獲得を図ろうとした。

日本敗戦直後の大連市内は住宅事情が極めて不均衡であった。二〇万人の日本人住民は総人口の二五％しか占めていなかったが、大連港、星ヶ浦、老虎灘といった市内中心部に集中しており、その住宅面積は市内全体の六〇％を占めていた。それに対し、七五％を占める中国人住民は、住宅面積が四〇％に止まっていた。しかもその大部分は、埠頭に近い寺児溝や駅の裏手から沙河口へ続く貧民街で、住宅環境は劣悪そのものであった。[49] 一人当たりの居住面積は、日本人が平均六畳近くであるに対して、中国人の場合は一畳の三分の一にも満たなかった。[50]

中国人住民の住宅事情を改善できれば、大衆の政権支持も得られるとの政治判断から、中共旅大は一九四六年八月から一九四七年三月まで、職工総会や中ソ友好協会などの中共系統の組織を主体に、日本人住宅を接収し、それを中国人市民に分配するという「住宅調整運動」を推進した。[51]「住宅調整運動」の結果、全部で約一万六千世帯の中国人住民が無償、または賃貸という形で住宅を分配された。[52] そのうち、貧困な生活水準にある、一万八〇〇世帯の市民（貧民、教育従事者、警察、労働者）が住宅を所有権付きで無償分配された。そのほか、一八八九世帯の市民（商人、店員、技術者、医師）は経済状況が比較的良かったため、彼らへの優遇措置は五年間の家賃が免除されるレベルに留まっている。[53] このように、中共の「住宅調整運動」は数が多い貧困市民の住宅事情の改善に傾斜していたのである。

中共の「住宅調整運動」によって、良好な住居を得られた大勢の中国人住民は当然のように、すべては中共政権のおかげだと感激し、中共政権に寄せる信頼が一気に高まった。中共旅大自身は、次のように住宅調整運動の効果を評価している。「四〇年来の大連市の住宅問題を合理的に解決し、長年貧民窟の状況を改善しただけでなく、民衆の政治的認識を高めて、民主政府の姿勢を住民に正しく理解してもらい、政府と民衆の関係を密にしたのである」[54]。残留日本人は第三者の立場から、「住宅調整運動」を「中共の領導性を民衆の間に再確立することになった」と評価している[55]。

「住宅調整運動」が始まった一九四六年八月時点では、大連市内の日本人はまだ日本へ引き揚げしていない。従って、「住宅調整運動」を実施するため、中共はまず日本人住民に現住居から立ち退かせて、空室となった住居を無償で中国人市民に提供するというプロセスを踏まなければならなかった。日本人の中に自分の住居をとられたことに対して強い反発と屈辱感を覚えた人も少なくなかった。当時は旅大を含める東北各地で経済生産活動を復活させるため、中共は日本人技術者の力に頼るところが多かった。そのため、住宅調整運動を行う際に、日本人の感情にもある程度の配慮をする必要があった。にもかかわらず、あえてそれを断行させたことに、中共政権の決意と緊迫感を見てとることができる。

「住宅調整運動」は、大衆支持を集めるための土地改革がソ連軍当局に反対されたことを受けて、中共旅大が打ち出したものであり、代替策としての意味合いが強かった。一九四六年と一九四七年の二年間で、中共旅大は二万人の兵員を募集して、前線に送ることができた[56]。この実績の背後に「住宅調整運動」の役割が大きかったと思われる。

まとめ

本章では、中共とソ連軍の行政共同運営の側面から、両者の協力関係の実態を考察した。

中共はソ連軍の強力な後援をもとに、もともと組織基盤が弱かった旅大地区で迅速に政権基盤をおろし、八〇万人規模の都市で行政運営を展開できた。それ以降の同地区の行政運営は一種の二重権力構造の下で展開された。中共が表舞台で政権を運営するのに対して、ソ連軍当局は人事権をはじめ、重大な事項に対して、最終的な決定権を握っていた。

ソ連軍が最終的決定権を持つため、中共旅大が独自の政策を展開する余地が少なかったことは、土地改革が実行できず、かわりに「住宅調整運動」を展開した経緯からも確認できる。中共旅大の対応から、一種の柔軟さが窺える。両者の協力運営中、ソ連軍担当者の高圧的態度が中共幹部の不満を招いたことが多かった。ソ連軍の高圧的な態度と相まって、統計作業を重んじるソ連軍の計画経済的行政管理は、中共幹部に大きな負担と感じさせた。旅大現地の档案資料が公開していない現在、当時の統計作業の実態を把握できないため、統計手法を多用するソ連軍の行政管理の合理性や、中共幹部の感触を判断するのは難しいが、少なくとも現時点では行政管理の手法をめぐって、双方の間に相当の認識上の相違があったことが確認できる。

上記の複数の事由を原因として、中共旅大とソ連軍の間に対立が少なからず存在して、しかも時には中共幹部とソ連軍の衝突という形で表出した。その中で、劉順元の更迭が最も激しい衝突となった。劉順元の更迭をもって、中共旅大は対ソ協調の路線を再確認し、強化した。中共とソ連軍の衝突に対処した際、中共側は最初、低姿勢を貫いたが、自分側の実力が増えるに伴って、少しずつソ連軍に物申せるようになった。両者関係は相互の力関係に左右されたところが大きい。

註

（1）前掲「旅大八年」三六一頁。

（2）前掲「解放戦争初期的大連公安工作」九五頁。

（3）「当時、各部門にはソ連軍の駐在員がいた。事柄の重要さを問わず、すべての事項は彼らの同意を得てはじめて執行に移せる。すべては命令式のもので、言われたとおりにしなければならなかった。異存は許されない。さもなければ、厳しい叱責を受けた」。劉順元「中共大連党組織与駐連蘇軍関係」前掲『蘇聯紅軍在旅大』七七頁。中共が行政管理を展開するにあたって、ソ連軍当局から厳しい監督を受けたということについては、ほかの多くの関係者の回想にも見られる。ただし、各部門にソ連軍の駐在員がいたということについては、ほかの関連記述がまだ見当たらない。劉順元がソ連軍によって失脚させられた経緯を鑑みれば、個人的な感情によってやや誇張されている可能性も否定できない。

（4）前掲「旅大八年」三六八頁。

（5）前掲「蘇聯紅軍進駐旅大的十年」『蘇聯紅軍在旅大』一六―一七頁。

（6）前掲「旅大八年」『韩光党史工作文集』三六八頁。

（7）中共関東地委「関於聯共与中共同志在完成鞏固関東蘇聯海軍軍事根拠地共同任務中的工作関係問題的幾点意見」（一九四八年三月）前掲『蘇聯紅軍在旅大』二九二―二九九頁。

（8）意見書には、ソ連軍当局がほとんどの業務に介入している例として、次の事例が挙げられている。対外貿易の商品の出入港にあたって、関東公安総局以外に、ソ連軍民政局の許可も必要とした。申請手続きが煩雑で、しかも時間がかかり非効率で実績が大幅に阻まれた。農産品の買上げ価格もすべてソ連軍当局に仕切られていた。ソ連軍当局は、買上げ価格から買い上げルートまで、関東公署に逐一指令を出し、それを実施させた。同前書、二九四頁。

（9）同前書、二九八頁。

（10）二〇〇四年八月、バンコク、欧陽恵氏へのインタビュー。

（11）「中共旅大区党委関於三年来中蘇関係的総結報告（摘要）」前掲『蘇聯紅軍在旅大』三〇八頁。喬伝玉「党的統戦政策的威力」前掲『城市的接管与社会改造』二一四―二一五頁。
(12) 前掲『蘇聯紅軍在旅大』三六四頁。
(13) 秋江の辞職、及び『実話報』社内の中共とソ連の協力体制の詳細については、本書第五章の第二節で後述する。
(14) 前掲『劉順元伝』二六一頁。
(15) 同前書、一八六頁。
(16) 前掲「日本投降後蘇軍在大連的情況」『蘇聯紅軍在旅大』八八頁。
(17) 一九四七年九月一七日、大連ソ連軍警備司令官であるバーシン（中国語訳名巴申）が、東北民主聯軍総政秘書長杜平と会談して、劉順元の解職を強く求めた。「巴申与杜平談話紀要」（一九四七年九月一七日）、前掲『蘇聯紅軍在旅大』二七八―二八〇頁。
(18) 前掲「旅大八年」『韓光党史工作文集』三六八頁。
(19) 関係者の発言は、丁群が一九四七年九月二五日～一〇月一〇日までの中共旅大地委全体執行委員会会議記録から引用した原文である。なお、発言者の氏名が明記されなかったのは、関係者への丁群の配慮である。丁群は旅大地委の档案整理は優れていると評価している。旅大地委の会議記録は、重要な発言については本人が目を通し、サインした上、原始記録と合わせて保管されている。前掲『劉順元伝』二〇三―二〇六頁。
(20) 同前書、二〇三―二〇五頁。
(21) 旅大地委「関与劉順元、唐韵超両同志撤退問題的報告」（一九四七年一〇月三〇日）前掲『蘇聯紅軍在旅大』二八一―二八三頁。
(22) 旅大地委会議「関於劉順元、唐韵超両同志撤退問題的報告」前掲『蘇聯紅軍在旅大』二八一頁。
(23) 韓光「回憶和欧陽欽同志相処的歳月」前掲『韩光党史工作文集』四二五―四二六頁。
(24) 「洛甫（張聞天）在東北局組織部召開的旅大幹部会議上的講話（摘要）」前掲『蘇聯紅軍在旅大』二八八―二九〇頁。
(25) 前掲「蘇聯紅軍進駐旅大的十年」『蘇聯紅軍在旅大』一八頁。

(26) 旅大地委、一九四九年五月二〇日「中共旅大区党委関於三年来中蘇関係的総結報告」前掲『蘇聯紅軍在旅大』三〇七―三一〇頁。
(27) 前掲「関于聯共与中共同志在完成巩固蘇聯海軍基地共同任務中的工作関係問題的幾点意見」前掲『蘇聯紅軍在旅大』二九二―二九九頁。
(28) 袁牧化（記録）「韓光、袁牧化与巴申同志、安特羅波夫同志談話記録摘要」（一九四八年三月一六日）前掲『蘇聯紅軍在旅大』三〇二―三〇三頁。
(29) 前掲『一九四五―一九四九国共政争与中国命運』一九七頁。
(30) 国民政府の一連外交活動の詳細は、薛銜天と汪朝光がそれぞれの著書で詳しく論じている。『民国時期中蘇関係史（一九一七―一九四九）』一〇五―一一八頁。前掲『一九四五―一九四九国共政争与中国命運』一九七―二〇七頁。
(31) 前掲『中華民国重要史料初編』第七編第一冊、四九四頁、四九七頁。
(32) 前掲「蘇聯紅軍進駐旅大的十年」『蘇聯紅軍在旅大』一〇頁。
(33) 前掲『劉順元伝』一八六頁。
(34) ソ連軍票の両替の詳細について、第四章第五節で詳しく論じる。
(35) 「旅大視察団董彦平、張剣非視察報告」薛銜天編『中蘇国家関係史資料汇編（一九四五―一九四九）』社会科学文献出版社、一九九六年、一四六頁。
(36) 前掲「旅大視察団董彦平、張剣非視察報告」『中蘇国家関係史資料汇編（一九四五―一九四九）』一四四―一五三頁。
(37) 前掲『民国時期中蘇関係史（一九一七―一九四九）』一一〇頁。
(38) 一九四七年四月一〇日、韓光が中級レベル以上の中共幹部を前に『目前形勢与我党之対策』を題に行った講話で、「警察権を全て引き渡し、警察の支配権をすべて失い、市長以下の行政人員はすべて辞職する」という最悪のシナリオを提示した。前掲『大連公安歴史長編一九四五―一九四九』七〇頁。
(39) 田中恭子『土地と権力』名古屋大学出版会、一九九六年、一八三頁。

(40) 同前書、一八〇―一八八頁。
(41) 「中共遼南省分委関於補充主力的補充指示」(一九四六年九月五日)中共大連市委党史研究室・中共営口市委党史研究室編『解放戦争時期遼南五地委』中共党史出版社、一九九三年、二五七頁。
(42) 「中共遼南省分委関於目前遼南形勢与任務的決定」(一九四六年一二月二六日)前掲『解放戦争時期遼南五地委』二六七頁。
(43) 「中共遼南五地委関於新形勢的緊急任務」(一九四七年六月一〇日)前掲『解放戦争時期遼南五地委』二七七頁。
(44) 「中共遼南五地委関於発動群衆闘争進行重分土地的指示」(一九四七年七月六日)前掲『解放戦争時期遼南五地委』二八六―二八八頁。
(45) 前掲『蘇聯紅軍在旅大』三六三頁。
(46) 同前書、二一二―二一三頁。
(47) 同前書、三六五頁。
(48) 前掲『旅大概略』三二六―三二八頁。
(49) 同前書、二七四頁。
(50) 石堂清倫『大連の日本人引揚の記録』青木書店、一九九七年、七四頁。
(51) 同前書、七八頁。
(52) 住宅を分配された中国人住民の世帯数に関する記述は、資料によって少々の相違が見られるが、いずれも一万六千世帯前後と見てもよいだろう。『中共大連地方史』の記述が一万五八九五世帯となっているのに対して、『大連歴史大事記』は一万六八三五世帯であった。大連市史志弁公室編『中共大連地方史』大連出版社、一九九六年、一五二頁。単文俊等編『大連歴史大事記』大連出版社、二〇〇一年、四七頁。
(53) 前掲『旅大概略』二七五頁。
(54) 同前書、二七五頁。

(55) 前掲『大連の日本人引揚の記録』七九―八〇頁。
(56) 前掲『大連公安歴史長編一九四五―一九四九』二五六頁。

第四章　経済分野における中共とソ連の協力と対立

本章では、経済利益が相互関係の本質を集約的に表すと考え、経済協力という視点から、旅大地区における中共とソ連の協力関係を考察する。

前述の分析で明らかにした通り、中共とソ連軍が旅大地区で政治的協力関係を確立できたのは、国民政府勢力を同地区から排除するという戦略的利害関係を共有していたためであった。一方、経済面においては違う様相を呈していた。双方の間に、利益衝突の要素が少なからず存在しており、現地の経済資源の利用について、中共側は国民政府軍との戦いに優先的に転用したい考えが強かった。それに対して、自国経済回復の課題を抱えるソ連軍側は、同地の資源を国内の経済復興に充てたいという動機が強かった。加えて、旅大地区を取り巻く流動化の情勢が、さらに新たな変動の要因をもたらした。

このような状況下で、中共とソ連軍はいかなる経済協力関係を築き上げたのか。様々な経済利益の衝突に対し、双方はいかなる姿勢で解決に臨んで、各自の経済利益の確保に努めたのか。これらのことを明らかにするのは、両者の協力関係の構造と特質を把握するのに重要な意味を持つ。旅大地区で展開された中共とソ連軍の経済協力は中共の軍事勝利に大きく寄与したとして、その役割を高く評価している先行研究がある(1)。

本章は、中共・ソ連軍間の経済協力に関して、その推進的役割を認めつつも、両者の間に存在していた利益衝突及びその解決方法に注目してみたい。本章では、まず、経済協力がほとんど形成されなかった前期と経済協力が軌道に乗った後期に分けて、両者の経済協力関係の展開過程を考察する。その上で、経済協力と緊密に連動している中共の軍需生産、貨幣改革という二つの側面に焦点をあてて考察を深める。最後に、両者の経済協力の構造と特徴を分析してみたい。

第一節　戦後大連の経済現状

まず国共内戦期における中国とソ連の経済関係全体を概観してみよう。国共内戦中、中国とソ連の経済関係は政治情勢に左右される傾向にあった。この時期の国民政府とソ連の貿易は、減少の一途だった。貿易額の拡大は一九四六年に一時見られたものの、その後、鉱石、茶葉などの原材料を中心とした国民政府の対ソ輸出は一九四七年より減少傾向になった。国民政府とソ連が共同で経営する中東鉄道も両者関係の悪化に伴い、共同経営が形骸化した。

一方、中共とソ連の貿易額は、一九四六年一二月に東北地域の中共政権（中共東北局）がソ連とのバーター貿易をスタートさせて以来、一九四七年から一九四九年までの三年間で確実に増加し続けた。中共は、ソ連とのバーター貿易を通じて、ソ連側から不足物資を独占的に確保できたとともに、農村部から大量の農産物を購入して、東北の流通において重要な地位を占めるようになった。さらに、中共の基層政権が中共とソ連のバーター貿易で確保できた経済資源を活用して、東北地域で新たな社会統合を展開していた(2)。そのほか、一九四八年より、ソ連側から中国東北に派遣された鉄道の技術者が、中共の鉄道修復・復興事業を助け、国民政府軍に対する中共の軍事作戦を物流面からサポートした。全体的に見れば、国共内戦中の東北地域における中共とソ連の経済協力は、貿易分野に留まっていたのである。[3]

東北地域と比較すると、旅大地区は特異的に見える。国共内戦期を通じて、旅大地区は終始ソ連軍の支配下にあったため、経済分野での協力は異なる展開となっていた。

具体的な考察に入る前、用語について一点説明したい。旅順が軍事港湾都市であるのに対し、大連は近代的工業基盤が整備された大都市として、経済機能を集約し、旅大地区の経済生産の大半を担っていた。このような事情から、中共とソ連軍の経済協力は実は主として大連を舞台に展開していたのである。従って、本章は旅大地区という用語のほか、文脈に応じて、「大連」という地名用語を多用することになる。本章でいう「大連」は、企業工場が密集する大連市内とその周辺地域を指す。

ソ連軍の工業設備運搬と工場接収

日本敗戦後の大連は、終戦による秩序の激震を受けて、域内の生産活動が停止状況に追い込まれた。東北地域全体が蒙った甚大な経済的被害と比較される場合、大連のソ連軍の工業設備撤去による被害状況は軽微なものと言える。[4]

旅大地区進駐後、ソ連軍はただちに接収工作を展開し始めた。まず、ソ連国家計画委員会レズニック中佐率いるソ連人の技術士官を中心としたソ連軍の技術部隊は、大連市内と近郊にある日系工業施設を調査し、設備の処置を決める作業を行った。ソ連軍技術部隊の指定を受けた工場は日本人技術者、日本軍人、中国人労働者の共同作業によって解体され、生産設備がソ連軍によって自国に運搬された。[5]ソ連軍の設備撤去により、いくつかの工場が生産不能の状況に追い込まれていた。その詳細については、本章第四節に譲る。

瀋陽や鞍山などの工業都市と比べると、大連の被害状況は特に深刻ではなかった。このことは中共幹部の証言から窺える。一九四五年一二月に大連入りした、中共旅大地委副書記を務めた柳運光は次のように回顧している。

私が庄河で船を下りてから、いろんなところで工場の深刻な被害状況をいやというほど目にしてきた。たくさんの設備、例えば電動機などはほとんど壊され、何も残されていない！　瀋陽も同じだ。兵器工場はすでに廃墟同然だ。大連に来て、はじめてここの工場設備がよく保存されていることが分かった。(6)

大連の工業基盤の被害状況が軽微なものに留まった原因は、いくつか考えられる。その一つとして、中国人労働者による工場保護活動が挙げられる。大連機械製作所のような被害状況を目の当たりにした中国人労働者たちは、強い危機感を抱き、唐韵超らの中共幹部の下で自発的な工場保護運動を起こした。(7)　彼らの行動は、戦後の混乱した社会秩序に乗じて、ソ連軍の略奪行為に便乗して工業設備の略奪を図る人々の動きをある程度牽制できた。

もう一つの、そして最も重要な原因は、ソ連が大連の長期占領を見込んでいたことである。ソ連は旅大地区を占領した後、中ソ友好同盟条約をもとに大連港の三〇年間使用権を確保した上、日本とまだ交戦状態にあるのを理由に大連の行政権を国民政府に引き渡すことを拒否して、大連に対する実質的な支配を維持し続けた。大連の工業基盤を自国の経済回復に生かすという考えがソ連側にあったことは十分に考えられる。

上記のレズニック部隊が工場の撤収業務を完了して、自国に引き上げたのは一九四五年一一月だった。ソ連側は新たにルデンコ少佐を首班とする技術部隊を派遣して、残りの工場の接収と管理にあてた。(8)　ルデンコ部隊は進駐後、製鉄工業をはじめとする重要産業の諸工場の大半を接収した。残りの少数の会社や工場の一部は、中共旅大側の要請を受け、職工総会に渡すことにした。(9)　ソ連軍当局から中共がまとめて工場を移譲されたのは、一九四七年に入ってからのである。

停滞した生産活動

一九四五年八月から一九四七年年初までの一年半、旅大地区の工場はほとんど稼動停止の状態にあった[10]。当時の状況について、中共幹部は次のように回想している。「日本が投降する前、大連には企業が二〇〇〇社あまりあった。一九四六年五月の時点で、そのうちの三〇〇社あまりが生産を再開できた。うち重工業が四七・二％で、軽工業が五二・八％である[11]」。中共旅大は経済工作の総括報告、一九四六年一〇月の『中共旅大地委関与今後財経工作的決定』で、当時の経済生産の停滞について以下のようにとらえている。「工業は、『八・一五』から現在まで、大半が破壊され、生産休止の状態にある。生産休止の工場の中、破壊が継続され、機械部品や原材料が盗まれて転売されてしまうケースが多数ある。従業員の失業は増える一方である。公営工場の中、利益を上げているのは極めて少数である[12]」。この時期の重要産業工場の多くはソ連軍の支配下にあるため、操業状況について把握できていないところが多い[13]。ちなみに、本論文の後半で取り上げる大連船渠（中ソ合弁企業）はソ連国内の船舶修理を主な業務内容としていた。

各工場の生産活動が停滞したことは、工業要衝としての大連の機能麻痺だけでなく、数十万人に上る一般市民の生活苦をも意味する深刻な問題である。当時の市民の生活苦について、一九四七年に南京で出版された本は、工業生産が停滞したこと、及びソ連軍の軍票の過剰発行などが原因であるとした上、食糧不足、物価高騰の状況が続いたため、数多くの餓死者が出たと伝えている[14]。中共側もこの深刻な現状を素直に認めている。韓光は一九四七年一〇月の地委会議で次のように総括している。「人民の生活レベルは過去より下がりました。群衆の経済生活は苦しいものとなっています。九月の統計によると、大連市と大連県は全部で三・五万人の市民が失業と半飢餓の状態にあります[15]」。韓光の発言が行なわれた一九四七年九月が、旅大政権が樹立してすでに二年近く経った時点であったことは、留意に値する。

中共旅大が置かれた厳しい経済情勢

中共旅大は、現地政権を掌握した後、多くの経済面の課題に直面した。中でも、政権運営や中共政権の膨大な人員維持の必要性の観点から、財政収入の確保は最も緊急性が高かった。

中共旅大の人員負担は三つに分けられる。一つ目は、行政機関の職員維持である。一九四五年の大連は八〇万人規模の大都市として、その市政府の職員数は一一月の時点で二六五七人に維持されていた。中共旅大は、一九四六年一月より日本人職員と日本統治時代の中国人職員を対象に大幅な人員削減を行った結果、同年末に職員数は六二八人まで減少した[16]。このような大幅な人員削減を断行した要因として、中共旅大の旧政権の職員に対する根強い不信感のほか、人件費の削減も考えられる。

行政機構のほか、中共旅大の党組織も一つの大きな人員負担であった。政権樹立後の一年間において、現地の中共組織は急速な規模拡大を遂げた。第二章で触れたように、日本敗戦直後、旅大地区の中共組織のメンバーは六〇名前後に留まっており、一〇月中旬の中共大連市委の設立時においても、二、三百人を超えない程度だった。八〇万人という大連の人口規模を鑑みると、人材不足は極めて深刻であった。中共旅大は工人（労働者）訓練班を新設し、入学者の宿泊食事費用をすべて負担するなどの優遇措置を通して、入学者の勧誘に力を入れながら、急ピッチで幹部育成に取り組んだ[17]。そのほか、中共旅大には、旅大地区以外から幹部を積極的に受け入れて、事態の打開を図った。一連の努力の結果[18]、旅大の中共幹部人数は一九四六年七月まで、六〇人から二七九〇人まで急増した[19]。さらに、中共旅大は一九四六年九月に旅大建国学院を設立して、行政幹部の育成に乗り出した[20]。これらの取り組みは幹部の急増を実現させたと同時に、これまで以上の人員経費の支出を中共旅大に強いた。

警察部隊の急増員も財政負担増の要因の一つであった。大連市政府樹立直後、多くの警察局は国民党系勢力もしくは現地の実力者の支配下にあり、中共旅大の統治基盤を揺るがす潜在的脅威となっていた。そこで、中共旅大は、国民党系の人員追放とともに、警察部隊の増員をもって、統治基盤の確保と軍事的優位性を図った。その結果、日本統治時代の警察力が二〇〇〇人前後だったのに対して、一九四六年以降の警察力は、常時一万人の規模に維持されていた。当時、旅大ソ連軍当局が土地改革を禁じたため、土地改革を大衆動員の手段として利用することができないため、中共旅大は警察募集を中共正規軍の兵力補充の手段として活用した。警察部隊の名義で募集された兵士は軍事訓練を経た後、兵員として前線に送り出される。一九四六年から一九四八年までの三年間、中共旅大はこのような方法で三万二七〇〇人の兵員を前線に送り出した[21]。国共内戦期の中共の兵員募集は、政治的要因のほか、経済的インセンティブも極めて重要であったと言われている[22]。兵員の確保には、動員する側も相当な経済的コストを負担することから、三万人以上の兵員募集は中共旅大にとって大きな経済負担を課したことになる。

政権発足初期のこのような重い財政負担に対して、中共旅大はいかに対応したのか。通常なら、生産回復を通して、財政収入の確保を図ることが考えられるが、当時の旅大地区ではその実現は難しかった。『旅大概述』の経済統計データによると、中共旅大主導の生産回復は一九四七年以降になってはじめて実現できた。一九四六年、一九四七年、一九四八年の三年間、生産投資が財政支出に占める比率は、それぞれ〇％、九・七％、三九・四％だった[23]。一九四六年の生産投資が全くなかったのに対して、一九四八年の生産投資が財政支出の四割を占めるようになった。さらに、紡績、造船、機械など、各業界の工場に関する同書の生産統計データは一九四八年度以降のものしかないことからも、中共旅大主導の生産回復がはじめて実現したのは一九四七年以降だということが裏付けられている。[24]

中共旅大主導の生産回復が遅延した原因として、ソ連軍当局の工場移譲のタイミングが遅かったことや、中共自身の資金力・技術力不足、そして国民党による経済封鎖などが挙げられる。

中共旅大がソ連軍から工場まとめてを移譲されたのは、一九四七年春以降のことである。ソ連軍は旅大地区占領後、一九四七年上半期まで大半の重要な工場を自らの管理下に置いた。一九四七年春に入って、大連が国民政府に接収された場合に備えるため、ソ連軍は一部の工場を現地政権の中共旅大側に移譲し、「遠東中蘇電業公司」、「遠東中蘇漁塩業」、「中蘇石油公司」、「中蘇造船公司」という四つの中ソ合弁企業を設立した。一九四七年四月、中共旅大はソ連軍から移譲された複数の工場をもとに、関東実業公司を設立した。これをもって中共主導の工業生産回復がはじめて物的基盤を整えられた。

資金、技術、人材などの面における中共旅大の力不足も深刻であった。韓光の回顧は、当時中共旅大が置かれた資金力不足の深刻さを物語っている。「当時、わが党はまだ国家政権を取っておらず、資金を大連の民用工業生産の回復や発展に回す余裕はまったくなかった。東北、華東、華北などの解放区からの資金は、軍事産業の回復と発展に当てられ、民用工業の回復の資金はとても捻出できなかった[25]」。この時の中共旅大は、国民政府との対戦に直面しており、限られた資金を軍需生産に優先的に回さなければならず、民用品生産を進める余裕はなかったのである。

専門人材の不足も生産回復を阻む重要な要因の一つであった。上に触れたように、中共旅大が政権を作った時点では、幹部の人数は数百人程度で、後に急ピッチで幹部を育成したものの、その大半は一般労働者出身で、生産を仕切れる技術人材の備蓄が薄い状況が続いた。技術人材不足への対応策の一環として、中共旅大は一九四六年一一月と一九四七年二月にそれぞれと専門技術人材を育成する大連工業専門学校と関東電気工程専門学校を設立して、専門人材の育成事業を展開した。ただし、両校を卒業した学生の人数がもともと少ない上、その多くは軍に配属された[26]。一九四八年末に、大連工業専門学校、関東電気工程専門学校、関東医学院ロシア語専門学校を合併して、旅大地区における戦後初の大学教育機関となる大連大学が設立された。設立期日が一九四八年年末であったことを考えると、一九四七年までは、専門人材育成の初期にあたり、この時期は育成された専門人材がまだ少なかったと見ても良いだろう[27]。

そのほか、一九四七年まで、旅大地区を取り巻く内外の情勢がもたらした多くの不安定要素が、生産早期回復の可能性を摘み取ったことが指摘できる。国共内戦初期、国民党軍の猛烈な攻勢にさらされ、遼東半島南部の中共軍が、ソ連軍支配下の旅大地区への撤退を余儀なくされた[28]。国民党軍が旅大地区を陸海両面から封鎖して外部との通路を遮断したため、大連と外部との輸出入ルートは断ち切られた。工業生産の原材料どころか、日常の食糧の安定供給すら確保できなくなった。食糧と原材料が基本的に外部地域に依存する大連にとって、情勢は厳しくなる一方であった。ソ連軍が直接に管理する企業も含めて、旅大地区の企業の経営事情は悪化の一途を辿った。一例を挙げると、元三菱系の昌光ガラス工場（当時はソ連軍の支配下にあった）は自社の生産設備が稼働可能な状態で、技術陣も健在であるにもかかわらず、撫順から石炭の供給が断たれたため、生産再開のめどが立たなかった。このように、ソ連軍でも完全に外部の石炭輸入に依存する状態にあったのである[29]。一九四七年に入って、国共対立の軍事情勢に逆転があったものの、国民政府軍の封鎖態勢はかえって強化され、旅大地区の経済情勢は改善が見られなかった。ソ連軍当局が直接に運営する大連鉄道工廠の場合、原材料の在庫が切れたほか、販路も塞がり、生産量は一九四五年の一〇％以下に下がった[30]。一九四七年六月、中共軍が旅大地区の北にある、貔子窩、城子疃、瓦房店などの地域を奪還した後、国民政府軍の陸上封鎖ははじめて解除されたのである[31]。

第二節　接収をめぐる中共とソ連軍の対立

中共旅大の接収工作

甚大な財政負担を負いながら、早期の生産回復の見込みが絶たれた、という状況下の中共旅大には、日系企業の資産に活路を見出す以外、選択肢はなかった。一九四六年は中共旅大の接収活動が最も活発な時期であった。中共旅大が一九四六年一〇月にまとめた「中共旅大地委関与今後財政工作的決定」では、九月までの時点で、中共旅大の財政収入はその三六%が接収した資産の売却金で賄っていたという記述がある。[32]『旅大概述』の一九四六年から一九四八年までの三年間の統計データでは、財政収入に占める資産接収による収入の比率はそれぞれ三六・一%、二・八%、一・二%となっている。この数字は上述した生産投資の増加ぶりとともに、中共旅大の財政収入が、資産接収依存の状況から生産回復にシフトしていったことを物語っている。この状況について、「我々の財政工作は明確な方針と具体的な計画がなかったため、混乱がさらに多くの混乱を呼んだというのが当時の状況だった。財政収入において、本来主要収入源であるはずの税金と公営企業による収入が少なく、「臨時的財産収入」（資産接収）と「雑項」（その他収入が比較的多かった」という『旅大概述』の説明から、資産接収に依存した中共旅大の財政体質及びその原因をうかがい知ることができる。[33]しかし、中共の活発な接収活動は、やがてソ連軍との頻繁な利益衝突の原因ともなっていた。この問題をめぐる双方の対処は、相互の利益構造と力関係を浮き彫りにしている。

以下はまず、中共旅大の接収工作の展開経緯を見ていくことにしよう。一九四五年一〇月三一日、大連市政府は

「施政綱要」を公布し、接収工作に乗り出した。「綱要」の「敵軍及び偽満軍の武器弾薬、装備機材及び軍の資産、および政府の資産はすべて没収する」という項目は中共旅大の接収工作の法的根拠となっている。(34) 一九四五年一一月、「敵偽財産」没収委員会が設立されて、接収工作の総責任者は韓光と公安総局局長趙東斌であった。現場指揮を任命された謝謙は少年時代に大連の店で働いた経験があり、土地勘がある中共幹部である。彼は複数の中国人から情報協力を得ながら、一九四六年を通じて活発な接収活動を展開していた。(35)

謝謙らの接収対象は、「施政綱要」に明記された日本軍と日本政府の資産のほか、幾久屋、三越洋行、浪華洋行などの日系企業にも及んだ。接収品物は、百貨店の布、ミシン、石鹸、ラジオ受信機、食品などの日用品から、日本軍軍用倉庫の銃弾や砲弾、機関銃などの武器弾薬、そして工業用製品の電線、自動車部品、ガソリン、ディーゼル、電解銅まで、多岐に亘っている。これらの品物は接収された後、一部は中共の各解放区に運ばれ、一部は旅大地区内の商店や工場の開業設備に充て、残りは現金化され、中共旅大の活動経費に充てられた。(36)

一九四五年末、中共旅大は「没収委員会」と別途に新華公司を設立した。「没収委員会」が接収に特化されているのに対して、新華公司は民間会社の形で接収活動を展開するとともに、一部の接収企業（ホテル、レストランなどのサービス業が中心）の運営に直接に関わっていた。成立初期の新華公司は、一時、民間に流出した銃器を買い取ることに特化した。百丁以上の銃器（ほとんどは小銃）が集められ、その一部は公安総局に提供され、残りは大連の外から来た各解放区の幹部らに渡されたというケースもある。新華公司は一九四七年七月まで旅大中共を対外的な物資支援の拠点とし、他の東北地域に対して布、医薬品などの物資支援を行った。(37) 旅順にソ連軍が大量に駐屯しており、軍用品が入手しやすいため、旅順域内に「長興貿易公司」と「旅順聯華貿易公司」という二つの機構ができて、いずれも軍用物資の調達に特化したのである。(38)

接収工作に取り組んだのは中共旅大だけではなかった。各解放区の旅大事務所も接収工作に乗り出したのである。中共旅大政権成立後、中共の各解放区は「公司」「商号」などの名義を使い、大連で出先機構を多数設置した。これらの機構は現地で資産接収と貿易を行い、調達した爆薬、ガソリン、布、ゴム、繋ぎ目なしパイプ、医薬品、医療設備などの物資を各解放区に輸出するとともに、各解放区から大連への食糧、綿、農産品などの輸入をも請け負った。(39)

中共旅大とソ連軍当局の衝突

発足直後の「没収委員会」は最初、「没収委員会」という看板を掲げたことがある。しかし、数日後、ソ連軍当局から注意されたため、看板はやむをえず取り下げられた。以降、中共旅大の接収工作は秘密裏に展開することになった。ソ連軍から干渉されなかった唯一の接収工作は不動産であった。中共旅大の不動産接収は、大連の繁華街である浪速町（現在の天津街）周辺が一時「謝謙街」と呼ばれたほど、活発な展開を見せた。(40)このような活発な不動産接収が可能となった要因としては、ソ連軍当局が接収目標を工業生産設備、製品、原材料などの動産に絞っており、中共旅大の不動産接収を妨害要素と見なさなかったことが考えられる。(41)

この頃の中共とソ連軍当局は、資産接収をめぐって一種の競合関係にあった。ソ連軍当局は中共の接収工作が自分たちの取り分を減らすのではないかと懸念して、中共の接収工作に反対姿勢を見せた。中共旅大の接収工作に遭遇した日系企業から通報を受けると、ソ連軍が直ちに出動し、中共が接収した物資をその場で再没収することもしばしば繰り広げられた。このような状況は、ソ連軍と親しい関係にある、元東北聯軍のメンバー劉亜楼が斡旋を行なった後、ある程度の緩和が見られた。しかし、ソ連軍が自らの圧倒的な優位を利用して、戦利品の名義で公然と接収を独占的、組織的に行うという構図は大きく変らなかった。次第に中共側の幹部はソ連軍に対して、ライバル意識を強く抱くようになった。「引き続き敵偽の資産接収を行う。敵の資産は、我々が接収しないと、いずれソ連軍に接収されるか、または一部の人間に取られるだろう」[42]という、旅大地委と公安総局が新華公司に下した指示がある。その文面から中共幹部のライバル意識が伝わってくる。

一方、活発な物資調達をめぐって、中共内部にも大きな問題が潜んでいた。接収工作全体を統括する部署がないため、各出先機構が独自に物資調達を行い、相互連携がない状態が続いた。その上、各出先機関が中共旅大に報告義務を負わないため、中共内部の結束が弱く、全体の接収工作は無秩序の状態にあった。大量の物資が一方的に旅大域外に運び出されたことで、中共旅大の経済管理の混乱はますます深刻化し、地域の経済回復も大きく阻まれた[43]。ソ連軍当局は次第に不満を募らせ、中共旅大に問題の改善をたびたび強く求めてきた[44]。

中共旅大もいよいよ問題の深刻さを認識し始めた。一九四六年一〇月、中共旅大は経済混乱の原因として、財経工作を統括する強力な一元的指導機関がないことと、旅大建設についての明確な計画がなかったことを挙げた[45]。一九四六年末になると、中共旅大は東北局の許可の下、財経委員会を設立し、解放区への支援工作の一本化を図ろうとしたが、期待通りの効果を挙げることはできなかった。各解放区の出先機関の物資調達状況が改善されないことに対するソ連軍側の不満は頂点に達した。一九四七年四月に関東公署が設立した際、ソ連軍当局が公署財政庁の人事構成に中共幹部を入れさせない事態まで生じた[46]。

ソ連軍当局との衝突についての中共旅大の見解は、一九四七年一〇月三〇日の「関于劉順元、唐韵超両同志撤退問題的報告」で表明されている。同報告はソ連軍側の強い要請を受けて、劉と唐の二人が更迭させられた原因を総括するとともに、中共とソ連軍の衝突について次のように述べている。「地委は、某方（ソ連軍当局のこと）との関係がギクシャクしている原因は、主として財経問題にあると認識している。以前我々は、ここには某方がいる限りどんなことがあっても大丈夫だという気持ちで、前線の解放区への物資提供に努めてきた。ここ二年間、我が各解放区が、ここで物を取りすぎて、すでに某方の不満を大きく招いている」[47]。こうした認識ができたにもかかわらず、中共側の接収状況は、一九四八年春李一氓が旅大地区の党委副書記として着任するまで、すぐには根本的な改善は見られなかった[48]。

双方衝突の原因

なぜ、双方の間にこれほどの行き違いが生じたのか。以下は両者の視点からその原因を分析してみる。

まず、ソ連軍側の事情に関しては、ソ連軍当局は自らの経済利益損害への危惧から、中共旅大の接収工作を阻止したことが指摘できる。しかし、それと同時に、ソ連軍側の態度に現状容認の一面があったことも留意すべきである。なぜなら、ソ連軍が阻止を徹したとすれば、接収による収入が中共全体収入の三分の一に達したことがあるはずがない。こうしたソ連軍当局のスタンスは、曖昧のように見えるが、その背後には一種の必然性が秘められている。そもそもソ連軍が中共政権を樹立させたことは、国民政府への牽制であり、便宜上の措置という要素が強い。それゆえソ連軍の中共支援の目的は、中共政権の運営維持に止まっているものである[49]。中共旅大の活発な物資調達活動は望ましいものではなかった。しかし、中共は接収以外に確実な財政収入を持たないため、中共側の接収を徹底的に封じ込めるのも現実的ではない。結果的に、ソ連軍は緩い抑制姿勢をとる以外、ほかの選択肢がなかったのである。

一方、中共側の状況が改善されなかった理由について、ソ連軍に対する中共幹部の根強い不信感が指摘できる。中共幹部の不信感は、ソ連軍の東北占領直後に溯ることができる。一九四五年末まで、ソ連軍は国民政府との外交交渉に応じながら、中共軍への対応を二転三転させた。一九四五年一一月に瀋陽と長春の中共軍に撤退を強制したソ連軍一連のの対応は、中共側の期待感を打ち消したどころか、強い不信感をも醸成させた[50]。中共幹部の不信感は、大連行政権回復のため、国民政府が外交攻勢を強めた一九四七年春にピークに達した[51]。ソ連軍のバックアップが中共旅大の存続基盤であっただけに、その確保に対して、不安な心情を抱く中共幹部が少なくなかった。韓光によると、その頃多くの中共幹部は「ソ連軍側の真の意図を把握しきれず、今回は以前の瀋陽、長春、ハルビンのように、大連が国民党に引き渡されるかどうか、まったく分からない状況にあった。数少なくない同志たちは、ソ連側が大連を引き渡すのをじっと待つよりは、それに先立って各解放区に取れる分だけ取った方がよいという認識だった[52]」。

一九四七年二月、国民政府の外交攻勢をかわすため、ソ連は国民政府視察団を受け入れ、国民政府による接収に対する用意があると表明した。これを受けて、中共幹部の間に動揺が広がり、中ソ協力体制の存立基盤は大きく揺らいだ。

国民政府に接収された場合の被害を最小限に食止めるために、中共旅大はソ連軍当局の指導下で旅大地区の行政再区分などの措置をとった。こうした措置はやむを得ない対応策とは言え、いずれも大連が国民政府に引き渡されることを前提としたものであるため、多くの中共幹部の心に負の影響を与えたことは想像にかたくない[53]。実際、この時の中共旅大は、「警察権を全て引き渡し、警察の支配権をすべて失い、市長以下の行政人員は全員辞職する」とまで覚悟できていたのである[54]。

もっとも中共幹部たちの不安は、この時に限って、一時的に高まったわけではない。旅大政権が成立して以来、中共旅大では、旅大地区の工業資源の利用方法をめぐって、前線需要を再優先すべきだと、大連の経済発展も軽視すべきでないという二つの意見が対立していた。前者は、瀋陽、長春、ハルビンなどの都市と同様に、大連がソ連によって国民党に引き渡されるのを座視するよりも、今のうち、できるだけ多くの物資を前線に運び出すべきだという見解である。これに対して後者は、旅大を空っぽにするまで物資を前線に回すことは、旅大の経済回復と発展を妨げる以外何もならないと反論する。後者の立場を奉ずる幹部らは、前者と自分たちのやり方をそれぞれ、「殺鶏取蛋（卵をとるため鶏を殺す）」と、「養鶏生蛋（鶏を養うことで、卵を持続的に取れるようにする）」と喩えを使って表現している。つまり、後者の考えは大連の工業基盤を整え、持続的な生産活動を実現させて、それを利用して前線を支援するというものである。こうした意見対立は、中共旅大とソ連軍の一種の緊張関係を反映するものであり、注目に値する。

第三節　中ソ合弁企業に見られる経済協力

一九四七年春の国民政府の大連接収は、中共旅大とソ連軍の協力過程の分水嶺となった。国民政府の旅大視察は前哨戦としては不発に終わり、本格的な大連接収への布石とはならなかった[55]。しかし、それをきっかけに、ソ連軍は四つの大企業を自らの完全な支配から中ソ合弁の形にシフトさせた。その背景には、大連が国民政府に接収された場合でも自らの支配を確保しようとするソ連軍の思惑があった。この四つの合弁企業は、後の中共とソ連の経済協力の一大基盤となり、中共旅大とソ連軍の直接協力が最も集約的に展開された場となった。この節では、この四つの企業を中心に、中共旅大とソ連軍との後半期の協力関係を考察する[56]。なお、同時期、ソ連軍は複数の生産工場を中共旅大に引き渡し、これらの企業をベースに中共旅大は武器弾薬製造の「建新公司」と民生製品製造の「関東実業公司」を設立した。

設立の経緯

一九四七年春まで、中共旅大は常に、いかに企業の生産回復を実現させ、深刻な失業問題を解決するかということに頭を悩ませていた。一九四六年を通じて、中共旅大は度々ソ連軍当局に相談を試みたが、協力の承諾は得られなかった。企業合弁の話がソ連軍の方から持ちかけられたのは、一九四七年年始以降であった。

中共旅大にとっては、ソ連軍当局との合弁が実現された場合、ソ連軍が掌握していた企業の生産活動への関与が可能となり、労働者の雇用状況の改善が見込まれるため、合弁要請自体はもちろん歓迎すべきことであった[57]。しかし、ソ連軍側から提示された具体的な合弁条件は厳しいものだった。合弁条件に関する档案資料が公開されていないため、合弁締結をめぐる状況は、関係者の回想や伝記から推測するしかない部分が多いが、以下、一応の分析を試みたい。

一九四七年四月頃、関東公署が成立した後、ソ連軍当局は関東公署主席遅子祥と副主席劉順元を呼んで、中ソ合弁企業の成立について話し合いを行った。その後、ソ連軍が用意したいくつかの企業合弁の具体案に双方が同意し、議定書に調印したという流れとなった。劉順元は、突如ソ連軍当局に呼ばれ、話し合いが行われるまで、予定の会合場所が二転三転と変更したため、大連と旅順の往復を強いられ、会合場所で長く待たされた挙句、突きつけられた契約への調印を強要された。劉はソ連軍の一連の理不尽の対応、その背後に見え隠れしたソ連軍側の高圧的な態度に対し、強い不満を覚えた。契約の調印にはやむを得ず応じたものの、劉は祝宴をボイコットし、自分の不満をあらわにした。このような劉の対応は、後に彼がソ連軍側から更迭させられる一因ともなった[58]。こうした中共旅大の責任者の境遇からは、当時の中ソ企業の合弁はソ連軍の一手によって進められ、ソ連軍が主導権を握っていた状況をうかがい知ることができる。

四つの中ソ合弁企業の経営生産

企業の生産に必要な原材料は基本的に現地調達で賄い、一部はソ連から輸入した。製品販路に関しては、製品の大半がソ連に輸出され、納入先がソ連の極東経済貿易の関連部署となっている。残りの製品は、旅大のソ連軍当局と地元に供給される。

資本金構成は中共旅大が五一%、ソ連軍が四九%となっており、利益は資本金比例に応じて分配された。役職分担に関しては、四つの合弁企業に理事会が設置され、中共旅大とソ連軍の人間がそれぞれ理事長と総経理を務めた。理事会の下には経理と工場長が置かれたが、これらの役職は、設立時点ではすべてソ連側の人員が務め、中共側の幹部に割り当てられたのは、副次的な職位に過ぎなかった。中共側の人間が、経理職と工場長の職につくようになったのは一九四八年以降である。

経営管理に関しては、各企業は完全な自主権を持ち、地方政府が関与することができなかった。中共旅大の会議において中ソ企業について議論される際、その主たる内容は幹部の人事や党の思想政治工作、工会などをめぐるものであった。中ソ造船公司の理事会では、中共側は理事長と複数の理事のポストを占めているにもかかわらず、経営決定に参加できず、生産活動はソ連側の生産計画に沿って行われた(59)。

ソ連人が各工場、企業のトップを務めていたことは、経営生産の管理が完全にソ連軍が掌握されていたことを意味する。この現状について、韓光は回想録で、「我々（旅大）地委と地方政府は（経営管理に対して）一々気を使わなくても済むのだ」という前向きな捉え方を示しており、大連の造船公司における生産がソ連側の生産計画に沿って進められたことについては、中共側に造船工業を立ち直す経済力や技術力がなかったためだと説明している。しかし、このようなソ連軍が中ソ合弁公司を完全に自分側の支配下に収めた状況に対して、劉順元が『劉順元伝』の著者に次のように述懐して、違う捉え方を示している。「ソ連人はなかなかのやり手だ。一銭も出さずに、本来中国が所有するはずの企業を中ソ合弁企業にして、株の半分と実質の支配権を己のものにかっぱらったのだ」[60]。前述したように、ソ連軍当局の意思で、劉順元とともに更迭された旅大地委のメンバーが三名もあったことから、劉順元と同じようにソ連軍のやり方に抵抗感を覚えた中共幹部が少なくなかったと推測できる。

第二次世界大戦で深刻な打撃を受けたソ連にとって、経済回復は当時の最優先事項となった。一方、中共旅大にとって、大連における自らの経済的基盤を強化し、国民政府との戦いを物資的面で支える拠点を形成させるには、大連の経済資源をフルに活用することが重要であった。このように、それぞれ緊急課題を抱えた両者が、大連地域の経済資源をめぐり、各自の思惑を抱いていたのである。以下、大連造船業のトップ企業である、大連船渠の経営状況の考察から、中共とソ連の思惑が一つの企業体においてどのように交錯し、衝突し、最終的に解決に向かっていったかを見ていくことにする。

大連船渠

造船業は、大連の基幹産業の一つである。大連の造船業を担う主要企業は、大連船渠（現在の大連造船廠）である。国共内戦中、中共旅大とソ連軍は大連船渠を中ソ造船公司という名義で共同運営した。中ソ造船公司は、四つの中ソ合弁企業の一つであった。それ以前から、大連船渠は一貫した名称を持たなかった。ロシア植民時代と日本植民時代と、支配者が変わるたび、同工場の名称は変更された。以下では、ソ連軍支配時期の工場名「大連船渠修船造船機械工廠」の略称である「大連船渠」を用いる。

旅大地区の近代船舶工業は、一八九〇年に清朝が旅順に設立した旅順船塢局（一八九七年にロシアに接収され、旅順船廠に改名された）と、一八九八年にロシアが大連に設立した大連船廠を基盤としている。一九〇五年、日露戦争におけるロシアの敗戦をきっかけに、旅順船廠と大連船廠は日本海軍の艦船修理工場となり、日中戦争期には、大連船廠は大連船渠鉄工株式会社という社名で、満鉄の直轄子会社として生産運営を展開していた[61]。一九四一年太平洋戦争勃発後、日本政府の「臨時船舶急増計画」に従い、軍用運輸船舶の製造が大連船渠の主要業務となっていた。戦争特需により、工場は八一〇〇トンの船舶を造船できる規模まで発展した[62]。

一九四五年八月、ソ連軍は旅順船廠と大連船廠の二つの造船場を接収した。そのうち、大連船廠は大連船渠修船造船機械工廠と改名され、ソ連軍海運部管轄下の企業となった[63]。国共内戦期を通じて、大連船渠は常にソ連軍の支配下にあった。

大連船渠の工場に進駐した後、ソ連軍は日本人経営層や技術者の協力をもらいながら、工場の生産業務を調査し、生産設備や原材料などの登録を行った。進駐初期、ソ連軍は大連船渠から造船用のクレーン二台、造船用の鋼板、完成品の鉄道貨物車両などを自国に運搬したが、設備が完全にソ連に持ち去られた東北地域の他の企業と比べれば、その被害状況は軽微であった。

九月中旬、ソ連軍当局はシュウアトフスキ陸軍大佐（中国語名、周尓托夫斯基）を全権軍事代表と総工場長に任命し、大連船渠に対する軍事管理を発足させた[64]。翌一〇月に生産が再開し、一九四七年春、ソ連軍と中共旅大が共同経営する大連船渠を中核とした中ソ造船公司が設立された。それから一九五〇年末に大連船渠が中国に移譲されるまで、ソ連軍が大連船渠の生産経営を主導した[65]。

一九四六年以降の大連船渠の主な業務はソ連船舶の修理であった。一九五〇年まで、大連船渠はソ連当局にとって、海外の船舶修理の基地の役割を果たした。一九四五年から一九四九年まで、船舶の修理トン数は一七万トンから二九万トンまで増えた。一方、船舶製造は一九四七年より再開されて、一九五〇年までに、五〇トン・一〇〇トンクラスの牽引船が五〇〇隻あまり製造された(66)。日本植民時代と比較すると船単体の排水量は小さくて、それは当時の大連船渠の造船業務があくまでソ連国内の需要に応じるものであったことによる(67)。他方、かつて大連船渠の主な業務であった列車の貨物車両生産は、一九四〇年に製造量が八一一台となり、ピークに達した後、減少の一途を辿り、ソ連軍占領期間中についに廃業となった。

ソ連軍は工場生産に対し、現状維持の考えで臨み、生産拡大の投資を控えた。大連船渠は「基本建設に対し投資をほとんど行わず、インフラ整備が少なかった。また生産発展と工場建設について、長期計画を立てなかった」(68)。このことを裏付ける事実としては、一九四五年の日本敗戦の時点で、五〇〇〇トンと八〇〇〇トンのドックがそれぞれ一つ、四〇〇〇トン以下の船台が三基であった主要生産施設の構成が、一九五〇年末に大連船渠が中国に引き渡された時点になっても全く変わらなかったことが挙げられよう(69)。

ソ連人経営層の経営方針は時期を追って明確な変化があった。ソ連接収初期は、生産管理が個々の生産部署の責任者に一任され、専門の品質管理部門が設置されず、制度の整備も遅れていた。一九四七年に入って、初めて制度整備が行われ、新しい労働規則が作られるようになった。それと平行して、技術品質の管理強化のための一連の措置が実施された(70)。一九四七年春、船の主要構造と重要機械の検査を行う検査師の派遣、技術検査科の設置など、さらなる一連の措置が打ち出された。

人事面にも変化が徐々に生じた。ソ連軍の接収初期は、すべての部署の責任者ポストはソ連軍側の人間が担当していた。実際にソ連人の技術者が足りなかったため、大連船渠の日本人技術者が多数留用されていた。中国人の技術者の起用が始まったのは一九四七年以降である。その背景には、日本人技術者の大半が日本に引き上げたことで、中国人技術者の育成が促されたということが考えられる。ただし、中国人が船渠の経営管理層に加われたのはそれより遅れて、一九四九年に旅大地区の中共組織が公開された後のことである。一九四九年以降、船渠の中共党委が工場全体の生産や運営に対して指導する立場をとることができるようになった。

経営パートナーの相互協力のあり方を知るには、企業の利益分配の比率は有効な手がかりである。大連船渠の場合、ソ連側が企業の利益率を五％から五％強レベルまでのレベルに固定させていた。この数字は、中共側には「船舶修理の依頼主であるソ連側にとって極めて有利」なものと映った[71]。一九五五年以降、中国側が独自の計画経済体制を展開し、国が工場の製品価格と利潤をコントロールするようになると、大連船渠の民用製品の利潤率は六～八％となった[72]。ソ連側が利益率を低く抑えていたことについては、工場に対する完全な支配と輸出入の原材料をソ連国内から行っているという事情がある。

大連船渠における中共組織の活動は、工会を介して行われていたが、基本的に工会の組織活動に止まり、生産活動の管理に参与することができなかった。

ソ連接収直後、大連船渠の一部の労働者は、唐韵超らの工会活動家と呼応して、一九四五年一〇月四日に大連船渠に大連船渠工会（後に職工会と改称された）を設立した。一九四六年四月、中共旅大は解放区から来た程辛を中共船渠区委書記に任命し、一部の中共幹部とともに大連船渠に送り込んだ。程辛は、中共旅大の工人訓練班で育成され、先に大連船渠に送り込まれた労働者活動家とともに、既存の大連船渠職工会を大幅に改組し、中共の組織拡大を図った。

程辛らの活動はソ連側には黙認されたが、活動の実態は労働者への中共加入勧誘、工人訓練班の開設、中共組織の宣伝活動、労働者士気鼓舞のための生産キャンペーンなどに止まっていた。このような活動の中で、中共組織が取りかかった主な仕事は、一九四七年一二月にスタートした大連船渠党委の一般労働者を受講者とする識字コースと技術育成コースや、一九四八年四月に設立された正規の大連船渠青年技術学校が挙げられよう。特に後者の大連船渠青年技術学校は、技術労働者の一年間の育成学制を採用し、一九五〇年までの三年間で六五三名の卒業生を送り出した。程辛らは時に、職工会の名義で労働者を代表して、意見をソ連経営層に伝え、労働者の生活保障、待遇改善を求めることもあったが、生産計画の作成や技術管理への関与はできなかった[73]。

日本人技術者留用に対する中国人の反対が完全に押し切られたことは、当時の状況を如実に反映している。一九四七年まで、ソ連軍が日本経営時代の元作業部部長蒲池司郎を工務部長に、元副社長森景樹を総務部長に任命し、船渠全体の生産技術と人事、財務、動力、材料調達をこの二人に任せた。一般部門と各生産現場の責任者のポストには、残留した日本人技術者を据えていた。この人事配置に対して、大連船渠の中共組織と職工会がソ連軍当局に異議を申し出たことがあるが、いずれもソ連軍の「やむをえない措置で、そうしないと、生産を進めることができない」との回答にぶつかった[74]。強烈な民族感情から発した中共側の異議に対して、ソ連軍当局は自らのスタンスを長くを崩すことはなかった。

中共旅大独自の造船事業展開の試み

一九四九年に全国政権を獲得した中共にとって、その最優先課題は経済復興となった。同じ時期、中共旅大も地元大連の造船工業基盤を振興させる必要性を意識し、その可能性を模索したが、ソ連軍側から協力を得られず、独自で造船事業の拡大を図るほかはなかった。

一九四九年まで、中共旅大は旅大行政公署管轄下の旅大造船公司を通して、独自の造船事業を展開してきた。同公司は設備が貧弱である上、生産規模も小さかった。生産工場は中ソ漁業会社所轄の遼東船渠を借用したものであり、業務内容も一般の船舶修理や小型船舶製造に止まっていた。[75] 一九四七年八月に設立した大連聯合造船公司（旅大造船公司の前身）が、二〇トン－一六〇馬力の小型船舶を建造した実績があるが、品質が期待したレベルに達していなかった。[76] 中共旅大は、内外の情勢と自らの限られた経済力のため、独自の造船事業を展開する余裕がなかったのである。

一九四九年以降、中共旅大は自力で地元の造船事業を振興させるには限界があるという認識で、まずソ連軍当局に協力を求め、中ソ双方が大連船渠という既存の生産拠点に対して追加投資を行い、生産規模の拡大を提案した。ソ連軍当局側は、今日のソ連にとっての最重要事項は、戦争で損傷した船舶の修理、牽引船・漁船などの小型船の製造であり、造船工場の規模拡大を図る余裕がないという理由で消極的であった。[77] ソ連軍側の協力を得られなかった中共旅大は、やむを得ず大連船渠とは別の、新たな造船工場の建設に踏み切った。しかし、ソ連側の協力が得られないままの中共旅大の試みは実現可能性に乏しく、頓挫してしまった。

中共旅大がソ連軍側の賛同を得られなかったことを受け、独自で造船工場の新設を決定した後、韓光は旅大地区ソ連軍司令部ベロボロドフ大将に書簡を送り、新しい造船場を建設する考えを説明し、ソ連軍側の許可を求めた。韓光はまず、新しい造船工場の候補地として、大連県内の香炉礁の沿海一帯を見定め、年内に一万トンのドックと四〇〇〇トンの船台を建設し、来年中に関連工場の建物を建てる予定であると説明した上、当該沿海地区は大連港管轄下にあるため、港の管理者及び上級機関から許可が下りない限り利用できない、というソ連軍警備司令官バシン大佐（中国語名：巴申）からの通達に触れ、ソ連軍側の理解と許可を求めた。[78] 韓光の書簡から、一九四九年の時点でも、ソ連軍が旅大に対して強い支配権を握っていたことがうかがえる。

一九四九年七月、旅大行政公署工業庁は新しい大型造船工場の建設案を提出し、大連造船廠建設委員会を設置した。

建設委員会の技術担当の大半は、大連に留用された日本人技術者と中国人若手技術者であった。一九五〇年一〇月の時点に、建設委員会が招聘した技術者は二〇〇人に上り、そのうちの一〇〇名以上は、当時造船分野で中国屈指の専門家葉在馥をはじめ、全国各地から集めた専門家である。設立当初の一九四九年一〇月、建設委員会が提出した最初の建設計画は雄大なものであった。二万人の従業員規模、年間二〇万トンの遠海貨物船の生産能力に加え、世界で一番大きい客船・軍艦の建造と世界最大級の船舶の修理が掲げられていたが、中共旅大の造船事業の現状を遥かに超えた目標設定となっていた。このような目標設定から当時の担当者の意気込みが読み取れる。一九五一年五月に五回目に提出された計画書は、目標が引き下げられて、現実味を帯びるようになった。

一九五〇年、計画が未だ固まっていない段階で、旅大行政公署工業庁は六二三・四七億元関東幣の予算を投下し、造船工場の建設を始動させた。初期の建設業務は地盤整備、一部の簡易建物の建設とドックの基盤建設を含め、建設金額は八一・九七億元にのぼった。同年六月に朝鮮戦争が勃発したため、インフラ建設は中止となった。それまでに、九九・五八億関東幣（三六万米ドルに相当する）の金額がすでに注ぎ込まれていた。建設中の設備と工場施設は、一九五二年一月に大連船渠を中核として設立された中ソ造船公司に合併され、建設委員会の専門家と技術者は一部が中ソ造船公司に異動し、残りの一部が別の事業所に異動することになった(79)。

このように、中共側の造船事業の試みは最終的に不発に終わった。その失敗原因として、韓光は回想録で中央政府からの有力なサポートを得られなかったことを挙げているが(80)、ソ連側から協力を得られなかったことも大きい要因であった。

第四節　中共旅大の兵器生産

本節では、旅大地区の建新公司の設立と軍需製品の開発生産に焦点をあてて、ソ連軍がいかに中共旅大の軍需生産に関わっていたかを中心に、軍需生産という切り口から、両者の相互関係を考察する。

国共内戦中、中共は軍需生産で未曾有の進展を遂げた。中共は東北地域をはじめ、各地に近代的軍需生産体系を築いて、大量かつ安定的な兵器弾薬の供給を実現し、自身の軍事勝利を力強く支えた。本節の考察対象である建新公司は、軍需生産が急速に発展する流れの中で、大連に設立された大型軍需生産拠点であった。東北の各兵器製造拠点において、建新公司は製品種類、技術力などの面で、中共屈指の規模を誇った。[81]「華東地域の解放と淮海戦役の勝利には、山東農民の「小推車」[82]と、大連の砲弾が重要な役割を果たした」と、淮海戦役の指揮を執った粟裕が絶賛したように、建新公司は中共の軍事的勝利を大きく支えた。

このような大型の軍需生産拠点が旅大地区に設立運営できたのは、むろんソ連軍側の庇護があったからであった。中共の党史文献や先行研究は、この点を認めてはいるが、ソ連軍当局側の関与実態について論じていない。国民政府との外交関係の維持に腐心していたソ連にとって、中共有数の軍需生産拠点である建新公司の設立運営に対して、いかに対応するかは極めて重要な意味を持っていた。従って、建新公司の軍需生産に対するソ連軍支援の内容を把握することは、国共内戦期の中共の軍需生産発展の足取りをつかむだけでなく、中共、国民政府、ソ連という複雑な三者関係の中で、ソ連軍がいかに巧みな網渡りをしたかを把握する手掛かりともなろう。

中共の兵器生産

わずか四年間の交戦を通じて、圧倒的な軍事優勢を誇った国民党軍をことごとく打ち破った、という驚異的軍事勝利の要因について、中共の公式宣伝は民心が得られたことを第一の理由に挙げ、自らの政権誕生の必然性を強調してきている。民心を広く得られたがために、一戦一戦を地道に勝利すること、さらに敗軍から武器弾薬を接収することに成功し、内戦初期の物的劣勢を補い、最終的に天下を勝ち取れたという論理は確かに明快で納得しやすい。しかし、右の説明は、国共内戦期における中共の軍需産業の急速な発展という歴史的事実を触れていない。中共軍と国民党軍の交戦は、現代中国史上例を見ない巨大戦争であっただけに、兵器と弾薬の消耗は未曾有の規模にのぼった。大量かつ安定的に武器弾薬の供給を確保するためには、中共の公式宣伝で語られているような、敗軍からの接収だけでは当然不十分であった。やはり、軍需生産の発展と安定化が不可欠であったのである。

日本敗戦前の中共軍の武器弾薬供給は、主として国民政府の支給と日本軍からの鹵獲品で賄っていたのである。この時期の中共の軍需工場は、規模が小さく、生産の主力は銃弾と軽火器に限定されており、設備と原材料が極端に不足していた。日中戦争中の中共軍が、日本軍との大規模な陣地戦を避けて、ゲリラ作戦に終始したのは、こうした武器弾薬の不足が要因の一つとして挙げられる。日中戦争中、中共はソ連から一部の武器援助を受けたことはあるが、小規模に止まっていた。スターリンは自国に対する日本の軍事脅威を牽制してもらうために、武器弾薬の提供を条件として、毛沢東に日本軍への軍事攻撃を要請したことがあった。毛沢東はソ連の武器弾薬を必要としていたが、自らの実力温存と武器弾薬の受け取りの困難の二点から、あえてスターリンの要請に応じないことにした(83)。

こうした経緯があって、日本敗戦直後の中共の武器弾薬補給は外部への依存度が高く、国民党軍と比べると、装備全体の不足が際立ち、とりわけ重兵器は圧倒的劣勢にあった[84]。国民党軍との対戦の現実性が高まる中、兵器装備の改善はますます喫緊性を帯びるようになった。一九四五年九月、中共中央軍事委員会の「関与加強砲兵建設的指示」をはじめとする一連の指示はこのような緊迫感の反映でもあった。

このため、中共軍は東北に進出して間もなく、軍需担当の専門部署である東北軍区軍事工業部を設立して（一九四五年一〇月二一日）、軍需生産に取りかかった。東北進出当初、中共の軍需産業は体系化されておらず、拠点は各地に分散していた。中共軍は、極東地域屈指の軍需生産拠点である瀋陽兵工廠を一時占領したことがあった。しかし、後瀋陽がソ連軍から国民党軍に引き渡されたため、中共軍は同工場をやむを得ず放棄した。同工場から中共軍が持ち去った一部の機材設備は、軍需生産設備と原材料が極端に不足していた中共にとって貴重な生産機材となっていた。その後、中共軍が通化、吉東などの東北各地を転々としながら、軍需生産を継続した際、これらの機材は役に立った。一九四六年五月以降、東北における中共軍の軍需生産は、東北北部に位置する一四社の兵器工場及び東北南部に位置する西満軍工部、遼東兵工部、吉林軍区后勤部などの兵器製造拠点を中心に展開していた。一九四七年九月、中共東北局が東北軍工会議で、国民党軍との交戦上の必要から、各地に点在する軍需生産拠点を再編して、生産拡大を決めた。建新公司はこうした流れの中で設立された大型軍需拠点であった。

建新公司の設立経緯

建新公司が設立されたのは一九四七年七月である。設立のきっかけは、その一年前にハルビンで開催された東北局拡大会議（一九四六年七月）に遡る。この時の東北局は、戦局がさらに激化した場合、東北地域が南北に分断され、北満から南満への物資運搬が極めて困難となるという見通しから、南満に軍需拠点を新たに作る必要性を認識していた。そこで、東北局は大連に新たな軍需生産拠点の建設可能性についての検討を肖勁光に指示した。肖勁光はすぐ大連に向かい、中共旅大の協力を得て、大連の産業状況全般の調査に乗り出した。同じ時期、大連に来た膠東軍区兵工総廠の副工場長劉振は肖勁光に協力して、各主要工場の設備保存状況と操業状況を調査するとともに、軍需生産の利用方案を作成した。大連から戻った後、肖勁光は調査結果と方案をもとに、大連で軍需生産の可能性について、東北局に前向きな提案を行った[85]。

肖勁光の提案を受けて、中央軍委が一一月に晋冀魯豫、晋察冀、華東各解放区に「大連は軍需生産の条件を備えており、各地の組織は資金を用意した上、該地において軍需工場の設立に取り組むべし」と指令を出した。華東局と晋察冀局は、実務担当者を大連に派遣して、軍需生産拠点の設立に取り組んだ[86]。同じく、劉振は十数人の幹部を率いて膠東軍区を出て、再び大連に向かった。劉振らは大連機械製作所の残存設備を利用して、いち早く軍需生産に取りかかった。一九四六年末から一九四七年四月まで、劉振らはすでに七〇〇〇発の空砲弾を製造して、膠東軍区に提供した。それと同時に、劉振は各解放区からの幹部と協力して、大連機械製作所、満州化学、大華煉鋼などの主力工場を調査して、三つの利用方案を作成して、これらの工場がソ連軍から引き渡してもらうように、ソ連軍当局への説得工作を韓光に依頼した。一九四七年七月、これらの工場が中共側に引き渡されたのを機に、華東局、晋察冀局、中共旅大の三者は共同で建新公司を設立した[87]。立案から正式発足まで、約一年かかったが、その間、中共旅大は小規模ながらすでに軍需生産を展開していた。

ちなみに、一九四六年八月の肖勁光の大連調査に先だって、中共旅大は一九四六年初の時点ですでに満洲化学などの主要工場の状況を把握し、自らの軍需生産に活用できるとの認識に達していた。しかし、上記の工場がソ連軍支配下にあったこと、そして、中共旅大自身の幹部不足がネックとなり、当時は実現に至らなかったという経緯があった[88]。

表 4-1　建新公司傘下の主要工場の接収経緯及びその主要製品一覧表

工場名	大連鋼鉄工廠	大連機械製作所	裕華工廠	大連化学工廠	大連鋳造工廠
前身（建新公司傘下に入る前までの経緯）とその時の主要製品	大華煉鋼（旧名大華鉱業）と大連金属工廠（旧名：進和平商会）	1914年に設立された。汽車車両。	大連機械製作所。	1933年に設立された満洲化学株式会社。硫酸、硝酸。	1920年設立した大連鋳造所。大型バブル、鋳物。
ソ連軍の設備撤去による被害状況	日本敗戦後の破壊とソ連軍の持ち去りによって、荒廃していた。	大半の機械設備がソ連軍によって撤去された。運搬が難しい水圧機と数十台の破壊された老朽化した設備と数千トンの鋼材が残った。	大連機械製作所が裕華工廠に引きつがれた時、200トンの水圧プレスが修復できた。	1945年8月15日日本敗戦後、ソ連軍関東工業管理局が接収した。同年10月末、戦利品の名で工場全体機械設備の60％と一部の化学工業プラントをソ連国内に運搬した。生産能力が著しく低下した。	日本敗戦後、工場が一時閉鎖され、従業員が全員離職した。工場の生産設備がよい状態。
中共による接収時期と経緯	1947年7月1日、建新公司に接収された。	1946年9月、中共の劉振らが工場を接収した。砲弾の本体を開発、製造した。1947年8月より、車軸及び原材料が裕華工廠に運搬され、砲弾生産業務が裕華工廠に引き継がれた。	1947年4月から7月まで、大連機械製作所などをもとに中共旅大が設立した。	1946年末、劉振らが工会工作の名義で視察調査した時点は、同工場は荒廃の様子。1947年6月10日、旅大地委がソ連軍側から満洲化学を引き渡された。満洲化学が大連化学に改名され、建新公司傘下に入った。	1947年、大連市総工会の名で接収して、大連鋳造工廠に改名した上、建新公司傘下に入れた。
主要製品	砲弾用特殊鉄鋼。特殊鉄鋼を使い砲弾本体を製造。	工場に残存した鉄鋼を利用して、砲弾本体となる砲弾の薬莢製造。	砲弾本体。	無煙火薬、硝酸、エチルエーテル、硫酸。	200トン水圧プレス、砲弾機、圧延機、切断機、バルブ、金型など加工用の関連設備を生産し、建新公司所属の各工場に生産用の設備を提供。

出所：『旧満洲経済統計資料（偽満時期東北経済資料 1931～1945年）』、『城市的接管与社会改造』、『大連建新公司兵工生産資料』と『旅大概述』に基づき、筆者作成。
表4-1で取り上げたのは設立初期の主力工場である。1948年以降、建新公司は数回の工場再編を行ったため、工場の構成は初期と多少変わっている。

建新公司の開発と製造

中共は、近代的工業基盤が整った大都市で軍需生産を行う経験に乏しく、その上、技術、設備などの面で高いハードルに直面していた。このような状況の中で、中共は建新公司でいかに軍需生産を展開したのか、そしてソ連軍がそれにいかに関わっていたのか。以下では、この二つの問題を念頭に建新公司の主要工場及び主力製品の開発と生産を中心に考察してみる。

大連機械製作所

大連機械製作所は、一九一四年に設立された汽車車輛を主力製品とする大型機械メーカーであった。日本敗戦後、同製作所はソ連軍の設備撤去にあい、大半の設備がソ連軍に撤去され、運搬しにくい水圧機数台、老朽化した設備数十台と数千トンの鋼材だけが残っているという状態になった。加えて、大半の従業員が工場を離れたため、工場は休業に近い状態であった。一九四六年後半まで、残留した従業員は在庫の鉄鋼を利用して、鉄棒、平行棒、鉄製のベッド、ストーブ、煙突、スコープなどの日用品を生産し、ソ連軍と地元住民に提供することで、工場の運営をかろうじて維持できた(89)。

一九四六年一一月下旬、劉振は公安総局の名義で廃墟となっていた大連機械製作所を接収した後、工作機械をかき集め、砲弾本体の生産を模索し始めた。一九四六年一二月、三〇台の金属切削機械を主体とする砲弾の生産ラインが始動した。劉振らの中共幹部は膠東から運ばれた砲弾を解体して、構造を分析し、その結果をもとに、製作所に残存した数千トンの車軸用の鋼材を使って、空砲弾の生産に取りかかった。一九四七年四月まで七〇〇〇発の空砲弾を生産できた。これらの空砲弾は膠東に運ばれて、火薬装填の工程を行た後、前線に供給された[90]。

大連機械製作所では、水圧プレスのような大型加工機械が備えていなかったため、ビレット（圧延、鍛造、押出し、引抜きの加工用の金属塊）加工の際、従業員たちは切削機械を使い、ビレットを少しずつ削るという作業工程しかできなかった。切削機械を使い、少しずつ削っていくという作業方法で、直径が一五〇ミリないし一〇〇ミリの車軸用金属塊の円柱を最終的に直径七五ミリの砲弾本体に加工していくことは、鋼材の利用率が低い上、作業者の肉体的負担も重かった。一九四七年二月、水圧プレスが修復できた後、ようやくプレス工法を砲弾本体の生産に取りかかることが可能となり、生産規模が当初の一日当たり二〇～五〇本から七〇～八〇本まで倍増して、月に二〇〇〇本まで飛躍的に拡大した[91]。

一九四七年四月より、国民政府の大連視察に備えるため、大連機械製作所の砲弾製造ラインは甘井子に移転されて、八月より砲弾生産の関連設備も全て新しく設立した裕華工廠に引き渡された。建新公司の火薬製造は、一九四七年七月に大連化学工廠が中共に引き渡された後スタートしたのであった。その前、大連機械製作所は、一九四七年四月までの空砲弾の製造や二〇〇トンの水圧プレスの修復などを持って建新公司の砲弾本体の製造に道のりを開けた。

大連鋼鉄工廠

大連鋼鉄工廠は一九四七年七月一日に中共に正式に引き渡された大華煉鋼廠（旧名：大華鉱業工業会社）と大連金属製造工廠が合併した工場である。引き渡しに先立って、中共は一九四七年六月より大華煉鋼廠で生産再開の準備活動を取り組み始めた。大華煉鋼工廠の主な生産業務は砲弾本体の加工のほか、銃器、砲弾、雷管、軍事用ばねなどの兵器に使われる特殊鉄鋼の製造である。

ソ連軍から移譲された後の大華煉鋼工廠は、原材料、設備、技術者の不足などの一連の問題に直面した。工場は三〇〇名余りの労働者を組織して、日本人経営者が日本敗戦直後に海に投棄した石炭の回収作業を行ったほか、「献工具、献設備」（従業員に個人所蔵の道具と設備を工場側に献上する）と名付けた運動を行い、初期の原材料と設備不足の解決を図った。工場側の呼びかけに応じた従業員の中には、個人的に備蓄した一四インチの鋸一〇〇本余り、刀形の鋸一本、ベルト六本を提供した人もいれば、日本人経営者が洞窟に隠蔽した生産設備についての関連情報を提供した人もいた。この情報をもとに、従業員たちは電動のモーターを発見して、大きな成果を挙げた(92)。従業員の積極的な対応は、彼らの生産回復に向ける情熱の反映であるとともに、当時の設備の貧弱さをも物語っている。

砲弾本体の生産開始にあたって、砲弾の原材料に使われる鉄鋼の調達問題が浮上した。複数の方案を検証した末、技術者たちは車軸製造用の鉄鋼の炭素含有率が砲弾用と近いという事実を把握できて、大連機械製作所の倉庫に保管された車軸製造用の鉄鋼を使うことにした。砲弾本体の製造工程において、最もネックとなっていたのは、大連機械製作所と同様に、水圧プレスなどの設備がなかったため、鍛造の工程ができず、車軸製造用の鉄鋼加工は研削工程しか応用できないということであった(93)。中共幹部と従業員は利用可能な部品をかき集めて、電炉、スチームハンマー、五〇〇ミリの圧延機、二二〇トン水圧プレス機などの必要な設備の復旧に努めた。その結果、手作業に近いような労働条件は大部改善された(94)。原材料の不足もいつも悩ましい問題であった。一時、製鋼用電炉に使われる電極の不足が続いた。電極を確保するため、中共幹部は従業員を率いて、四〇台のトラックを使い、真冬に旅大地区の外にある安東（現在の丹東）に位置する電極工場まで移動し、電極の入手に奔走した。原材料の不足に対して、中共は基本的には自助努力で対応していたのである。

技術面の難題に対して、大連錬鋼工廠は残留日本人技術者の力を積極的に活用した。ニッケル銅合金試作が留用した日本人技術者を起用したため、比較的早い時期に成功したのは、その一例である。ちなみに、ニッケル銅合金は砲弾信管に使われる重要な材料であるため、試作の成功は砲弾信管の早期大量生産を可能にした。[95]

大連化学工廠

大連化学工廠の前身は、一九三三年に成立した満洲化学株式会社（満化）である。日本敗戦までの主力製品は硝酸と硫酸であった。日本敗戦後、同工場はソ連関東工業管理局に接収された後、濃硫酸や塩酸、硫酸銅、硫酸鉄などの小規模生産を行った。

一九四六年末、劉振と部下の秦仲達が工会工作の名義で満化に入り、設備の破壊状況を調査した。その時、彼らの目に映った満化は「足が伸ばすところ、雑草が沢山生え、瓦礫が山積で、残存の設備と鉄くずが一箇所に無造作に積まれていて、一面は廃墟同然」という状況だった。[96]ソ連軍当局の設備撤去を受けて、主力製品の硝酸をはじめ、各種製品の生産能力は著しく低下した。[97]

一九四七年七月、工場は中共に引き渡された後、大連化学工廠と改名されて、後込め砲弾用の無煙火薬とその原材料になる濃硫酸、硝酸を主な生産業務となった。生産の展開にあたって、難題が絶えなかった。まず、硝酸の原材料となるアンモニアの確保である。もともと、満洲化学に五基のアンモニアの合成炉もあったが、うちの三基はソ連軍に撤去され、残りの二基は損害が深刻であったため、復帰不能となった。そこで、硫安を分解してアンモニアを精製するという代替案が採択された。アンモニア利用に必要な触媒設備がソ連軍の設備撤去で破壊されたため、中共幹部らは酸化コバルトとの代替案を応用し、いくつかの紆余曲折を経て、硝酸の生産を実現させた。一九四七年末から一九五〇年五月まで、同工場は硝酸三〇四五トン、濃硝酸一八八五トン、濃硫酸五四八三トン、エチルエーテル二一二トンを生産して、建新公司の主力製品である無煙火薬の生産を大きく支えた。

裕華工廠の砲弾開発

以下では、特定製品という側面から、建新公司の開発製造を考察する。

建新公司が本格的に砲弾開発及び製造を開始したのは、一九四七年七月裕華工廠が設立された時期である。同じ頃の一九四七年五月より、建新公司は無煙火薬の製造能力を有するようになり、砲弾本体を製造する物的条件が整った。

そこで、裕華工廠が最初に開発に取り組んだのは、国共内戦の戦場で主力砲弾となる七五ミリ口径の後込め式砲弾であった。国民党軍との対戦が熾烈化するにつれて、七五ミリ口径砲弾への需要が絶えず高まっていた。砲弾本体の開発にあたって、熱処理工程の効果を確認する必要があった。裕華工廠が設立して二ヶ月後の一九四七年九月二三日、関連テストが行われた。安全対策の不備と現場操作のミスが重なったため、テスト中、裕華工廠長の呉屏周が即死、宏昌工廠長の呉運鐸が重傷という重大な人身事故が起きた[98]。二人は開発陣の中心人物であっただけに、事故の衝撃は大きかった。事故の深層的原因は、砲弾開発の経験が浅いこと、安全対策の不備と安全意識の欠如にあった。二回目以降のテストは、事故の教訓から、慎重な安全対策が講じられるようになった。一連のテストの結果、熱処理の工程が施された爆弾の方は、爆発後の破片は大きさが均一で、かつ鋭利であって、より高い殺傷力を持つということが確認できた。以降、砲弾生産の工程の一部として熱処理が組まれるようになった。このように、経験と専門知識が不足していたため、建新公司の技術者たちは人的犠牲という大きな代価を払っていた。また、このような安全意識と経験不足が原因で起きた重大な事故は、ニトログリセリンの爆発事故と発射火薬運搬という生産現場の事故などがあり、それぞれ六名と九名の死者が出た[99]。

経験と知識の不足を補うため、建新公司は複数の対策を講じたが、右にも触れたように、日本人技術者の起用を積極的に進めたこともその一つである。起用された日本人技術者は知的蓄積を発揮し、建新公司の製品開発生産に欠かせないほど重要な役割を果たした。たとえば、日本人技術者が関連文献から、ビレットを一〇〇〇度前後に加熱すると、百トンクラスの水圧プレス機を使っても簡単に成型できるという、ビレットの温度と水圧プレスの変数関係を把握した。この変数関係をもとに編み出した新しい加工方法が適用した後、鋼材の利用率が六〇%上がり、生産量が従来の月に一万本から二、三万本まで倍増した(100)。

そのほか、日本植民時代の蔵書、文献も活用されていた。大連化学工廠の場合、満洲化学時代からの蔵書には、生産工程から関連設備、原料生産、品質検査まで、無煙火薬製造の各過程について、詳細な一冊の英語専門書がある。工場側は同書を開発と生産の重要な参考書として利用した(101)。

以上のように、建新公司は中共幹部の経験と専門知識不足がネックで、時には大きな人的代価を払うまでして、自力で諸難題を克服していった。中には、留用した日本人技術者の助力や日本人が残した関連文献を積極的に利用して、自らの技術力の不足を補う動きもあった。その一方、ソ連軍からの支援を受けた形跡は確認できていない。

ソ連軍当局の援助

では、ソ連軍側は建新公司の軍需開発製造にいかに関わっていたのか、またはいかなる具体的援助を行ったのか。複数の建新公司関係者の回想を中心に見てみたい。

当時、華東財委駐大連工委傘下の財貿委員会メンバーとして、建新公司の軍需生産に関わっていた李竹平は、以下の三つのことを披露している(102)。

一つ目は、新しい砲弾工場（裕華工廠）の立地が甘井子に決まった後のことである。建新公司の担当幹部は大連機械工廠から一部設備を甘井子に運搬していく前、現地に駐在するソ連軍に一言断った方が今後の活動に有利になると考え、挨拶に行った。しかし、担当のソ連軍司令官は話を聞いたとたん、顔色を変え、部下に設備の差し押さえを命じた。険悪化した雰囲気の中、気まずい物別れとなった。数日後、建新公司の幹部が設備を取り戻しに保管場所の駅に行ったら、立ち会いの数人のソ連軍人は何も言わず、その場からやや離れるようにした。双方の間に、ある種の了解ができていた。

二つ目は、ソ連軍側からのアプローチである。建新公司には規模が小さい自社専用の埠頭がある。ある日、一人のソ連軍士官がこの小さい港にやって来て、応対に出た高競生（李竹平と同じく財貿委員会に務める中共幹部）に次のように申し出た。「そちらが運行する船の形と標識を教えてください。この情報を我が海軍に知らせてくれれば、通行の便利を提供することができます。ただし、それはあくまでも自分の個人的協力であって、上司に知られてはいけませんから」。それ以来の二年間、平均にして毎日は約一〇隻の船が出入りしていたが、トラブルに遭遇したことは一切なかった。

三つ目は、中共側の依頼に発端した件である。旅順倉庫に大量の日本軍砲弾が保管されているという情報が高競生のところに入った。情報に接した高競生が早速、同倉庫の責任者を務める、個人的親交があるソ連軍少佐に砲弾の提供を依頼したところ、「どういうことだ！　どこから我が軍の倉庫の情報を入手したのか」と、少佐は激怒して、かえって高競生に問いつめることとなった。話し合いは不快のまま終わった。二日後、別のあるソ連軍少尉がやって来て、倉庫の砲弾を秘密厳守の前提で差し上げるが、ただし、秘密が漏れたら、自分が軍法の処罰を受けることになると告げた。二日前の少佐との話とはがらりと変わった。

劉振の回想にも類似の事例がある。一九四七年一〇月、後込め式砲弾の本格的生産の開始にあたって、建新公司には弾殻の原材料に使われる銅が不足していた。そこで、甘井子ソ連軍司令部から支援を得て、所管倉庫から大量の大口径の銅製弾殻を提供してもらった。建新公司はこれらの銅製弾殻を改造して、自らの砲弾生産に成功した[103]。

そのほか、中共側のトラックの輸送力が足りなくなった時、中共側の要請に応じて、ソ連軍当局が夜間運輸という条件で鉄道の利用を許可したことや、ソ連軍の検問所が建新公司の実験用砲弾に対してチェックせず通過を許可したという、ソ連軍の援助に関する関係者の回想が多数ある[104]。これらのことから、ソ連軍の中共に対する援助は極めて慎重な態勢で進められていたことが分かる。

右の考察から、中共の軍需生産に関して、以下のような二つの主要事実を看取することができた。一つ目は、一九四六年九月より、中共側が大連軍需生産拠点の設立を立案してから、一九四七年七月に建新公司の正式発足まで、約一年近くかかったことである。その間、ソ連軍の黙認のもと、中共側は大連機械製作所などの工場を非公開的利用することでき、軍需生産に取りかかれた。ソ連軍から移譲された工場はいずれもソ連軍の設備撤去を受け、設備的被害が大きく、中共の後の軍需生産に大きな支障を来したのである。

二つ目は、軍需生産発足にあたって、中共側は設備、原材料、技術力の面で存在した多くの問題を、時には甚大な人的犠牲を払いながら、基本的に自力で克服したことである。ソ連軍側から受けた援助は貨物通過の便宜提供と一部の原材料の提供というレベルにとどまっている。これらの事実はソ連軍の慎重な協力姿勢を物語っている。

第五節　貨幣改革

国共内戦中、国共両者の間には軍事対戦のほか、もう一つの攻防が通貨の分野で繰り広げられていた。国共両者は東北で各自の貨幣を発行して、政権運営と軍事占領に必要な支出を賄った。相互の支配地域が頻繁に交代し、情勢が流動化する中、各自が発行する紙幣が敵の支配地域で流通することがしばしば見られる。こうしたことを逆手に生かして、自政権側の貨幣を敵の支配地域に流通させ、物資調達を図るとともに、敵側の金融秩序の撹乱を狙う動きが国共両者にもあった。

通貨をめぐる国共両者の攻防は、旅大地区にも飛び火した。一九四七年春、国民政府と中共が各自の支配地域で相次いでソ連軍票の流通廃止を公布した後、大量のソ連軍票が唯一の流通可能な地域である旅大地区になだれ込んだ。その結果、現地の物価高騰を引き起こし、旅大当局に深刻な課題を突きつけた。この問題に対処するため、ソ連軍は強引な手法で貨幣改革を実施して問題の解決を図ったが、実施段階では必ずしも中共幹部から広い理解と支持を得られたとは限らない。本節では、この問題をめぐる中共とソ連の各自の対応に注目して、そこから反映された中共とソ連軍の協力関係の特質をつかみたい。

ソ連軍票の大量流入

国共内戦中の東北地域は、第二次大戦前から流通した満洲銀行券（満洲中央銀行券）、朝鮮銀行券、日本銀行券と、ソ連軍発行のソ連軍票、中共発行の東北幣（東北解放区地方流通券）、国民政府発行の九省券（東北九省流通券）などの通貨が並存する局面があった。

満州国中央銀行により発行される満洲銀行券は、発行総額が一六〇億元強だった。長らく東北全土で流通していた関係もあり、満州国崩壊後も、民間社会に根強い人気があり、東北各地で引き続き流通していた[105]。

東北幣、九省券とソ連軍票の三種類の通貨は、日本敗戦以後、東北地域で新たに発行された通貨である。三者とも、巨大な発行額が原因で、流通地域の物価高騰を引き起こしたというところで共通していた。

東北幣は、中共の東北銀行が一九四五年末より発行した通貨である。中共の貨幣発行は、財政難の解決策としての性格が強い。東北に進出した中共は、現地で産業基盤を持たない上、国民政府との軍事対戦と現地での政権運営の課題を抱えるため、収入が支出を賄えなかった。財政支出を確保するため、中共は「敵の資産の接収と民衆への募金のほか、貨幣の発行をもってしか対応できなかった[106]」。一九四六年末まで発行した東北幣の総額が一六四億元で、その七〇%が軍費を含める財政支出に充てたことは、この点を裏付けている[107]。

東北幣は中共の軍費支出が増加するのを受けて、発行量が絶えず増えつつ、年度別の総額が一九四六年から一九四八年までの間、一六四億元、一三〇九億元、三万八二八六億元と急激に増加した。その結果、東北幣の流通地域の物価が高騰し続けた[108]。「一九四七年一月から一九四八年六月までの一八ヶ月間は、発行総額は二九・一倍も増加し、毎月の平均増加率は二〇・六%で、同時期の物価は二三・一%も高騰し、毎月の平均上昇率は一九・二%であった[109]」。また、東北各地の中共地方政権が各自の紙幣を発行して、その数が二〇種類以上に上った時期があった[110]。

九省券は、国民政府が一九四五年年末より東北地域限定で発行した通貨である。中共の東北幣と同様、九省券は、東北地域における国民政府の支出を賄う性格が強い。東北幣と対照的なのは、九省券は一九四七年半ば頃までは、東北幣とほぼ同額だった額面価値が、東北戦場で中共の軍事勝利が拡大したのを受けて、一九四八年末の時点で、すでに東北幣の三〇〇〇分の一まで急落した。値下がりと同時に、発行総額が絶えず拡大して、一九四八年五月には一万兆元にも上った[111]。

経費支出を賄うほか、中共と国民政府が各自で発行した紙幣は防衛的性格がある。当時、中共と国民政府の支配地域を行き来する商人が満洲銀行券を使用し、一方の支配地域から仕入れた品物を他方の支配地域に売りさばいて、利益を図る流れがあった。それによる物資の流出を止めるため、中共と国民政府は各自の支配地域で東北幣または九省券を使って、域内の満洲銀行券と両替して、そして相手側の支配地域で回収した満洲銀行券を使い、物資の購入に充てるという作戦に出た。このような攻防は双方の間に繰り広げられていた。

ソ連軍票は、ソ連軍当局が中ソ友好共同対日作戦協定に基づいて発行されたもので、流通範囲が一時東北全域に及び、発行総額が九七・二五億元に上った。発行初期のソ連軍票は満洲銀行券と同額のため、単純計算すると、一年未満の間に発行されたソ連軍票の総額は、一三年に亘って発行された満洲銀行券の三分の二近くもあった。巨大な発行額は後に物価高騰を引き起こした。一九四六年五月、ソ連軍の撤退に伴い、ソ連軍票は値下がり始めた。同年八月一日、国民政府は先に一〇〇元額面のソ連軍票の流通停止を公布した。流通中のソ連軍票は、期限付きで一〇〇元額面のソ連軍票対九省券一〇元というレートで両替しないと無効とされる。八月八日、国民政府支配地域のソ連軍票が自分側の支配地域に大量流入の事態を防ぐため、中共も一〇〇元額面のソ連軍票の流通停止を決定した。これを受けて、中共支配地域のソ連軍票も値打ちが急落した。たとえば、安東（現在の丹東）は、軍票一〇〇元では一〇〇グラムの玉蜀黍粉すらも買えなくなり、軍票三〇元でもマッチ一箱しか買えないという状況となって、深刻な経済的打撃に耐えられなかった自殺者が続出した[112]。国民政府と中共の支配区域の大量の使えないソ連軍票が出口を探すように、旅大地区に流入するようになった。一時、地域間の差額を目当てに利益を図る人や、またはソ連軍票の値下がりによる経済的損失を避けたい人が、旅大地区に大量のソ連軍票を持ち込んで、両替を図るようなことが多くなった。大量のソ連軍票を旅大地区に持ち込んで、ソ連軍当局に見つかった場合は、処刑されたこともあった。[113] 処罰の厳しさは、軍票流入の深刻さとソ連軍当局の神経がいかに高ぶったかを物語っている。

旅大地区域内の流通貨幣はソ連軍票、満洲銀行券、朝鮮銀行券の三種類であった。満洲銀行券、朝鮮銀行券が旅大以外の東北全域でも流通していたため、一部の商人たちは旅大地区でかき集めた満洲銀行券と朝鮮銀行券を旅大地区域外に持ち出して、物資購入に充てた。旅大地区におけるこの二種類の紙幣の流通量は次第に減少した。[114] それが大量のソ連軍票が旅大地区になだれこんだことと相まって、旅大域内のソ連軍票の過剰流通という事態が生じた原因となり、物価高騰と金融秩序の不安定という一連の連鎖反応を引き起こした。

米の価格指数を見れば、旅大地区の物価高騰が確認できる。一九四六年一月の時点米の価格指数が一〇〇とすれば、同年一二月はすでに一〇二〇と一〇倍以上まで急上昇し、翌年一九四七年二月は一四一七までへと上昇している。そのうち、一九四六年の四月と五月は三五七と五一七で、九月と一〇月は六一二と八六三であって、平均の月間上昇率を上回っている。この二つの期間は、それぞれソ連軍が東北より撤退する時期と、国民政府と中共がソ連軍票の流通停止を宣言した時期と重なっており、ほかの時期の平均上昇率を上回っている。

ソ連軍当局によるソ連軍票の貨幣改革

一九四七年五月、ソ連軍当局は物価高騰を解決するため、旅大地区内の流通中のソ連軍票を、当局が発行する専用シール付きのソ連軍票と両替させるという内容の貨幣改革を実施した。この措置はソ連軍当局の強い意思の下で行われたもので、実施段階では中共旅大とソ連軍当局の意思疎通不足が見られた。

ソ連軍当局は、五月に旅大を視察する国民政府の代表団が大量のソ連軍票を持ち込んで、現地の金融秩序を撹乱するという理由で、両替措置を急遽関東公署に知らせた。しかし、担当者が十分に事情を把握できなかったため、現場に混乱が生じていた。にもかかわらず、実施は強行された[115]。五月二三日から二七日までの五日間、域内の住民が所有の軍票を関東銀行の窓口で専用シール付きの軍票と交換することになっていた。成人と一六歳以下の子供一人当たりの交換上限額はそれぞれ三〇〇〇元と一〇〇〇元とされ、超えた分は銀行に預けることになっていた。両替終了後、関東銀行が回収した旧ソ連軍票は約三〇億元で、新たに発行したシール付きのソ連軍票は一九億二千万元であった。つまり、紙幣の全体流通量の三分の二に減らされたということになったのである。『旅大概述』は、両替前のトウモロコシ一キロは四六〇元であったが、両替後は一八〇元に下がったと述べて、両替の効果を評価している[116]。

しかし、その背後に多くの問題が潜んでいた。結論から言うと、ソ連軍の措置は中共幹部から広く理解と支持を得られなかったということである。その要因は以下の三点がある。

まず、一点目の要因は、早急な実施決定、短い実施期間と上限付きの両替条件が、一般市民に経済的被害、そして通常な経済活動に支障をもたらしたことである。実施が急遽行われたため、数十万人規模の旅大域内の市民への周知がどれだけ徹底化されたかは不明瞭であった。それに加えて、五日間との短い実施期間は実施側にとってやりやすいことだが、旅大地区の地域的、人口的規模を鑑みると、所定の期間中に両替に応じられなかった市民が多数出ても不思議ではない。これらの人たちへの救済策が講じられたかどうかについて、関連記述が見あたらない。泣き寝入りした市民がいたことが容易に想像される。さらに、一人当たり三〇〇〇元の上限額は米の値段が一キロ当たり一三〇元だったという当時の物価レベルからすると、約二三キロしか買えない金額となるので、一般市民への経済的圧迫は大きなものであっただろう[117]。

両替措置は経済活動にも支障をもたらした。『旅大概述』などの関連記述で確認できたのは以下のようなものがある。関東銀行は両替開始から一九四八年八月まで、終始紙幣の整理業務に追われたため、本業である銀行業務が中止となった。その隙間に乗って、新規の個人貸出業者が多数現れた。九月になって、関東銀行がようやく両替の関連業務を終え、銀行業務を再開できたところ、貸出業が多数の個人業者に牛耳られたため、状況はすぐに打開できなかった。[118] 個人貸出業者の大量出現は、関東銀行の貸出業務停止という原因のほか、両替措置によって一般事業者の流動資金が途絶えて、民間の貸出業者に頼らざるを得ないということも考えられる。

二点目の要因は、両替措置の目的とされる物価の抑制が中途半端に終わったことである。前述したように、軍票両替に関する『旅大概述』直接の記述は、トウモロコシの値段変動をあげ、物価高騰をある程度抑制できたと説明している。[119] しかし、同書に掲載されている一九四六年から一九四八年までの三年間の物価変動表には、一九四七年四月から六月まで、物価が大きく下がった形跡が確認できない。両替措置が実施された五月前後の四月、五月、六月、七月の値段を主要農作物別に取り上げてみると、米一キロは二八〇元、二六〇元、四〇〇元、三八六元となっており、アワは、二二六元、二〇〇元、二六〇元、三〇二元で、そしてトウモロコシは、一七四元、二〇八元、二六〇元、二八〇元となっている。[120] その中、米とアワが四月から五月にかけて、小幅の値下がりが見られたものの、トウモロコシは従来通りの値上がりの傾向を維持していた。両替効果について、前述した『旅大概述』の評価と大きなずれが見られる。この三年間物価変動表は、食物から衣類まで十数種類の日常製品を取り上げ、月別の価格と価格指数を中心に、三年間のデータを取り続けた詳細な統計であるので、前述した同書の評価に使われた数字より信頼性が高いと考えられる。

三点目の要因は、ソ連軍が国民政府視察団への対策を主な実施理由として挙げたという説明の仕方と、中共への事前周知の不足である。両替措置の必要性を理解してもらうため、ソ連軍は国民政府視察団への対策を理由に使っていた。[121]しかし、当時の現状と照らしてみると、この説明の現実性と説得力については疑問の余地が残る。というのは、この頃の国民政府は大連接収に向けて、準備作業を着実に進めている段階であった。接収を間近に控えている地域に対して、その金融秩序を撹乱することは通常では考えにくい。実際、一九四七年三月より四月にかけて、国民政府内部で開催した一連の会議では、交渉方針から、大連入りのルート、接収の段取り、人員配置まで、大連接収をめぐる各事項が入念に議論され、周到な準備を進められたが、ソ連軍票の持ち込みについて議論した形跡がなかった。[122]国民政府視察団長董彦平が視察後に提出した報告にソ連軍票に関する記述は、視察団が持ち込んだソ連軍票があくまでも滞在費用を賄うだけであったことを示唆している。[123]さらに、中共側の資料によると、視察団が持参した軍票総額は五〇〇〇万元だとされているが[124]（国民政府側の資料に関連記述が見あたらない）、その真偽はともかく、仮にそれが全部市場に出回っていたとしても、五月に両替した総額の三〇億元の六〇分の一に過ぎない額であって、金融秩序への撹乱効果は限られたものだろう。

こうしたことから、ソ連軍が挙げた理由の説得力は弱いと言わざるを得ない。前述した、ソ連軍の急な知らせを受けて、現場は困惑したという旅順市長王世明の回想も、多くの中共幹部が必ずしもソ連軍の理由をすんなり受け止めたとは限らないことを裏付けている。もっとも、一九四七年四月、ソ連軍当局がソ連人専門家による報告会を主催し、戦後のインフラが経済回復を阻むであることを説明し、王世明などの一部の中共幹部から理解を得られたことがあったようである。だが、改革の具体的内容と実施時期について、ソ連軍が秘密主義に徹していたため、両替措置の主旨説明が中共幹部にとっては不十分のままに終わり、中共幹部の全面的理解と支持の確保に繋がらなかった。[125]

中共幹部らの不信を招いた最も大きな要因は、中共幹部側の疑問に対するソ連軍側の硬直な姿勢にある。ソ連軍司令部主催の貨幣改革会議で、旅大第一書記劉順元が、「このやり方では、大連の経済活動を停滞させてしまう恐れがあります。この処置により、工場の生産に必要な流動資金が回らなくなると、資本家はパニックに陥るでしょう」と述べて、強い懸念を示した。しかし、彼の意見に対して、ソ連軍当局は特に耳を傾けなかった(126)。これが劉順元とソ連軍当局の間に生じた軋轢の一部の要因ともなった。

ソ連軍当局が国民政府視察団への対策を理由とした説明措置は、自らの多額の軍票発行が物価高騰の要因であることを棚に上げて、悪いのは国民政府であるという雰囲気を作り出して、ある種の責任転嫁を狙うためと推量できる。それが結果的に、実施期間を短く設定したことや、自らの硬直な対応姿勢と相まって、中共幹部側の不信を招いたことになる。このようなソ連側の対応から一種の中共軽視の姿勢が見てとれる。

関東幣の発行

一九四八年末、東北の中共軍は国民党軍を制圧して、東北全域を支配した。旅大地区では、一九四八年の一年の苦心経営を通じて、経済情勢が大きく回復した(127)。この年、中共旅大は企業再編を行い、域内の公営企業が建新公司、光華電気、中華医薬公司、関東実業公司、関東水産公司という五つの系統に再編された。中共旅大傘下の公営企業の中には、一二月の経営実績が同年一月を上回って、成長傾向を維持できた企業が多数見られた(128)。私立企業の方も好況を見せた。一九四七年一二月時点で、一一七〇社という大連の私立企業の数が、一九四八年一一月の時点で二九六〇社まで増えた(129)。中共掌握の公営企業の年度投資総額が、公私企業の投資総額の五三・二五%を占めるようになって、中共旅大の経済実力が確実に向上した(130)。

一九四八年を機に、旅大地区の経済活動が徐々に軌道に乗り始めた。経済回復とともに、物価高騰退治と貨幣改革の必要性がいっそう高まった。一九四七年五月のソ連軍票の両替措置後、個別の主要農産物の物価が一時低下したが、全体的に物価上昇の傾向が継続していた[131]。物価上昇の原因について、『旅大概述』は一九四七年に国民党軍による封鎖を要因として挙げた[132]。そのほか、市場流通中のソ連軍票がほぼ二倍も増加したことも大きいと思われる[133]。

東北全域情勢と旅大地区自身の顕著な変化を受けて、ソ連軍は自らの統治姿勢に対して調整を迫られるようになった。そこで、ソ連軍は中共東北局に対して、旅大地区におけるソ連軍票の流通停止を提案した[134]。これを受けて、中共旅大は一九四八年一一月、「関与実行関東地方貨幣改革的緊急指示」を出して、流通中のソ連軍票をすべて回収して、新たに関東幣を発行すると決定し、貨幣改革に乗り出した[135]。両替の金額が五〇〇〇元以内の場合は、新しい貨幣との両替レートは等価とされるが、五〇〇〇元を超えた分は一〇元のソ連軍票対関東幣一元のレートが適用される。両替が一一月一五日から一九日まで五日間で実施した後、回収したソ連軍票総額は五四億元にのぼった。その中、ソ連軍当局、中共旅大の機関団体と中共旅大直轄の公営企業という三者から回収した金額は、それぞれ約一七億元、二・一億元と〇・五三億元である。この数字から、旅大地区の経済全体におけるソ連軍当局の存在感が垣間見える。また、新しく発行した関東幣総額は三九億元である[136]。つまり、一五億元の市場流通量が減らされたということになった。関東幣の製造はソ連が請け負い、紙幣製造代金及びモスクワから大連までの運送費用として、ソ連側は新貨幣から八三〇〇万元を引いた額の新貨幣を中共旅大側に引き渡した[137]。

両替が実行された後、『旅大概述』は「貨幣の額面価値をさらに安定させ、物価を下げる」という貨幣改革の目的がある程度達成されて、物価が平均的に二五%から三〇%前後の幅で下がることができたと述べている[138]。『旅大概述』の物価変動表で確認すると、一九四八年、米の通年平均指数が二一八二であって、七月から一二月までの六ケ月間の指数が、二四五五、二五四八、二五〇九、二二五四、一五一八、一三〇九となっており、実施月の一一月より物

写真 4-1　シールが貼り付けられたソ連軍票

注）矢印が指しているのは、1947年5月末発行された新しいソ連軍票に貼り付けられたシール（小貼）。

価指数の明確な下落が見られた[139]。

二回の貨幣改革は、新しい貨幣の総額が回収した旧貨幣の総額を下回ることを通して、貨幣の市場流通量の減少を図るというところで共通の意図が見られる。そして、実行手法においては、期間が短いことと両替金額の上限が設けられたとの二点で類似している。

まとめ

経済面における中共旅大とソ連軍の協力活動は政治面と同様、ソ連軍の主導で進められていた。

一九四五年末から一九四七年春までの前期は、旅大地区の経済生産が停滞しており、域内の主力工場がソ連軍当局の支配下に置かれ、中共旅大はソ連軍からまとまった援助を得られず、両者の間に経済協力が形成されなかった。それどころか、日系企業の物資接収をめぐって、双方は一種の競合関係にあり、経済協力に必要な信頼関係が十分ではなかった。

一九四七年春、国民政府による大連接収への防御をきっかけに、双方の経済協力形成の環境が整えられるようになった。それ以降、両者の経済協力は中ソ合弁企業の運営を中心に展開していた。大連船渠のケースへの考察を通して、中ソ合弁企業はソ連側の経済需要を中心としたもので、企業の運営権や人事権はソ連軍側に掌握され、中共旅大の役割は補助的なものに止まっていることが分かる。

旅大地区における中共の軍需生産は時期的に両者の経済協力状況と連動している。一九四六年末より、中共は旅大地区で軍需生産を始動したが、その頃はソ連軍から有力な支持を得られなかった。一九四七年春、ソ連軍との経済協力が軌道に乗り始めたのを機に、ソ連軍から一部の工場を移譲されて、中共の軍需生産は本格的に発足した。中共の軍需生産に対して、ソ連軍は必要な工場設備の移譲をはじめ、貨物輸送の便宜提供や原材料提供の形で協力を行ったが、終始慎重な姿勢を崩さなかった。

二回の貨幣改革は、いずれも物価高騰の解消を主な目的に行われたものである。一回目は、両替実施期間の短さ、両替金額の制限、ソ連軍当局の主旨説明不足などが原因で、中共幹部から十分な理解を得られないままで実施された。二回目は、中共旅大自身の経済実力が向上した状況下で行われたものであるが、実施方法はソ連軍が完全な主導下で行われた一回目を踏襲している。このことから、中共がはじめて大都市の金融管理にあたって、ソ連の経験に依存する様子が分かる。

総じて見れば、双方の経済協力関係は、旅大地区の経済情勢、東北全域の軍事情勢の変化に伴って、徐々に変遷していく傾向が見られる。双方の経済協力がつねに相互の力関係に大きく規定されており、経済的利益をめぐる双方間の解決は多くの場合、一時的対応策であって、場当たり的な性格が強い。双方の間に健全な経済協力関係を構築するためのメカニズムは終始形成されなかった。

国共内戦期全体を通じて見れば、中共とソ連軍の経済協力関係は、一九四五年一〇月から一九四七年春までの前期と一九四七年春以降の後期という二つの時期に分けることができる。前期は、国民政府軍による経済的封鎖に加え、中共とソ連軍相互の疑心暗鬼が存在していたため、協力関係は形成に至らなかった。後期に入ると、国民政府の大連接収の失敗を受けて、国民政府の進入による秩序再編の恐れが解消し、両者の経済協力の物的基盤が出来上がった。前期と比較すると、後期は情勢の変化を受けて、両者の間に緩やかな経済協力が生まれたことが特徴である。

註

（1）前掲『民国時期中蘇関係史一九一七―一九四九』二一九―二二四頁。

（2）大沢武彦「戦後内戦期における中国共産党の東北支配と対ソ交易」『歴史学研究』第八一四号、二〇〇六年五月、一一五頁、六一―六二頁。

（3）孟憲章主編『中蘇貿易史資料』中国対外経済貿易出版社、一九九一年、五二四―五四四頁。

（4）ソ連軍の工業設備運搬により、東北地域は経済的に膨大な損失をこうむったのみならず、産業全体が壊滅的打撃を受けた。発電、製鉄企業などをはじめ、数多くの基幹産業工場の生産能力が著しく損なわれ、生産不能の状態に追い込まれた工場も少なくなかった。戦後の東北地域がソ連軍の工業設備運搬によって受けた損害状況及び後の同地域の生産復帰への影響については、一九四六年半ばにアメリカのポーレー調査団が実施した調査活動のまとめ（ポーレー報告）と、一九四七年二月に東北日僑善後連絡総処・東北工業会の報告がある。井村哲郎「戦後ソ連の中国東北支配と産業経済」はこれらの報告比較を通して、ソ連軍の設備運搬の実態把握に努めた。

（5）中共側の公開文献は、ソ連軍の撤収作業の実施について、ソ連軍が多くの工場設備を自国へ持ち去ったという簡単な記述に終始している。解体作業と撤去された設備の詳細についての記述は見あたらない。本研究は残留日本人の日記、回想録に依拠し、その実態の把握に努めていた。なお、大連機械工場の解体作業については、次のような日本人による記録がある。「大連機械、三週間で解体せよとのソ連軍の命令。二千七百坪。鉄の量千七百トン。構造物の軒高四十尺―六十尺。トビ百二十名、その他三百五十名を招集。トン四百円で千七百トン分六十八万円、その他諸経費十万円、合計七十八万円で、一か月を要すると回答す」。富永孝子『大連　空白の六百日』二五七―二五八頁。同書には、当時のソ連軍の解体作業について、多くの日本語資料に依拠した詳細な紹介がなされている。

（6）戦後の大連が、ソ連軍の持ち去りによって受けた被害状況について、今は具体的データが入手できていない（具体的なデータがあるとすれば、未公開のソ連軍関係のアーカイブに保管されていると考えられる）。ここでは次の二人の中共幹部の証言を利用している。一人目の柳運光は、旅大に入る前には山東省膠東区委常委を務め、一九四五年一二月から一九四九年二月にかけて、中共旅大地委の副書記、委員、旅大職工総会副主席を歴任した。仕事の関係上、ソ連軍当局と頻繁に意見交換を行い、ソ連軍のやり方に対して率直に意見を具申したこともある。このような立場の彼が、大連におけるソ連軍の工業設備運搬による被害状況を過小評価するというようなことは考えにくい。二人目の唐韵超は中共の工会責任者を務めた人物であり、一九八〇年のインタビューで次のように語った。「日本降伏後、大連では、二つの工場を除くほとんどの工場は破壊を免れた。しかし深刻な被害を受けたのは機械工場だった。ソ連軍は検査名目で大連機械工場のドイツ製の機械を全部運び去った。もう一つは大連煙草公司だった。」唐は当時、ソ連軍の強引なやり方に対して強い不満を持ち、自分の意見をソ連軍当局にぶつけることに躊躇はなかった。そのため、彼は一九四七年九月にソ連軍当局に更迭させられた。そのような苦い経験を持つ唐が、自身の回想でソ連軍時代を美化したり、損害状況を過小化する可能性は低いと思われる。唐韵超「日本投降後蘇軍在大連的情況」前掲『蘇聯紅軍在旅大』八六頁。

（7）ソ連軍の工場運搬について、唐韵超はその回想において、「日本投降後、大連の大部分の工場は破壊されず、ただ大連機械製作所と大陸煙草公司の二つの工場だけが破壊されました。大陸煙草公司が奪われたのをきっかけに、各工場設備を守る護廠隊、糾察隊が組織されました」と述べている。前掲「日本投降後蘇軍在大連的情況」『蘇聯紅軍在旅大』八六頁。

（8）この時期、旅大地区においてソ連軍がどのように企業調査、設備運搬、企業接収を行ったのかに関する体系的な記述は、中共の公開出版物では見あたらない。その原因は、ソ連軍が自らによる一連の企業接収活動を中共側に開示しなかったことのほか、中共がこのことに触れることを意図的に避けたことが考えられる。一方、ソ連軍の工業調査については、丸沢常哉の『新中国建設と満鉄中央試験所』に比較的詳細な記録がある。丸沢は日本敗戦時に満鉄中央試験所所長を務めていた。当時、旅大地区の工業設備についてのソ連軍の調査に、満鉄中央試験所の日本人技術者らは協力していた。この関係で、丸沢はソ連軍の調査活動について、比較的情報をもらえる立場だった。丸沢常哉『新中国建設と満鉄中央試験所』二月社、一九七九年、二一一—二一二頁。

(9) 富永孝子『大連　空白の六百日』改訂版、新評論、一九九九年、五〇四—五〇六頁。なお、ルデンコ部隊が接収した旅大地区の企業詳細については、同書を参照。十分な統計に基づいた資料ではないが、ソ連軍の接収事情についてある程度知ることができる。同書によれば、ソ連軍が接収した企業数は三七社で圧倒的に多く、しかもほとんどが基幹産業の工場であったのに対し、中共系の職工総会が接収した企業は一〇社と少なく、醤油、酒造場などの民用品の企業が中心であったという。

(10) 欧陽欽「在目前形勢下旅大党的任務——欧陽欽同志在一九四九年四月一日中国共産党旅大区活動分子大会上的報告」中共大連市委党史資料征集弁公室編『解放初期的大連（紀念大連解放四十周年）』大連（出版元不明）一九八五年、二七四頁。

(11) 一九四六年八月に大連を訪れた肖勁光が、中共旅大財政部担当者から、旅大地区の生産停滞についての報告を受けた。肖勁光『肖勁光回想録』解放軍出版社、一九八七年、三三九頁。

(12)「中共旅大地委関与今後財経工作的決定」（一九四六年一〇月二〇日）前掲『城市的接管与社会改造』五二一頁。

(13)『旅大概述』には一九四八年以降の中共旅大の直轄下で運営される企業について詳細な統計があるが、ソ連軍が管理する企業についてはは空白である。

(14) 李充生『旅大の今昔』抜提書局、一九四七年、七二頁、八四頁。

(15)「関東目前形勢与党的任務（一九四七年韓光在地委一〇月会議上的総結）」前掲『蘇聯紅軍在旅大』二八五頁。

(16) 前掲『旅大概述』二六八—二六九頁。

(17) 中共幹部育成を担当した沈涛は、回想文で当時の幹部育成の様子を描いている。沈涛「憶大連工人訓練班」前掲『城市的接管与社会改造』一八一―一八七頁。一九四五年一〇月末より一九四六年四月上旬まで、中共旅大は工人（労働者）訓練班を五度にわたって開設し、育成した幹部は一〇〇〇名以上にのぼった。そのうちの三〇〇名が中共に加入し、中共党員となった。前掲『大連市志・中共地方組織志』二九頁。

(18) 外来幹部が大連に辿り着くまでのルートは多様であった。膠東区委や中共東北局などの上級機関に派遣された場合もあれば、大連を通過し過際、何らかのきっかけで地元の中共組織に引き止められたケースも少なくなかった。たとえば、旅大ソ連軍当局が発行する中国語新聞紙の記者であった欧陽恵氏はその一例である。タイ華僑出身の欧陽は、宣伝関係の仕事に従事した経験のほか、延安でロシア語を本格的に習得したこともある、当時の旅大地区では極めて貴重な人材であった。彼は日本敗戦後、中共中央の派遣により、多くの華僑出身の中共幹部とともに、南下して東南アジア諸国（彼の場合、タイ）に戻ろうとした。しかし国民政府の封鎖に遭い、旅大で足止めされていた間、ソ連軍側から声をかけられ、実話報に就職した。

(19) 前掲『大連市志・中共地方組織志』一七七頁。

(20) 建国学院を卒業した一六〇〇名余りの学生は、東北民主聯軍に入隊した二〇〇名程度を除き、全員が旅大地区の各レベルの行政機関や党組織に配属され、中共旅大の基盤強化に寄与した。関恒喜「大連解放初期的七所高等院校」前掲『城市的接管与社会改造』、三八九頁。

(21) 前掲『大連公安歴史長編一九四五―一九四九』二五六―二五七頁。

(22) 国共内戦中、中共が大衆から膨大な兵力を募集できた理由について、中共は自分側の土地改革の役割を強調してきた。つまり、土地改革は民衆の革命意識を高揚させ、従軍に向かわせたということである。しかし、土地改革についての多くの研究が明らかにしたように、土地改革は単なる政治宣伝の要素だけでなく、地主から没収した土地や生産材を従軍志願者の家族に分配して、後者に強い経済的インセンティブをも与えたことは、中共の大衆動員における極めて重要な一環であった。この点について、角崎信也は次のように論じている。「大衆が軍隊に参加した動機は、実際には極めて複雑であった（中略）土地改革は、大衆の主要な参軍動機であった物質的インセンティブの財源を創り出すことによって、共産党の理想とは異なる形で、新兵動員のプロセスにおいて不可欠の作用を発揮した」と論じている。角崎信也「新兵動員と土地改革─国共内戦期東北解放区を事例として」『近きに在りて』五七号、二〇一〇年六月、五五─六七頁。なお、旅大の場合、他の東北地域と違い、ソ連軍の厳しい規制を受けて、土地改革が展開できなかったため、数万人規模の民衆を従軍させるための経済的支出は、接収収入が主な収入源であった財政収入で賄われていたのである。

(23) 前掲『旅大概述』一七八─一七九頁。

(24)『旅大概述』は、国共内戦期の生産状況について、工場ごとに詳細な統計データを掲載している。しかし、一九四八年度以前の統計データは空白である。これについて同書は明確な説明をしていないが、一九四七年前後にほとんどの工場がソ連軍から中共側に渡されたとの事情から、本文中のように推測ができるだろう。前掲『旅大概述』四八─一一一頁。

(25) 韓光「旅大八年」前掲『韓光党史工作文集』三三五頁。

(26) 大連工業専門学校は六〇名余りの技術人材、関東電気工程専門学校の方は二三〇名余りの通信分野の人材を育成した。しかし、二三〇名余りの通信人材が軍に配属されたことが示すように、育成された人材は必ずしも大連現地の経済再建に優先的に配置されることはなかった。関恒喜「大連解放初期的七所高等院校」前掲『城市的接管与社会改造』三八九─三九〇頁。

(27) 屈伯川「創弁大連大学」前掲『城市的接管与社会改造』二五九─二六二頁。

(28) 中共遼南第五地方委員会（通常、遼南五地委と呼ばれる）は、旅大地区の北部と隣接する遼寧半島南部の都市、庄河（庄河市）、新金（普蘭店市）、復県（瓦房店市）、万福（蓋州市、普蘭店市、庄河市の一部）、蓋平（蓋州市）を管轄する。括弧の中は今日の地名である。

(29) 前掲『新中国建設と満鉄中央試験所』四二─四四頁。

(30) 大連機車車両工廠廠志編纂委員会編『鉄道部大連機車車両工場志：一八九九─一九八七』大連出版社、一九九三年、八頁。

(31) 孫宝運、関恒喜文責「蘇軍進駐旅大十年大事記」前掲『蘇聯紅軍在旅大』一九九五年、三六五頁。

(32) 前掲「中共旅大地委関与今後財経工作的決定」（一九四六年一〇月二〇日）五二二頁。
(33) 前掲『旅大概述』一七七頁。
(34) 前掲『大連公安歴史長編一九四五―一九四九』三四九頁。
(35) 謝謙らは、夜間に地下通路を利用して、ソ連軍の目を盗んで、日系の三越洋行に保管されていた大量の布と百台以上の電動ミシンを運び出した。これらの資産は、旅大地区の中共幹部と警察部隊の制服作りに役立った。
(36) 前掲『大連公安歴史長編一九四五―一九四九』三五〇頁。
(37) 前掲『解放初期的大連』八八―八九頁。
(38) 前掲『大連公安歴史長編一九四五―一九四九』三五三頁。
(39) そのような出先機構には、規模が大きいものとして、東北軍区后勤部の「福泉号」、遼南地委貿易局の「裕大号」、晋察冀中央分局の「聚興商行」、華東局の「大華貿易公司」、「東順昌」、「復豊商行」などが挙げられる。韓光「旅大八年」前掲『韩光党史工作文集』三三二頁。
(40)「謝謙街」という異名を与えられたのは、謝謙らが当時、天津街の多数の建物を接収したからである。これらの建物の表には、ほかの武装勢力に横取りされないように、「謝謙」という表札が掲げられた時期があった。このような事実からも当時の混乱ぶりがうかがえよう。
(41) 前掲『解放初期的大連』八一―八五頁。
(42) 前掲『解放初期的大連』八七頁。
(43) 前掲「中共旅大地委関与今後財経工作的決定」（一九四六年一〇月二〇日）五二二頁。
(44) 柳運光によると、「当時、晋察冀魯などの解放区はみな物資調達担当の人員を大連に派遣していた。東北局も同様に、物資調達の人員を大連に派遣してきた。四面八方の各地からいきなり多くの人が（大連に）送り込まれ、まとまった計画と直轄機関がないまま、各自で物資調達を行ったため、必然的に多くの問題が生じ、トラブルも頻出した。これを監督していたソ連は、（問題が起きるたびに）しきりに韓光、もしくは私を呼び、『何をしたんだ』と詰問する」。柳運光「我所

了解的蘇軍」前掲『城市的接管与社会改造』一九〇頁。

(45)「中共旅大地委関与今後財経工作的決定」前掲書『城市的接管与社会改造』五二二―五二四頁。

(46)前掲「蘇軍進駐旅大十年大事記（一九四五―一九五五）」『蘇聯紅軍在旅大』三六四頁。

(47)報告には、財政問題をめぐる中ソ間に生じた利益衝突、中共側の物資調達が招いたソ連軍の不信感について多くの指摘がある。旅大地委会『関于劉順元、唐韵超両同志撤退問題的報告』（一九四七年一〇月三〇日）前掲『蘇聯紅軍在旅大』二八二頁。

(48)李一氓「憶旅大的財経工作」前掲『城市的接管与社会改造』二五五頁。

(49)第二章で考察した中共旅大の現地政権樹立経緯は、この点を明白に説明している。

(50)ソ連軍の対応を受け、中共指導部は東北地域での方針を「譲開大路、占領両廂（大都市を放棄して、広大な農村部と中小都市を占領して、拠点を作る）」に転換せざるを得なかった。

(51)一九四五年末まで、ソ連軍は中国東北から大量の工業設備を撤去して、自国に持ち去った。東北問題はつねに当時の国民政府とソ連の外交交渉の一大テーマであった。一九四六年に入ると、中国国民党六回二中全会をきっかけに、同交渉に決着がつけられていないことに対し、国民政府上層部から不満が噴出した。これを受けて、国民政府はソ連に対し、強硬な外交姿勢をとるようになった。特に、旅大問題は重要な戦略意義を持つため、国民政府は妥協の姿勢を見せなかった。ソ連側は大連を国民政府に渡すつもりはなかったが、国民政府の強硬姿勢に押され、国民政府の視察団を受け入れ、国民政府の大連接収への用意があると表明せざるを得なかった。国民政府内部の論争と意思決定の詳細、国民政府とソ連側の外交交渉について、以下の汪朝光と石井明の論文を参照。

汪朝光「関与戦後対蘇外交及東北問題的激烈争執――中国国民党六回二中全会再研究之二」『民国档案』二〇〇六年三月、一一八―一二五頁。

汪朝光『一九四五―一九四九国共政争与中国命運』社会科学文献出版社、二〇一〇年。

石井明「第二次世界大戦終結期の中ソ関係――旅順・大連問題を中心に――」『近代中国東北地域史研究の新視角』山

川出版社、二〇〇五年。
(52) 韓光『功勛昭世憶亜楼』前掲『韓光党史工作文集』二八一頁。
(53) 中共旅大は、大連市内の管轄面積を小さくするために、旅大全体の行政の再区分を図り、旅大地区全体を統轄する関東公署を設置した。大連市、旅順市、大連県、金県を一括して関東公署の管轄に置くことで、国民政府に引き渡される大連市内の管轄面積を減らし、国民政府の大連接収によって生じうる損害を最小限に食い止めようとした。韓光「旅大八年」前掲『韓光党史工作文集』三一五頁。そのほか、公安総局の資産をも移動させた。前掲『大連公安歴史長編一九四五―一九四九』三五四頁。
(54) 前掲『大連公安歴史長編一九四五―一九四九』七〇頁。
(55) 国民政府視察団の団長を務める董彦平の報告によると、視察団が旅大入りしてから、ソ連軍当局の制限により、思う通りには行動できなかった。現地の行政機関や企業の視察も、ソ連軍側から協力を受けられなかったため、実現できなかった。結局視察団は旅大の状況を把握できず、接収工作のための布石を敷くことができなかった。「旅大視察団董彦平、張剣非視察報告」(一九四七年六月一七日)薛銜天編『中蘇国家関係史資料匯編(一九四五―一九四九)』社会科学文献出版社、一九九六年、一四四―一五三頁。中共側は、ソ連軍の指示の下、旅大に訪れた国民政府視察団の接触範囲を徹底的に封じ込んだ。前掲「旅大八年」三一三―三一七頁。
(56) 中共旅大は、四つの合弁企業に加え、ソ連軍から移譲された民生製品生産の複数の工場をベースに、実業公司を設立し、独自の運営を展開した。紙幅の関係で実業公司については別紙に譲る。
(57) 韓光の回想文は、合弁企業の設立経緯について、詳しく書いてある。前掲『蘇聯紅軍在旅大』五四―五五頁。
(58) 丁群『劉順元伝』江蘇人民出版社、一九九九年、一八六―一九一頁。
(59) 前掲「旅大八年」三三六―三三七頁。
(60) 前掲『劉順元伝』一八六頁。
(61) 大連市史志弁公室編『大連市志・機械工業志』中央文献出版社、二〇〇三年、三六頁。

(62) 一九四二年から一九四五年八月までに、大連船渠は、三〇〇〇トンの貨物船二隻、八一〇〇トンの鉱石運輸船一隻、四五〇〇トンのC型戦時標準船三隻、三八五〇トンの二D型戦時標準船六隻を製造した。中でも八一〇〇トンの船舶は、日本植民時代に製造した最も大きい船であった。前掲『大連市志・機械工業志』四七頁。
(63) 前掲『大連市志・機械工業志』三七頁。
(64) 大連造船廠史編集委員会編『大連造船廠史(一八九八—一九九八)』内部資料、一九九八年、八四頁。
(65) 中国とソ連の間に本格的な共同経営は、一九五二年一月一日に設立した中ソ造船公司において実現した。同公司は、ソ連側の株式が一九五四年一二月三一日に中国側に譲渡され、運営期間が二年だった。
(66) 以下の二種類の資料は、一九四七年以降に大連船渠が製造した船の数について多少の相違があるものの、一〇〇トンを中心とした船が五〇〇隻製造されたという点で一致している。前掲『大連造船廠史(一八九八—一九九八)』一〇七頁、前掲『大連市志・機械工業志』四七頁。
(67) ソ連国内の需要について、韓光は次のように述べている。「ソ連は第二次世界大戦で大量の船舶が破壊されたため、ソ連は大連船渠に船舶の修理を大量に依頼した。そのほか、ソ連は沿海地域の漁業の発展のため、大量の五〇〇~六〇〇トンの牽引船を必要としている。」前掲『蘇聯紅軍在旅大』五六頁。
(68) 前掲『大連造船廠史(一八九八—一九九八)』一四一頁。
(69) 前掲『大連市志・機械工業志』四一頁、前掲『大連造船廠史(一八九八—一九九八)』一一三頁。
(70) 同年の一二月より生産検査制度が実施され、毎日午前八時より一二時まで、ソ連人総技術師が各工場長を率いて、製造中もくしは修理中の船を視察し、現場の責任者と情報を交換する。一九四八年三月、生産報告制度が設置された。週に四回、ソ連人総技術師のもとで、各工場長、材料課課長、査定課課長、各船の責任者は一堂に会し、相互の進捗状況を報告する。一九四九年の六月に入り、生産過程で露呈した計画の不備を補うため、製造中の船の工程状況をもとに「工事明細書」を作成し、それを通し、情報共有を図った。前掲『大連造船廠史(一八九八—一九九八)』九五頁。
(71) 前掲『大連市志・機械工業志』五二頁。

(72) 前掲『大連市志・機械工業志』五二頁。
(73) 前掲『大連造船廠史（一八九八―一九九八）』八五―八九頁、一〇一―一〇二頁。
(74) 前掲『大連造船廠史（一八九八―一九九八）』八五―八九頁、九一頁。
(75) 前掲『大連造船廠史（一八九八―一九九八）』一一九頁。
(76) 前掲『旅大概述』七二頁。
(77) 前掲「旅大八年」三三一頁。
(78) 前掲『大連造船廠史（一八九八―一九九八）』一一九頁。
(79) 前掲『大連造船廠史（一八九八―一九九八）』一一九頁―一二三頁。
(80) 韓光は回想録でソ連軍に協力をもらえなかった経緯を説明した後、「造船業というプロジェクトは、国から援助をもらえず、何の資金と販売先も確保できないまま、地方の力だけを頼りにすることでは成り立たない」と述べている。前掲「旅大八年」三四〇頁。
(81) 中共屈指の軍需生産拠点として、建新公司の製品ラインは迫撃砲から各種類の砲弾や無煙火薬にわたっている。製造量は群を抜いている。東北の中共軍需工場で製造された迫撃砲の総本数が三一三五門であった。そのうち、建新公司で製造されたのは一四三〇門と、全体の半数になる（朱建華等編『東北解放区財政経済史稿』ハルビン：黒竜江人民出版社、一九八七年、二二二頁。葛玉広、姜佐周『大連建新公司的特殊貢献』前掲『城市的接管与社会改造』三九五頁）。その技術レベルが他の軍需生産拠点より高い。一九四八年末の時点で、華東軍区の軍需生産拠点は重工業の基盤がないため、灰銑鉄を砲弾本体に使う迫撃砲弾と、構造が簡単な迫撃砲弾の信管しか生産できなかった。灰銑鉄とは炭素の含有量が高い銑鉄、通常製鋼に使われる原材料として利用される（叶英「随朱毅同志到党中央汇報大連軍工生産」前掲『解放初期的大連』一三〇―一三一頁。叶英は建新公司責任者である朱毅の助手であった）。そして、従業員の総人数が、一九四九年一月の時点で八一六四人であって、二万六四〇人という同時期の東北軍事工業部の従業員総人数の三分の一を超えた規模となっている（中共大連市委党史工作委員会『大連建新公司兵工生産資料』一九八八年、二四二頁。前掲『東北解放区財政経済史稿』二二二頁)。

(82)「小推車」とは、山東地方で一般的に使われる荷物を運ぶ簡易リヤカー。車輪が一つしかなく、操縦者が両側の棒を押さえて、全体のバランスをとりながら、前進していく。車輪が一つしかないという構造は、通常のリヤカーより、操縦者に多くの体力的負担を強いてしまうが、悪路での走行性を高めた一面もある。

(83)スターリンはソ連側が武器弾薬をモンゴルの中国辺境地帯に運んで、中共がそれを受け取ると提案したことがある。無論これは中共側にとって非常に魅力ある武器であるが、モンゴルまでの長距離移動が草原を通過して、その途中日本軍による空襲などのリスクを考えて、結局ソ連側のオファーを断ったという。ちなみに、ソ連が国民政府に提供した軍事物資援助は中共への援助を大きく上回っている。それがスターリンと毛沢東の関係が一時ぎくしゃくした原因の一つとも言われている。

(84)国共内戦勃発前、中共部隊全体の装備構成は、小銃四四七万丁、拳銃四四万丁、自動小銃二六七八丁、軽機関銃四六万挺、重機関銃一六九九挺、軽迫撃砲一五五九門、九二式歩兵砲一二四門、山砲五八門となって、大砲などの重兵器の不足が目立つ。国民党軍と中共軍の装備における実力差は、両陣営の装備が最も先鋭の部隊である、国民党軍の整編第一師と中共軍の東北第一縦隊の比較を通して見れば、一目瞭然である。前者は各種の小銃が一万一五二〇丁で(うち自動小銃が二三七〇丁)、各種の大砲が四四〇門で(うち、一〇五口径榴弾砲が八丁)、車三六〇台であるのに対し、後者は各種の小銃が一万三九九二丁(うち自動小銃が九二丁)、各種の大砲が四六門で(うち七五山砲が一二門)、車はなしである。軽装備の面で両者は全体の数ではほぼ互角であるが、国民党軍の自動小銃が圧倒的に多かった。そして重兵器の火砲は、国民党軍は中共軍の一〇倍にあたる。軍事歴史研究部編著『中国人民解放軍全国解放戦争史』第二巻、軍事科学出版社、一九九六年、六頁。

(85)前掲『肖勁光回想録』三三八—三三九頁。

(86)一九四六年一〇月、華東軍区新四軍長陳毅が、大連に向かう前の李竹平に次のように指示した。「この戦争がしばらく続くだろう。我々の輸送大隊長蔣委員長が、アメリカ製の大砲をたくさん運んでくれたのに、砲弾はずいぶんケチったな。

今度君たちがまず七五センチ口径のアメリカ製の榴弾砲の砲弾を確保しておきなさい。もちろん、その他の口径の砲弾と火薬も必要だ」。李竹平は後には華東財委駐大連工委のメンバーを務めた。李竹平『華東局財委駐大連弁事和建新公司』前掲『解放初期的大連』一一五頁。

(87) 葛玉広、姜佐周『大連建新公司的特殊貢献』前掲『城市的接管与社会改造』三九六―三九九頁。

(88) 中共旅大地委『中共旅大地委関于軍工生産向東北局的報告』（一九四八年二月）前掲『城市的接管与社会改造』五六八頁。

(89) 黄安襄「接管大連機械製作所」前掲『城市的接管与社会改造』一二七―一二八頁。

(90) 葛玉広「我党組建的第一个大型兵工聯合企業」前掲『大連建新公司兵工生産資料』三―四頁。

(91) 黄安襄「接管大連機械製作所」前掲『城市的接管与社会改造』一二八頁。

(92) 大鋼集団公司『接管大連錬鋼工廠』前掲『城市的接管与社会改造』一一九―一二〇頁。

(93) 前掲「接管大連錬鋼工廠」『城市的接管与社会改造』一二一頁。

(94) 劉功成『大連工人運動史（一八七九―一九四九）』遼寧人民出版社、一九八九年、三四四頁。

(95) 前掲「接管大連錬鋼工廠」『城市的接管与社会改造』一二二頁。

(96) 宋美芳　胡修広「接管大連化学廠」前掲『城市的接管与社会改造』一一〇頁。

(97) 飯塚靖「国共内戦期・中国共産党による軍需生産――大連建新公司を中心に」『下関市立大学論集』第五二巻第三号、二〇〇九年、一二三頁。

(98) 事故の詳細は、実験者がやや距離があるところから、砲弾の撃針に固定した一本糸を引っ張って、撃針を動かせて、雷管に当たらせ、砲弾を起爆させるという、シンプルではあるが、十分な安全措置が図られていない実験の仕組みにあった。一発の実験砲弾が起爆しなかったので、呉屏周と呉運鐸が身を隠す壕から出て、不発弾に近づいてチェックしようとしたとたんに、爆発が起きた。二回目以降のテストは、事前に二メートル深さの四角い穴を掘って、穴の四面に厚い鉄板を立て、さらに電気起爆などの安全措置が講じられたため、このような事故は再び起きなかった。陳平『製造砲弾的日日

夜夜』前掲『城市的接管与社会改造』二四七―二四八頁。

(99) 張珍「努力建立現代化軍事工業基地――対大連建新公司的回憶」前掲『解放初期的大連』一二六頁。張珍は後に中国人民共和国兵器部部長、国防科工委顧問を歴任した。

(100) 陳平「製造砲弾的日日夜夜」前掲『城市的接管与社会改造』二四八―二四九頁。

(101) 前掲「製造砲弾的日日夜夜」二五二頁。

(102) 当時、華東財委駐大連工委の傘下に二つの委員会が設置されていた。一つは兵工委員会で、その実体は建新公司である。つまり、建新公司は兵工委員会が対外的に使う名義である。もう一つは財貿委員会。前者は兵器弾薬の製造を担うが、後者は大連における華東局の物資調達を担当する。李竹平は当時、華東財委駐大連工委傘下の財貿委員会のメンバーであった。

(103) 劉振「在大連建立兵工廠的回憶」前掲『大連建新公司兵工生産資料』五四頁。

(104) 曲英敏『我与蘇軍的交往』前掲『蘇聯紅軍在旅大』一二二―一二三頁。

(105) 一九四六年初の時点、合江地区の流通通貨は以下のシェアとなっている。満洲銀行券が四〇%で、ソ連軍票が三〇%で、日本銀行券と朝鮮銀行券は合わせて五%で、地方発行の貨幣が二〇%で、残りは東北幣、という構成であった。前掲『東北解放区財政経済史稿』五〇八頁。

(106) 前掲『東北解放区財政経済史稿』五〇七―五〇八頁。

(107) 前掲『東北解放区財政経済史稿』五二〇―五二一頁。

(108) 前掲『東北解放区財政経済史稿』五二〇―五二一頁。

(109) 東北銀行『三年来工作報告』(一九四九年五月二六日)前掲『東北解放区財政経済史稿』五二一頁。

(110) 一九四六年三月の東北財経后勤会議で、中共東北局は、県に、流通範囲が当該地域内に限定するとの条件付きで、小額面の紙幣の発行権を一部の省、専区(省の下の行政区分)与えた。前掲『東北解放区財政経済史稿』五〇四頁。

(111) 『銀行通訊』第七期、一九四八年四月、前掲『東北解放区財政経済史稿』五一二頁より引用。

(112) 曹陽「『紅票』在安東」『丹東日報』二〇〇八年一月一一日。
(113) 安東の八道溝に在住の李という商売人が、手元にたまった大量の軍票を持参して大連へ赴く前、家族宛に遺書を残した。大連市内に入る前、ソ連軍の検問で捕まえられて、軍票の偽造と密輸の罪を問われ、その場で処刑されたというようなケースがあった。前掲「『紅票』在安東」『丹東日報』二〇〇八年一月一一日。
(114) 前掲『旅大概述』一八五―一八六頁。
(115) 旅順市長王世明の回想によると、「ソ連軍は視察団の到着三日前まで、貨幣改革を実行しなければならないと行政側に要請した。事前に関東公署が事情を把握しなかったため、貨幣改革の方法に関するソ連軍の通達が届いた時、公署のトップが突如と感じて、困惑を覚えた」という。前掲「旅順解放初期与蘇軍関係的回顧」『蘇聯紅軍在旅大』一一四頁。
(116) 前掲『旅大概述』一八六―一八七頁。
(117) 前掲「一九四七年物価変動表」『旅大概述』二六〇と二六一頁の間、頁数が振られていない。
(118) 前掲『旅大概述』一八七頁。
(119) 前掲『旅大概述』一八七頁。
(120) 「一九四七年物価変動表」『旅大概述』二六〇と二六一頁の間、頁数が振られていない。
(121) 韓光の回想文をはじめとする複数の中共関係者が、それぞれの回想文で国民政府視察団への対策を理由として、当時のソ連軍の両替措置の意義を論じている。また、『中共大連地方史』をはじめ、複数の党史文献にも同様の記述がある。これらの記述から、当時、ソ連軍側が挙げた国民政府視察団への対策が実施理由として広く宣伝されていたことが分かる。
(122) 「有関接収旅大行政問題初歩研究会議記録」(一九四七年三月二三日)、「接収旅大第二次会議記録」(一九四七年四月一日)『中華民国重要史料初編――対日抗戦時期』第七編　戦後中国(二)、四六七―四七七頁。前掲「旅大八年」三一六―三一七頁。前掲『中共大連地方史』一五三―一五四頁。
(123) 関連記述は以下の文面となっている。「停泊中の長治艦に必要な野菜と食糧は、ソ連軍側が口実を付けて引き延ばしたため、供給されなかった。物品購入に必要な金額は、当地域の流通可能な貨幣が偽関東銀行発行のシール付きのソ連軍票に限定されるため、ソ連軍を介してソ連軍票を関東銀行に持参して両替を依頼したが、拒まれた」。「旅大視察団董彦平、張剣非視察報告」前掲『中華民国重要史料初編――対日抗戦時期』第七編 戦後中国（二）、五二一―五三四頁。

(124) 大連市公安局『粉砕国民党妄図接収旅大的陰謀』前掲『蘇聯紅軍在旅大』二三三―二三五頁。

(125) 王世明「旅順解放初期与蘇軍関係的回顧」前掲『蘇聯紅軍在旅大』一一四頁。

(126) 前掲『劉順元伝』一八五―一八六頁。

(127)『旅大概述』に掲載されている各企業の生産実績の統計データが、いずれも一九四八年以降のものであるため、以下で引用する統計データは一九四八年以降のものに限定している。『旅大概述』の統計データの制限はあることが、一九四八年以降は中共旅大把握下の企業の経済活動が本格的に回復に向けて活性化した時期であることを裏付けている。

(128) 前掲『旅大概述』六一―六二頁。

(129) 前掲『旅大概述』一一二頁。

(130) 前掲『旅大概述』六一頁。

(131) たとえば、米の物価指数は、一九四七年五月と一二月は、それぞれ一〇〇七と一七七七となっていて、その間、最高時の一一月は二三五〇に達した。翌年の一九四八年は通年の平均指数が二一八二に維持されていた。前掲「一九四七年物価変動表」『旅大概述』二六〇と二六一頁の間、頁数が振られていない。

(132) 前掲『旅大概述』二六一頁。

(133) 一九四七年五月のソ連軍票両替の際、市場に投入された新しいシール付きのソ連軍票は当初、一九億二千万元だった。その後、両替上限を超えたため、一時銀行に凍結された資金が市場に再び出回ったとしても、その総額は当初回収した三〇億元を超えるはずがない。しかし、一九四八年一一月の貨幣改革で回収したソ連軍票総額が五四億元となったため、その間、旅大地区に流通するソ連軍票の総額は二倍近くまで増えたということになる。

(134) 李一氓『憶旅大的財経工作』前掲『城市的接管与社会改造』二五六―二五七頁。

(135) 前掲「蘇軍進駐旅大十年大事記（一九四五―一九五五）」『蘇聯紅軍在旅大』三六八頁。

(136) 前掲『旅大概述』一九九頁。なお、李一氓の回想では、回収した旧ソ連軍票の総額は五七億元となっている。『旅大概述』と若干のずれがあったが、基本的に一致している。李一氓『憶旅大的財経工作』前掲『城市的接管与社会改造』二五六―二五七頁。

(137) 関東幣の製造代金と運送費用が、発行総額の二・二四％にあたることになる。回想文でこの事実を言及した李一氓が、金額の妥当性についてコメントを控えた。李一氓は一九四八年春より、旅大地区党委副書記を務め、担当分野は財政であった。なお、李一氓が当時の中共財政運営について、同回想文で次のことを披露している。そこから、経済協力において、中共とソ連軍の間のシビアの一面が垣間見える。貨幣を発行する権限がない中共旅大が、資金のやり繰りに困った時、中共旅大がソ連軍銀行からソ連軍票を借りることがしばしばあった。工場の建物などの不動産は担保にできないので、中共旅大は所持する黄金を抵当に入れた。その都度、ソ連軍銀行が利息を抵当物の黄金から引くので、返済のたび、黄金の量が減る。一万両の黄金は、最後にほとんど残らなかった。前掲『憶旅大的財経工作』『城市的接管与社会改造』二五六―二五七頁。

(138) 前掲『旅大概述』一八七頁。

(139) 前掲「一九四七年物価変動表」『旅大概述』二六〇と二六一頁の間、頁数が振られていない。

第五章　対外宣伝面における中共とソ連の協力

本章では、ソ連軍当局が発行した中国語新聞『実話報』に焦点をあてて、『実話報』社内の中共とソ連軍の協力実態及び、『実話報』の掲載紙面の二つの側面から考察を行う。『実話報』を考察対象に取り上げた理由は二つある。

一つは、『実話報』をめぐる共同作業の実相を分析することが、双方の協力関係を考察する良い切り口となるからである。『実話報』では、掲載論文の選定、翻訳及び報道記事の取材、作成など、社内業務の大半は中共とソ連軍の職員が共同作業を行っていた。そして、相互間には一般企業を大きく超えるレベルの頻繁かつ高度な意思疎通が展開されていた。宣伝機関という業務の性格もあり、意見の相違や衝突が頻繁に起きることは容易に想像できることである。とりわけ、新聞紙の編集方向をめぐる双方の意見相違が生じた際の双方の対応を考察するのが、相互の関係構造を把握するには、効率的である。

もう一つの理由は、『実話報』がソ連の対外宣伝方針を集約的に反映するからである。この時期、『実話報』は、ソ連軍が中国で発行した唯一の中国語新聞紙であった。同紙は中国人読者に向けて、ソ連の対外政策やソ連の社会主義の先進性、中ソ友好を分かりやすく説明し、宣伝するという重責を背負っていた。前述したように、国共内戦期を通じて、ソ連は中国に対して曖昧な姿勢に終始した。このような姿勢がソ連の対外宣伝でどのように具現化されていたのかについては、本章の第三節において記事内容を追いながら考察する。結論を先取りするならば、ソ連軍当局は、

写真5-1 『実話報』の一部のソ連人職員、ソ連人職員は全員軍装姿。『実話報』社屋前にて、撮影期日不明。

出所：『大連実話報史料集』より。

自国の影響浸透を図るため、『実話報』を通して、自国の先進性と中ソ友好の大々的な宣伝活動を展開した。一九五〇年代以降、中国各地で中ソ友好の宣伝が大々的に展開されるようになったが、『実話報』はその先導的役割を果たしたのである。

資料は以下の三つを利用する。すなわち、五年分の『実話報』マイクロフィルム（欠番あり）、『実話報』の複数の中国人職員が編纂した『大連実話報史料集』、『実話報』で記者を務めた欧陽恵氏へのインタビュー[1]、の三つである。

第一節　『実話報』概況

『実話報』の創刊

一九四六年七月、ソ連共産党中央委員会は、ソ連軍政治本部が提出した中国語新聞の創刊申請を許可した。印刷部数は二万部、紙面の大きさはソ連共産党中央委員会機関紙『プラウダ』の半分と決定した[2]。同決議に基づいて、ソ連

写真 5-2　『実話報』社の中国人職員、『実話報』社屋前、1948 年元日。

出所：『大連実話報史料集』より。

軍進駐一年後の一九四六年八月一四日、『実話報』は旅大で創刊された[3]。ソ連共産党中央委員会の審議事項に上ったことは、ソ連指導部がこの問題を重視したことを物語っている。

第二次世界大戦終了直前、ソ連は占領した外国地域での対外宣伝の重要性を認識し始めた。早くもベルリン総攻撃前の一九四五年三月、ソ連共産党中央委員会の幹部であり、元コミンテルン総書記であったディミトロフの幹部らが、ドイツ占領を見越して、占領区における政治宣伝の必要性をソ連外交人民委員モロトフに訴えた[4]。ディミトロフがイメージした宣伝工作の目

写真5-3　『実話報』紙面、1949年10月4日一面。

ГОЛОС ПРАВДЫ

實話報

遠東和平的堅強堡壘
——蘇聯和中國人民的
深厚友誼萬歲！

今日內容提要

中蘇關係史上新的一頁

中國外長
熱忱

的は、ドイツ国民に向けて、ソ連の先進性と赤軍占領の正当性を訴えることのほか、ドイツファシズムの罪悪とその敗北の必然性を説明して、ドイツ国民の抵抗心理を解きほぐし、赤軍占領当局への服従と協力を取り付けることにあった。この考えのもと、一九四五年七月までのドイツ占領初期、ソ連赤軍はドイツで四種類の新聞を発刊し（発行総部数が四五万部に上る）、ベルリンラジオ放送局（一日の放送時間が二〇時間に上る）を設立した。また、赤軍総政治局にドイツ語での対外宣伝を指導する専門部署を設けて、強力な政治宣伝のシステムを作りあげた(5)。遥か遠くの中国の旅大地区において、ソ連軍が本格的に対外政治宣伝に着手したのはこの一年後のことであった。

発行地域、部数及びその影響力

ソ連共産党中央委員会書記局の決議では、『実話報』を直接に販売できる地域は旅大地区に限定されていた。これは国民政府に糾弾の口実を与えたくないソ連側の思

写真5-4　欧陽恵氏、1948年春、地方新聞部副主任を務める時、ソ連軍兵士に取材する。

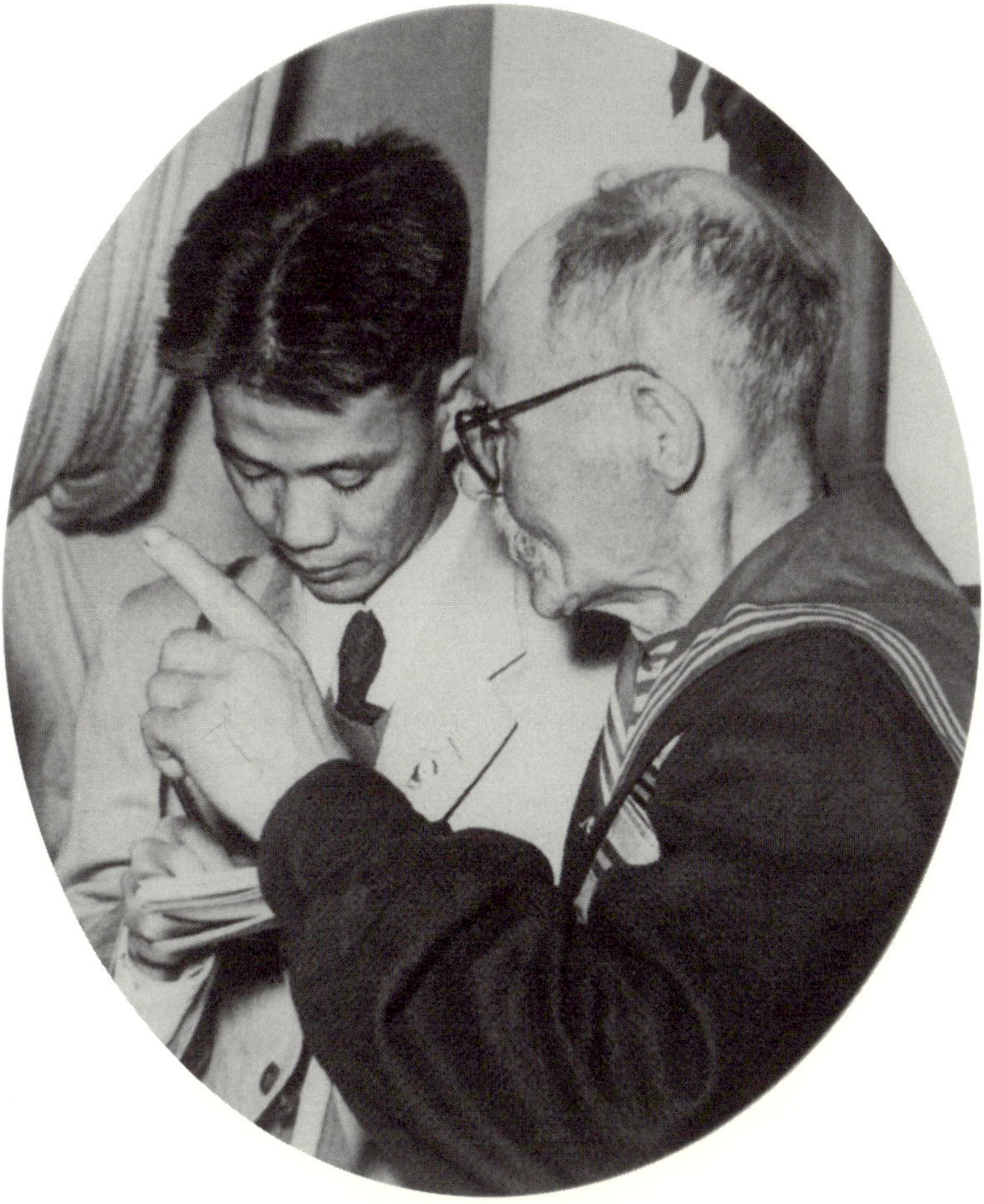

惑によるものであった。ただし、旅大の外への持ち出しに対しては、特に禁止条項が設けられていなかった。それどころか、ソ連側が中共組織を進んで利用して、発行地域の拡大とともに、自らの影響拡大を図った。旅大地区には各解放区の事務所が構えられ、また、軍需物資購入のため、絶えず多くの中共幹部が旅大を訪れたが、彼らは大連で大量の『実話報』を購入し、各解放区に持ち帰ることが頻

写真 5-5　ソ連人社長謝徳明。

繁にあった。そのほか、中共北京市委が各解放区における発行業務を『実話報』社から委託されていた。上記の二つのルートが旅大以外の地域における『実話報』流通の一翼を担っていた[6]。

実際、『実話報』は中共の各解放区のほか、上海・香港などの国民党政府支配下の大都市をも含めて、中国の各地の広い範囲で入手可能であった[7]。発行部数は最盛時に二万部程度に達した。国共内戦期の旅大地区における主要中国語新聞紙は、『大連日報』（政府機関紙）、『関東日報』（旅大中共の党機関紙）と『実話報』の三紙であった。発行規模において、『実話報』は前の二紙との間に大差はなかった[8]。

創刊早々、定期購読に関する多くの問合せが寄せられ、発売後の新聞が忽ち売切れとなったという状況が続出したほど、『実話報』には関係者が予想した以上の人気が集まった[9]。その人気の理由は、『実話報』紙面にマルクス主義理論やソ連の先進的経験の理論紹介論文のほか、党の基層組織の運営方式、労働者組合の運営に関する実務的文章も多く掲載されたことが大きい。政権建設の模索期にある中共組織にとっては、その参考価値は大きかった。掲載文章の多くは、ソ連の理論家の論文をもとに中国語に訳されたものであるため、読者の間における権威性が高かった。各解放区に届けられた『実話報』は、理論学習教材として重宝され、利用されていた。中には、『実話報』の掲載記事を、ソ連の農村管理経験や生産工場の運営経験というふうにテーマごとに整理して、小冊子にまとめて幹部に輪読させる解放区もあった[10]。

大連の新華書店をはじめ、各地の新華書店が同紙掲載の文章をマルクス主義理論、教育、経済というように、テーマ別に整理して、小冊子にまとめて出版したことも、『実話報』の影響拡大に寄与した。表紙に「大連新華書店編印」と表記されるに留まり、『実話報』の掲載文章であると明記していないこれらの小冊子は[11]、マルクス理論や社会主義についての知識が集約的にまとめられていて、ソ連及びその先進性についての体系的紹介が少なかったこの時期、中共幹部らにとって貴重な参考価値を有していた。ただし、長い年月を経た今日、現存されている小冊子は非常に少ない[12]。

ソ連人職員の構成

『実話報』の発刊期間を通じて、ソ連人職員は合計二〇数名在籍した。民間人で賄うタイピストのような一部の技術職を除いて、全員現役軍人であり、新聞社の社長、副社長、各部門責任者などの要職についていた。彼らの多くは大学外国語学部出身で、本格的な中国語教育を受けた経験がある。中国語が堪能な人も少なくない。社長を務めたシェドゥーリン（中国名は謝徳明）は、ウラジオストク国立極東大学東洋学部で中国語を教えた経歴を持つ実力者で、[13]彼の堪能な中国語は多くの中国人職員に深い印象を残している。[14]一九四五年九月、ソ連軍のウェイスビエフ大佐がソ連軍司令官の手紙を携えて延安入りして、ソ連軍のメッセージを中共指導者らに伝えた際、通訳を担当したのは、このシェドゥーリンであった。[15]

地方生活部主任を務めたザハロフ（中国名訳は扎哈諾夫）も、歌劇「白毛女」と舞台劇「劉胡蘭」などの文学作品のロシア語訳を手掛けたほど、中国語の造詣が深った。[16]それ以外のソ連軍人職員は、上記の二人のレベルに及ばないが、いずれも高い中国語力の持ち主である。

ソ連人職員の中、李必新という異色の人物がいた。李は中国四川省の出身で、中共中央の派遣でソ連に留学した後、ソ連でソ連共産党に加入して、ソ連国籍を取得した。一九四五年八月、李はソ連軍軍人として、中国東北入りした。一九四六年七月より一九五一年八月まで、李は『実話報』の副社長、副編集長を務めた。[17]李はソ連軍と中共のパイプ役として、普段はソ連軍側の方針を中共に伝達し、ソ連軍指導部を代表して、『実話報』を含めた旅大の新聞マスメディア全般を監督する立場にあった。双方の間に衝突が発生した場合、李はソ連軍を代表して、交渉の場に臨み、重要な役割を果たしていた。[18]

第二節　『実話報』社内の中ソ間の連携

中共側の協力

『実話報』の発刊にあたって、ソ連側は中共側から物資から人員まで絶大な支援を受けた。まず技術設備の面では、中共旅大は大連日報社所有の印刷工場や建物の一部を『実話報』社に提供し、印刷機械と技術者を手配・調達した[19]。いずれも当時の大連市における最も良質のものであった[20]。

編集、報道関係の専門人材の提供面においても中共旅大は協力を惜しまなかった。一九四五年八月以降、広大な東北各地に進出した中共勢力は、基盤固めの必要性から、地方政権を急いで樹立しなければならない一方、深刻な幹部不足の問題に悩まされていた。一九四五年八月日本が敗戦すると、中共指導部はいち早く一〇万人以上の部隊と幹部を東北に派遣した。しかし、約八〇万平方キロという、日本の二倍以上の広大な面積を誇る東北地域のスケールを考えると、明らかに十分ではない。当時、県都レベルの都市を一箇所接収するにあたって、百人前後の幹部が必要だったのにもかかわらず、配属された幹部は数人しかいなかったという事態がよくあったのは、このような人材不足に起因するのである[21]。東北以外の解放区から中共幹部が補給されたにもかかわらず、東北の広大なる面積と内戦拡大を原因として、慢性的幹部不足は一向に解消されず、どこの中共組織でも人材の確保に必死であった。

この頃、中共旅大でも、同じく専門人材不足に悩まされていた。にもかかわらず、中共旅大は、『実話報』への人材提供を優先していた。中共旅大自身が運営している『新生時報』は、特に深刻な人材不足が続いた。『新生時報』

写真5-6　1950年春、『実話報』社内中国人スタッフ、前列右から4人目は欧陽恵氏。

は中共旅大が日本植民時代の『泰東日報』を元に、一九四五年一〇月三〇日に設立した大連市政府の機関紙であり、一九四七年〇月に旅順の『民衆報』と合併して、『大連日報』に改名した。『新生時報』創刊後の一年間、社内の共産党員は二名を越えることはなかった。とりわけ最初の四ヶ月間、『泰東日報』時代からの国民党員が一〇名を下らない一方で、共産党員は僅か一人だけであった。[22]その間、『新生時報』の編集権が国民党寄りの職員に握られているという、中共旅大にとって望ましくない状況が続いた。[23]この深刻な状況に対して、中共旅大の対応措置は国民党員を含めた数人の職員をやめさせたり、より多くの幹部を送り込むことで、自らのコントロールの強化を図ったがすぐに実現できなかった。[24]人材不足が主な原因であった。

一方、『実話報』の五年間の発行期間に亘って、『実話報』に勤務した中国人職員の総人数は七〇人前後である。その中で、中共旅大が派遣したのは四〇名前後、全体の半分以上を占めていた。その大多数は中共党員であった。とりわけ創刊直後の二ヶ月間で、中共旅大はすでに六名の幹部を『実話報』に派遣した。[25]同じ時期の『新生時報』の共産党党員は二名に留まっていたのに比べれば、[26]その差は歴然である。表5-1は中国人職員の構成である。

表5-1で示したように、中共側の幹部派遣は四つのルートがあった。

（一）中共旅大地委の組織部：中共旅大地委の組織部から派遣されたのは、翻訳者、記者、編集者などの専門人材で、中国人職員の主体をなしていた。その多くは、延安、山東などの各解放区からの幹部である。ちなみに、欧陽恵自身もこのルートで『実話報』に入社したのである。

（二）中共旅大地委の社会部：中共旅大地委社会部から送られた幹部は、翻訳または記者の身分で入社している。このルートで入った幹部は安全面の担当として、『実話報』が国民党の情報員に浸透されない任務にあたっていた。国共内戦中、旅大を取り巻く内外情勢は複雑だった。『実話報』社内で、国民政府のスパイが摘発されたという経緯もあった。(27) 人数が少ないうえ、仕事の性格上、支部書記クラスの幹部だけが事情を把握していた。一般の中国人職員は何も知らなかった。

（三）華北聯合大学：一九四九年四月、『実話報』社は中共旅大地委の紹介を通して、河北省にある華北聯合大学にロシア語専攻学生の派遣を要請した。それを受けて、宋書声らの一一名の卒業生が大連に来て、うちの六名が翻訳者として『実話報』に就職した。(28)

（四）旅大建国学院：旅大建国学院は旅大地委が一九四六年九月に設立した、現地出身の幹部を育成する機関である。そこから派遣されたのは、大連出身の于振涵、于涛浩、姜性善、闞海、黄宏の五人であった。(29)

表5-1　『実話報』中国人職員の構成（1946年〜1950年）

中共系統の機関からの派遣			ソ連側の独自招聘	不明
内訳	①中共旅大地委の組織部	30	20	10
	②中共旅大地委の社会部	2		
	③華北聯合大学	6		
	④旅大建国学院	2		

出所：『大連「実話報」史料集』及び欧陽恵氏が提供した『実話報』中国人職員の名簿をもとに、筆者作成。中国人職員名簿は、文化大革命中、革命派が『実話報』社のソ連人のスパイ機関として、『実話報』に勤務したことがある中国人職員全員を対象に調査を行った際、作成された。同名簿は『大連「実話報」史料集』を編纂するため、『実話報』の一部中国人職員が中央宣伝部から借りた。

上記のような状況を踏まえて、中共旅大が『実話報』に対して行った編集者、記者、翻訳者などの専門人材の提供が、いかに優先されたかが分かる。

この点について、欧陽恵は「幹部不足の慢性問題を抱えていた各機関の羨望の的となっていた」と回顧している[30]。

ソ連軍当局の一貫した主導権把握

中共旅大は人的にも物的にも『実話報』の運営に力を惜しまずに協力したにもかかわらず、編集面での発言権を持たなかった。より正確に言うと、ソ連軍当局から発言権を与えられなかった。創刊後、ソ連側は人事から編集まで業務全般に亘って、決定権を握っていた。中国人職員に対しては会社のような雇用契約制度を導入して、給与を支払う形で雇用形態をとっていた。『実話報』に入社したすべての中国人職員を対象に、雇用制度が適用されていた。欧陽恵がこの制度の存在を最初知らされた時、相当の違和感を覚えたという。彼は当時の状況を次のように回顧している。

一九四六年秋、私が大連にとどまり、南洋へ戻るチャンスを待っている間、延安大学時代の同級生で、『実話報』で翻訳を担当している秋江から、「君のような人間は、ここ『実話報』で必要だ。ぜひ来てくれ」と誘われました。その時、妻はすでに『実話報』に勤め始めており、帰宅するたび、いつも『実話報』社の話をしてくれました。その話も当時の私には非常に新鮮に聞こえました。もともと私は南洋（暹羅）にいた時より、世界革命の中心であるソビエトに対する強い憧憬を抱いていました。延安大学でロシア語専攻を希望したのも、その憧れとは無関係ではありませんでした。

早速その日に『実話報』社に行って、面接を受けることにしました。社長の謝徳明は開口一番、「有朋自遠方来、不亦楽乎」と孔子の言葉を使って、暖かく迎えてくれました。その場で、私の入社が決まりました。その後は予想外の展開となりました。私は一枚の用紙を渡されまして、よく見ると、『実話報』が私を「雇員」として雇うという主旨の雇用契約です。紙面には給与金額のほか、仮契約期間を三ヶ月間とする項目も明記されています。ロシア語の「雇員」という言葉が単なる「雇員」のほか、「専門家」、「顧問」など複数の意味があることは知っているが、こちらもなるべくポジティブに受け止めようとしました。しかし、いきなりこのような一枚の紙を突きつけられると、正直、なかなか愉快な気持ちではありませんでした[31]。

抵抗感を覚えた欧陽は、自分は報酬のためではなく、あくまでも党の任務を果たすため、中共旅大から派遣されたのだと強調して、給与は不要と表明するとともに、契約書署名の免除を求めた。しかし、彼の主張はソ連側に受け入れられなかった。

謝徳明は、「それはお宅の事情ですが、私どもはソ連の新聞社ですから、すべてはソ連のルールで運営しなければなりません。『実話報』に入った中国人職員は全員例外なくこの契約に署名していただいたのです」と譲ってくれませんでした。

欧陽は『実話報』の社則に沿って、契約書の署名に応じざるを得なかった。革命一心の念で、協力のつもりで革命同志の「兄貴」（ソ連を指す[32]）のところに来たにもかかわらず、ビジネスの商慣習を持ち出されて、中国人幹部らが複雑な気持ちになったのが、容易に想像できる。むろん、ソ連軍当局が、わざわざ「弟分」の熱い気持ちを害するため、この措置をとっていたとは考えにくい。その背景として、国民政府の目を意識して、『実話報』はソ連軍が主体として運営する新聞社であり、中国人職員はあくまでも従業員にすぎず、ソ連軍と中共の間に協力関係がないのだ、と装う必要があったこと、『実話報』を自分側の強固なコントロール下に置きたい思惑があったこと、が考えられる。このようなソ連軍の考えは、いくつかの側面において、『実話報』の日常運営に貫徹されている。

まず、中国人職員が日常業務作業の大半を担当するにもかかわらず、掲載内容の取捨決定に全く関与できないことである。中国人職員の業務内容は、掲載文章の漢訳から、モスクワ発の中国語ラジオ放送の記録（それをもとに一部の掲載記事を構成する）、旅大地元での取材、記事作成まで、広い範囲に亘っている。『実話報』紙面の文章の半分以上がソ連国内の新聞紙面と書籍から転載したものであるため、漢訳の作業量は膨大である。[33]それに対して、ソ連人職員の業務内容は掲載文章の選択、訳文の添削チェック、紙面編集であり、翻訳は担当しない。その原因は、管理者として職務に徹したいとのソ連軍側の考えと、漢訳できる十分な中国語力を持つソ連軍職員が少ない現状にあった。[34]結果的に中国人職員が全ての翻訳作業を背負うことになった。

しかし、中国人職員は日々、膨大な量の翻訳作業と格闘しながら、自分たちの意見を翻訳原文の取捨選択に反映させることができなかった。その原因は複数の中国人職員が回顧したように、『実話報』社内は、「すべての中国人職員は雇員という形で雇われ、ソ連の新聞運営に協力しているのであって、ソ連側の編集方針、業務指導、行政管理について、一切関与できない」という体制になっているためである。[35]この体制下、中国人職員は社内上層部の意思決定に参与できず、社内の意思決定過程から外されていた。ソ連側が『実話報』全般の指導権を確実に握っていたのである。

秋江の辞職と中ソ間の意見激突

意見を具申できる正式ルートを持たない中国人職員の方では、編集方針をめぐる不満がますます増幅していき、それは時折意見衝突の形で現れた。

ソ連軍の編集部当局は国民政府に対して、アメリカに協力したとして批判的であったが、批判の表現は控えめなものに留まり、中国人職員の期待と大きくかけ離れていた。たとえば、国民政府を「蔣匪」と罵倒するような中共の常用表現は『実話報』に一切見られず、そのかわりに「国民党反動派」が一般的に使われていた。後述する通り、中共の解放区についての宣伝記事も非常に少なく、中国人職員の心情を大きく落胆させた[36]。このような報道規制は『実話報』のみならず、当時旅大地区で発行された各新聞にも適用されていた[37]。

ソ連軍当局の編集方針に対する中国人職員の異議は、国民政府の扱いをめぐるものであった。中国人職員は中共幹部として、国民政府に強烈な憎悪感情を抱いていた。『実話報』が創刊された頃、国共内戦がすでに全面的に繰り広げられていた。中共軍に対し、世論面での援護射撃を行う意味で、中国人職員は『実話報』が国民政府を批判することを強く望んだ。しかし、「中国人読者の要望に配慮しない、国民党政府を批判しなかった」というソ連側指導部の編集方針を前に[38]、中国人職員たちの不満がますます高まる一方であった。欧陽恵は、自分の上司にあたる地方新聞部長のザハロフ（扎哈洛夫）に国民政府批判を強め、国共内戦の報道記事の掲載分量の増加させることを何度も求めたが、いずれも「わが社はソ連の新聞で、ソ連政府の外交方針及びソ連軍指導部の指示に従わなければならない」と却下された[39]。

自分たちの意見がソ連側に受け入れられないため、中国人職員は社内の中共党支部の名義で意見書をまとめて、中共旅大を経由してソ連側に提出するという案が試みられたが、思い通りの結果を収められなかった。それどころか、中国人古参職員秋江が辞職に追い込まれるところまで、事態は悪化した。相互の意見激突の象徴的事件とも言える、秋江辞職の詳細は以下の通りである。

私たちは中ソ両方の職員がいっそう協力しあい、共同で編集委員会を作り、より良い紙面作りを目指そうと提案した。その上、今度職員を募集する場合、中国側職員の意見をも参考にすべきだとしている。党の支部での検討を経て、秋江がこれらの考えを意見書にまとめて、新聞社のソ連側に提出しようとした。『実話報』社内の中共党支部とソ連側との間に正式の意見疎通のルートがなかったため、中国人職員は、中共旅大書記韓光のルートを経由してソ連軍側への提出を計画していた。韓光と謝徳明が個人的に親しいため、このようなやり方は我々の誠意を見せることもできると考えていた。旅大地委に意見を提出したその日、たまたま、韓光が留守だったので、地委副書記劉順元が「こんなものを地委から転送させるのは、やや大げさじゃないか。二、三人の同志が全員を代表して直接に社長に渡せばいいじゃない」とコメントした。私たちは指示通りに、工会主席林平、組織委員秋江と私（宣伝委員）の三人で意見書を社長謝徳明に直接に提出することにした。謝徳明が林平と個別に会って、李必新副社長が後に新聞社を代表して、全員が納得できる説明を行うとの約束をした。

数日後、副社長李必新が新聞社を代表して、我々と話し合いを行った。（中略）李は「編集委員会を設立したいという君たちの気持ちはよく分かるが、しかし、申し訳ないですが、中共系統の新聞社のやり方をそのまま使うことはできません。我々はソ連軍の新聞ですから、司令部に責任を負いますし、何かの問題が生じたら、軍事裁判を受けますから。『実話報』と中共の党機関紙は、基本方針が同じで、みんな米帝国主義と中国反動派に反対しています。ただし、我が新聞の論調と紙面作りは、タス通信社、『プラウダ』のものと一致しなければなりません。延安または『東北日報』のような論調をそのまま取り入れることは、少なくとも現在または近いうちにできません。職員採用の件に関しては社長の権限事項ですから、君たちの意見は…」。李必新は中国を離れた日が長いせいか、自分の言いたいことにすぐ適切な表現が見つからないまま、彼は深く考えもせずに、「我々への内政干渉ではないか」と口走ってしまった。一方、性格が率直で、社内でストレートに意見を言うことでよく知られる秋江が立ち上がって、「意見を申しただけで、内政干渉と一蹴されるとは何ごとだ。ならば、ほかの方にやってもらいなさい。俺はもう辞める」と叫んだ。私たちは、秋江はあくまでも新聞社のためであることを知っているつもりだが、やはり言い過ぎだと感じた。

李必新はさすがに顔には怒りが見えなかったが、「結構です。雇用契約は解除して、会計のほうで給料の清算手続きをお願いします」と淡々と応じた。話し合いは不調に終わり、秋江がそのまま『実話報』を去ることになった。(40)

秋江の辞職は、中国人職員と『実話報』ソ連側当局の意見対立を端的に表した事例である。その中、注目に値する事実は三つある。

一つ目は、旅大地委の指導者である劉順元が中国人職員の進言行動を抑えようとしなかったことである。後に劉順元もソ連軍との対立でソ連軍側に辞職を求められ、やむを得ず旅大を離れた経緯を考慮すると、ソ連軍当局に対する不満がその頃、旅大中共上層部と一般幹部の間にかなりの程度まで共有されていたと考えてもよいだろう。

二つ目は、中共とソ連軍当局の対処における相違である。中共側は党内思想教育を行い、党幹部に向けて対ソ協力の必要性を強調して、ソ連に歩調を合わせようとした。それに対して、一方、ソ連軍当局の方は中共幹部らの意見を直ちに受け入れず、断然と拒否したとの最初の姿勢が目立つ。

三つ目は、秋江が、辞職後も、引き続き約二年間に亘って『実話報』の翻訳を担当した事実である。[41]『実話報』紙面を確認すると、秋江署名入りの訳文が一九四八年七月まで掲載されていた。平均に一ヶ月に五本、多い月は九本に上り、しかも一日に二本掲載された日もある。欧陽恵によると、そもそも秋江が辞めたのは、李必新と個人的な確執によるもので、『実話報』社と終始良い関係にあったという。[42]それにしても、一度やめた人間を再び使ったという状況から、人材面におけるソ連側の選択肢がさほど多くなかった事情が伺える。そんな状況にもかかわらず、自らの考えを貫徹するために、貴重とも言える人材を失うことも辞さないと、ソ連軍当局の強気の姿勢を崩さなかったことは印象深い。ただし、秋江が辞職後でも勤務が実質的に継続したことから、双方が相手を必要としたことと、相互の対応に一種の柔軟さが見受けられる。

秋江辞職後、ソ連側は一連の措置を通して、社内雰囲気の改善を図った。

まず、中国人職員が担当する副編集長、編集部副主任、地方新聞部副主任などのポストが設けられ、従来すべての記事がソ連軍当局の審査を必要としたが、その審査権限の一部が中国人職員に委譲された。このことによって、中国人職員の編集意見が徐々に紙面に反映されるようになった。[43]さらに、ソ連軍側の編集方針に対する中国人職員の理解を得るため、ソ連軍当局がこれまでの姿勢を変えて、ソ連を取り囲んだ外交情勢についての説明に進んで取り組んだ。[44]他方、中国人側においては、中共党支部を中心に党内の思想教育工作を展開し、党員同士の間に認識の共有を図った。一連の対応の末、中国人職員らの感情的反発が緩和されて、秋江が辞職した際のような激しい対立局面が再び現れなかった。その意味で、秋江の辞職は、『実話報』社内における中共とソ連軍の関係調整の一つの契機になったとも言える。

『実話報』社内における中ソ両者党組織

『実話報』社内の中共、ソ連共産党両者の党組織は、互いに正式の交流ルートを持たないまま、それぞれ独自の活動を展開していた。翻訳部主任を務めた陳山と翻訳者林挙が述べているように、「組織上の横のつながりがない。意見と問題が生じた場合、双方の各自の管轄部門を通して解決を図る」という状況であった[45]。その当時の両支部の活動について、欧陽恵はインタビューで次のように振り返っている。

中共党支部の会議とソ連共産党支部の会議は、いつも別々に行われました。私は党支部の定期会議に出席する前にいつも上司のザハノフに、「ちょっと用事がある」と一声かけてから行きます。ザハノフが社内のソ連党支部会議に出席する場合も、同じように部下の私に一言おいてから行きます。両党の党員の間には、相互の活動内容を聞いたり、共同で会議を開催しようとしたりする動きは一切ありませんでした。お互いは相手の活動をある程度把握しているし、一種の暗黙の了解が出来ていました[46]。

『実話報』の中共党支部は、中共旅大直轄の党支部として[47]、『実話報』社内における中国人職員を統率した。共産党の党組書記を務めていた欧陽恵は、自らの身分をソ連軍側に明かさなかった。彼らの認識として、両党の間には党としての交流がなかったため、別に明かす必要はなかったということである。このような状態は中華人民共和国が成立した後も変わらなかった。下記の欧陽恵の回想は、双方党組織の間に直接の意思疎通がいかになかったかを如実に示している。

朝鮮半島の戦争の兆が急速に高まった頃のことでした。ある日、社内のソ連軍人スタッフは全員ピストルを携帯したまま、軍装で出勤しました。突然、全員が武装した姿で目の前に現れると、さすがにびっくりしました。まあ、月に一度の射撃訓練に出るため、このような格好で来ているだろうと私たちは推測しました。

だいぶ後になってから、あの時の推測が見事に外れたことがわかりました。実は当時、中国の人民志願軍が鴨緑江を渡り朝鮮半島に進軍する態勢に入ったため、東北の情勢は一気に緊迫した時期でした。大連のソ連軍当局は、我々より先にその情報に接して情勢を把握できて、そして突発事態に備えるため、『実話報』のソ連人スタッフに武装して出社することを命じたようでした。ソ連人スタッフたちは社内で朝鮮半島の戦局について何も話をしませんでした。[48]

両党党支部の間に正式の交流ルートがなかったため、パイプ役を担ったのは、中国側の労働組合であった。ソ連軍は、中国人職員個人または中国側の労働組合を通して、自らの意見や要望を『実話報』社内の中共組織に伝える。中共側も同じルートを通して、ソ連軍との意思疎通を図り、協力の要請を行う。たとえば、大連市に石炭と食糧の供給不足が生じた際、中国側は中国人職員王羽（欧陽恵の妻、組合の代表を務める）を通してソ連側に物資確保の協力を求めてきた。[49]

ソ連軍側が『実話報』社内における正式の交流ルートを労働組合に限定していたのは、この時期のソ連軍当局の対外スタンスの表明でもあった。旅大の中共組織が一九四九年四月より表舞台に立つようになるまで、ソ連軍は中共旅大主催の活動に対して、労働組合系統の名義で行われるイベントや行事のみ参加するようにしていた。[50] 中共との公然たる接触を控えて、国民政府のスパイに証拠を掴まれないようにするためであった。

こうしたソ連軍の考えを汲み取って、中共旅大は表の活動は全て労働組合の名義で行うようにしていた[51]。『実話報』の場合は一切関与しない姿勢を貫いた。一つ実例として、中央宣伝部部長の陸定一が休養のため大連に来た際、『実話報』について指導を求めたいとのソ連軍当局からの打診を婉曲に断ったことが挙げられる[52]。

そのほか、欧陽恵個人の話がある。朝鮮戦争勃発後、欧陽恵は戦場記者として朝鮮半島に向かいたいといち早く申し出た。ソ連軍当局は、彼を派遣できる権限はないとして彼の申請を受け付けなかったが、かわりに中共の意見を求めなさいとの指示を出した。大連市党委から明確な回答を得られなかったため、欧陽は『実話報』社長から休暇の許可を得て、北京にある中央宣伝部に向かった。しかし、欧陽に会ってくれた陸定一は、欧陽が『実話報』の職員である以上、ソ連同志に協力することが最優先事項だと指示し、欧陽の要請を受け入れなかった[53]。

兄弟党でありながら、同じ職場でもあえて相互交流をしない状態を続けた理由は、双方がその方が利益になると判断したからであろう。ソ連側にとっては、このような方針をとることで新聞社の編集業務、人事採用などの面に、中国側から口を挟まれることを防ぐことができ、社内におけるソ連側の主導権を確保できるという実益があった。

『実話報』の終刊

一九五一年八月、『実話報』が突然終刊することになった。その前に、ソ連側から何も前触れがなかったので、終刊の知らせに接して、茫然自失に陥った中国人職員は少なくなかった。欧陽恵は終刊の知らせに接したその日の様子を次のように述懐している。

どの日かはっきり覚えていないが、一九五一年八月のある朝、私たちがいつものように新聞社に入ったら、いきなり終刊の決定を宣告されました。あまりにも突然のこと、まわりは一瞬理解不能の状態に陥りました。そのショックで昼食は何も摂れませんでした。結局この日は一日中、何をすればいいか分からないまま退社の時間を迎えました。それから一ヶ月間は、新聞社に行ってもやることがないとわかってはいながら、毎日、通勤を続けました。[54]

終刊原因に関する『大連実話報資料集』の記述は、「ソ連軍司令部は大連『実話報』が任務を完遂したと判断したから」という一行に留まっている。[55] 当事者である欧陽恵は、当時の旅大地区に広がり始めた、ソ連軍の駐屯を反対する雰囲気が重要な一因であると指摘した上、ソ連当局が外国での新聞発行が「思想侵略」と非難されるのを懸念して、急遽『実話報』の撤退を決めたのではないかという、個人の推測を加えた。[56]

また、中華人民共和国とソ連が一九五〇年二月に締結した「中国長春鉄道、旅順口及び大連に関する協定」には、「協定締結国双方が対日和約を締結後、遅くとも一九五二年末までには、ソ連軍が共同使用の旅順口海軍根拠地より撤退することに合意した」[57]との条項があることから、『実話報』の終刊は一九五二年末まで予定されたソ連軍撤退の一環であるというふうに理解することができるだろう。もっとも、中国側の要請を受けて、旅順に進駐したソ連軍の完全撤退は一九五五年に延期していた。そのため、ソ連軍がなぜこのタイミングを選んで、『実話報』を終刊させた理由について、今後のソ連側の史料公開を待つしかない。

『実話報』の終刊後、中国人職員は旅大地区に残り、新聞メディアの関連分野に従事した一部を除いて、多くが北京に異動して、中ソ関係の政府機関や翻訳部門を中心に、マスメディア、文化、社会科学などの分野で活躍して、中ソ交流の担い手として成長していった。たとえば、翻訳を務めた宋書声、畢克と林基洲らは中共中央編訳局に入り、翻訳畑を一筋歩んだ。[58] 欧陽恵は一時、瀋陽にある『東北中ソ友好』月刊誌の編集部で勤務した後、北京の中ソ友好協

写真 5-7　1984 年、北京在住の『実話報』元中国人スタッフ。前列左は欧陽恵氏。

会総会の傘下にある『中ソ友好報』の編集室主任を務め、新聞の編集全般を担当した[59]。

一方、ソ連軍職員は、中国語が堪能な人は一九五一年末、中国側から専門家として北京に招聘された。李必新、アントノフらは中共中央編訳局で勤務して、『マルクス・エーゲルス全集』（五〇巻）、『レーニン全集』（三九巻）、『スターリン全集』（一三巻）、ソ連の政治書籍の漢訳事業に加わっていた。謝徳明、サバノフなどは中国外文局傘下にある、『人民中国』雑誌社と『中国』画報社で勤務して、今度は中国の対外宣伝に協力することになった[60]。

第三節　紙面から見たソ連の対外宣伝

五年間の『実話報』を通読すると、紙面構成は、ディミトロフが述べたソ連赤軍の政治宣伝構想を具体化したものであるという印象が否めない。ソ連の先進的社会制度と政策を宣伝して、ソ連の良さをアピールして、読者の親ソ連意識を醸成させることがその大きな狙いであった。一九四六年創刊後、

写真 5-8 1946年8月14日 創刊号紙面、一面

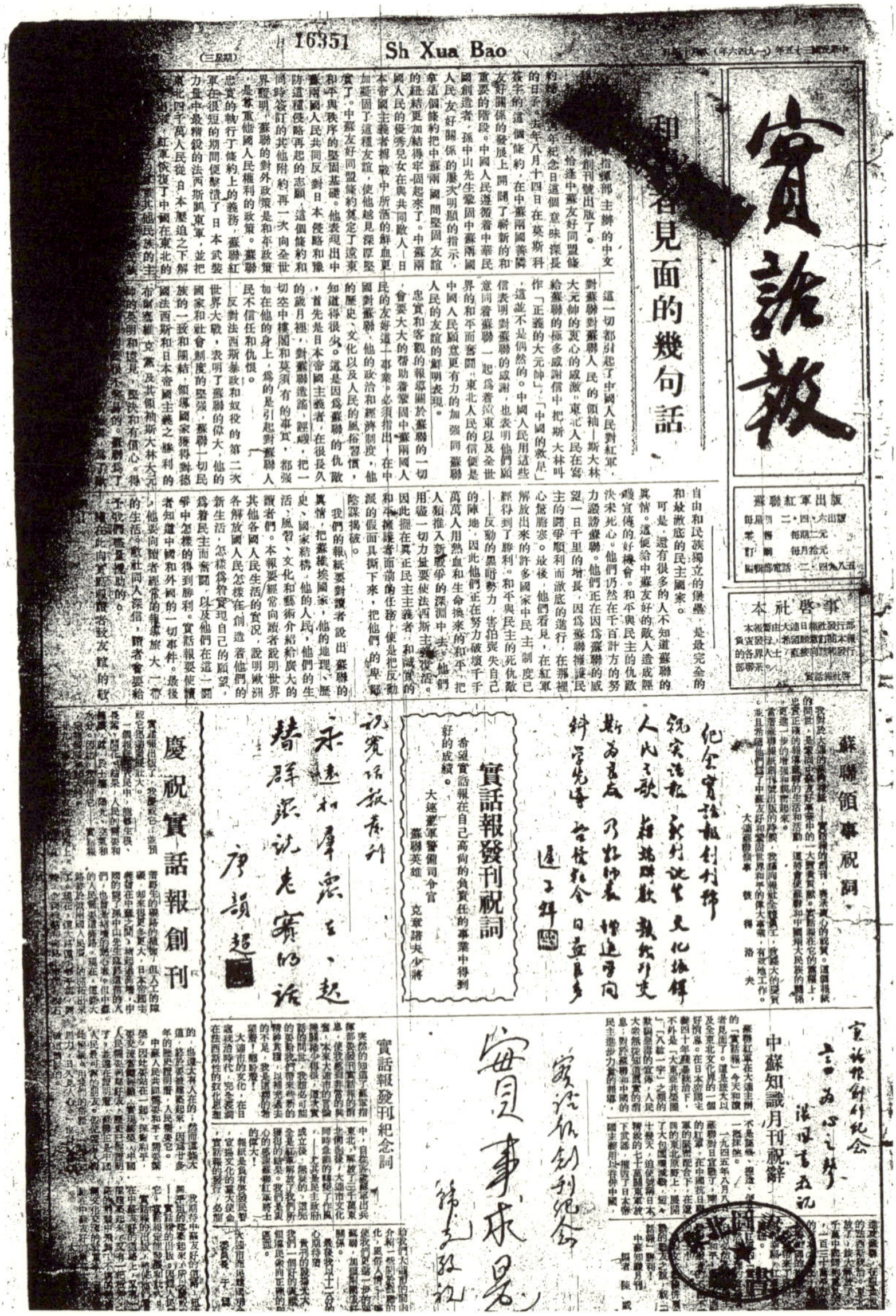

16351 Sh Xua Bao

實話報

和[illegible]者見面的幾句話

蘇聯領事祝詞

實話報發刊祝詞

慶祝實話報創刊

中蘇知識月刊祝辭

實話報發刊紀念詞

写真5-9　1946年8月14日　創刊号紙面の2面、中ソ友好同盟条約を称える文章

中華民國三十五年（一九四六年）八月十四日

實話報

創刊號

慶祝中蘇友好同盟條約簽訂一週年

实話報創刊紀念
民众口舌
大连日報

實話報初刊祝賀辭

給
實話報
獻

烏克蘭共和國政府發表公告
將文化寶物轉讓於波蘭政府

写真 5-10 1946年9月3日 中ソ友好ムードが紙面構成の主な内容

Sh Xua Bao

實話報

今天蘇聯全國人民熱烈慶祝戰勝日本一週年紀念日

社論

對日作戰的偉大勝利

本社啓事

中蘇兩國人民的友誼萬歲！

中國人民的好友—斯大林大元帥萬歲！

写真 5-11　1947年2月23日　紙面拡大した初日の一面紙面

SH HUA BAO

實話報

中華民國三十六年二月二十三日（星期日）

第八一期

全世界勞動者們！為徹底根絕法西斯主義而戰鬥吧！揭露與制裁在各民族間散播可恨的新戰爭煽動者及恐嚇和平人民新戰爭幽靈！保護和平事業！

為持久和平與安全而鬥爭的愛好自由的人民萬歲！向從法西斯壓迫下解放出來的民族及在民主基礎上保護自己國家生存的民族致敬！

蘇軍萬歲！中蘇兩大民族友好萬歲！

社論　蘇軍是各族人民的自由之衛兵

蘇聯武裝部長斯大林大元帥

遠東侵略者的末日　格利高里耶夫

米ソ関係にヒビが入り、「ソ連の宣伝」に「アメリカ批判」が加わって、これが『実話報』の基本論調となった。掲載記事の内容はソ連国内報道と国際報道の二つである。それに対して、中国国内情勢の報道量ははるかに少ない。同時期、旅大地区の日本語新聞『民主新聞』（ソ連軍当局が大連の残留日本人を対象として発行した新聞）にも同様の傾向が見られる。『実話報』の紙面面積の半分でしかなかった『民主新聞』は、読者が残留日本人であるという事情から、中国の国内情勢のかわりに、日本の国内情勢の報道がかなりの比率を占めていた。

以下は『実話報』の紙面構成である。『実話報』の記事内容は、ソ連紹介、国際情勢、旅大地区の地元ニュース及び中国国内情勢という大きく四つからなっていた。そのうち、ソ連紹介は紙面全体の半分を占めており、分量が最も多い。一九四七年三月一日に、大幅な紙面再構成が行われた後、ソ連国内報道が一面となっている。ソ連国内報道に次ぎ、国際情勢報道は全体の三分の一を占めている。旅大地区の地元ニュースを取り扱う地方欄の記事は毎日五〜九件前後で、全紙面の六分の一に過ぎない。掲載量が最も少ないのは、中国国内情勢の報道である。このような紙面構成は、内外の情勢推移とともに、多少変化するが、根本的な変わりは終始なかった。以下、具体的な報道内容を通じて『実話報』の宣伝方針を考察したい。

国際報道におけるアメリカ批判

『実話報』の国際情勢記事は、第二次世界大戦後の国際秩序再編を中心に、民族独立、経済復興及び各国の内政など多くの問題を幅広く取り上げている。そこに貫かれる基調は「アメリカ批判」であった。第二次世界大戦終了間もなく、昔日の同盟国の米ソ両国は、戦後世界秩序の再建、勢力範囲の再区分、イデオロギーの対立をめぐって、相互間の緊張が高まりつつあった。一九四七年トルーマン・ドクトリンとマーシャル・プランの発表以降、米ソ間の対立はいっそう激しくなり、相互の対峙情勢は欧州と中近東地域に顕著に現れた。東アジア地域においては、熾烈な内戦を展開している国共両者に対して、米ソ両国はそれぞれの援助を控えめに止めて、直接の衝突はなかった。しかし、ソ連はアメリカに対する強い警戒心を抱いていた。そのため、アメリカの東北への浸透を防ぐ意味で、中国人読者に向けて、アメリカの領土的野心を警告した。『実話報』もそのような宣伝方針をとった。『実話報』はアメリカだけでなく、フランスとイギリスに対しても同様に強い批判を行った。一方、東欧諸国に対しては常に暖かい声援を送っていた。その意味で『実話報』紙面は米ソの緊張情勢の推移を如実に反映している。

『実話報』の反米論調は、アメリカの国民党政府への援助とアメリカ軍の中国駐屯とを主な批判材料にして、アメリカが中国を侵略する野心があるとして、中国国民に警鐘を鳴らす内容が多い。その中、社説や時事報道などを通して、真正面からアメリカの国民党援助と進出事実を告発し、猛烈な批判を加えたものが大半である。この種の社説は

『実話報』自身が作成した少数のものを除けば、大部分はプラウダやタス社などのソ連国内の宣伝機関の社説や評論をそのまま転載したものである。

『実話報』が創刊早々に掲載した一連のアメリカ批判記事はその代表例である。一九四六年八月二四日の『美国対中国的政策（アメリカの中国政策）』と題した論説は、中国に駐留するアメリカの軍事力の増大に触れた上、アメリカの軍事援助の目的は中国の民主分子を封じ込めることにあると強い論調を展開している。論説の後半は、米ソ両国の対中政策を対照的に読者に提示した。米ソ両国は共に中国内政不干渉を表明しているが、ソ連はすでに東北撤兵を実現したのに対して、アメリカ軍は引き続き中国に駐留していると、対照的図式を通して中国人読者に深い印象を与えようとした。

同日の紙面にある、『抗日勝利中国人民未得和平、美国反動派幇助中国内戦（抗日勝利後の中国人民は未だ平和を手に入れず、米国反動派は中国内戦を援助）』という論文は、冒頭で「抗日戦争は勝利を収めて幕を閉じたが、中国人民は未だ平和な日々を送ることが出来ない。その原因はここ一年間、中国反動派がアメリカの支持を受けながら、民主勢力消滅のための内戦を起こしたことにある」とスタートして、アメリカが中国内戦の元凶であるとして、激しい批判を加えて、中国人読者の共感喚起に努めた。

全体的に『実話報』のアメリカ批判論調は徐々に厳しさを増していく傾向にあった。一九四六年一〇月一七日の「論美国対華政策（米国の対中政策を論じる）」と題する社説は、アメリカの貪欲さと狡猾さを日本以上だとして猛烈に糾弾した上、今のアメリカのやり方は、二十一ヵ条約を中国に突きつけた日本と同じで、本質的に何も変わっていない、むしろ「国民党の庇護の下で、アメリカ人はやすやすと中国の市場を牛耳ることができた」と一喝している。

印象論的なアメリカ批判だけは十分ではないとの考えか、『実話報』の対米批判の記事は、徐々に具体的事実を記事に取り入れて、批判の説得力の強化を狙った。一九四七年四月二六日の紙面に掲載された、「今日的中国局勢、真理報観察家馬里寧評論（今日の中国情勢、プラウダ観察者マリネー評論）」のような性格の記事が次第に増えて来た。同記事は、「アメリカは国民党の二六個の軍団の軍事訓練を請け負い、軍事装備を提供した。このうちの二二個の軍団の七〇万人は、全部アメリカ式の軍事訓練を受け、アメリカ式の装備を身につけている。そのほか、アメリカは国民党から五万人の武装警察の訓練と装備提供を請け負った」と、アメリカの軍事援助について具体的なデータを記事に取り入れながら論調を展開して、より強いインパクトを狙った。(61)

さらに、反米批判の一環として、『実話報』はアメリカ軍の撤退を求める欧米メディアの論説、アメリカ政治家の発言、アメリカ国民の動きを、アメリカの中国政策を批判の材料として進んで記事に取り入れた。(62)この種の記事は、西側の人々でも、アメリカ軍の中国駐屯を否定して、撤退を強く呼びかけているのだ、との事実を読者に印象づけることを目的としていた。

国際情勢の変化に対応しながら、『実話報』の対米批判は、論調の調整を行っていたことも注目に値する。その際、米ソ間の緊張度合いが大きな基準であったようである。一九四七年三月のトルーマン・ドクトリンの発表を機に、『実話報』の対米批判は俄かに集中豪雨的となったのは、この傾向を示している。一九四七年三月一二日に、トルーマンが国会でギリシャ、トルコ支援を骨子としたトルーマン・ドクトリンを発表してまもなく、トルーマン・ドクトリンを激しく批判する記事が一気に『実話報』紙面に躍った。三月のトールマン関連の記事だけで二〇本に上り、トルーマンの国会答弁内容の紹介の二本の記事以外は、全部トルーマン・ドクトリンを厳しく非難するものであった。たとえば、「華莱士厳責杜魯門演説、反対以経済方法援助希、土計划（ウォーレスがトルーマン演説を厳しく糾弾、ギリシャ、トルコへの経済援助計画を反対）(63)」、「美国東部各州選民反対杜魯門干渉政策　阿拉伯各国同声譴責杜氏演説（アメリカ各州の選民トルーマンの干渉政策反対、アラビア諸国トルーマン演説を一致非難[64]」と題した記事がこの時期の紙面に溢れた。五月に入ると、非難記事のトーンは一層厳しさを増し、アメリカを「ファシズム」と罵倒する記事まで現れた[65]。

純粋の対米批判記事のほか、『実話報』は中国国内に関する記事においても、アメリカ批判を展開している。とりわけ、国民政府批判を行いながら、暗に論点をアメリカ批判に持っていく傾向が見られる。一九四六年一〇月二六日の「誰在反対国民党専制（誰が国民党の専制に反対）」という社説は国民党政府を批判するタイトルとなっているが、執筆者は、アメリカは「中国内政に憚ることなく軍事干渉を行い、中国駐留を続けるアメリカ軍が国民党と組んで、武器の供給に留まらず、自ら急先鋒となって中国内戦に参与している。アメリカ軍は国民党軍の軍事訓練に手を貸し、巨大な資金を貸し付けている。これらのすべては国民党反動派を援助し、中国国内の平和実現を妨げることになる」と論じて、批判の焦点をアメリカにあてた。

国共内戦情勢の推移とともに、中国国内報道におけるアメリカ批判はますます激しくなった。一九四八年四月には、一九四八年四月三〇日の「米帝開発華南、加緊軍事、経済侵略（米帝は華南を開発、軍事・経済侵略を急ぐ）」という記事の見出しは、アメリカの動きを侵略と位置づけ、「米帝」との表現を使って米国を批判する。その三ヶ月後、「美国成寧太上皇、華南淪為美帝植民地（米国は南京政府の裏ボスとなり、華南は米帝の植民地と化す）」という見出しが紙面に現れた[66]。アメリカを侵略者として批判する論調は米ソ間の対抗意識を如実に現している。

旅大地区はソ連軍占領地域として閉鎖的政治空間であったため、地区内の住民が国民政府側の世論に接する機会は少なかった。それゆえ、アメリカ批判記事が多数掲載されると、反アメリカ世論が形成されやすい環境となっていた。

西側諸国と協力の示唆

戦後のソ連は、アメリカに対する強い警戒感を持つ一方、第二次世界大戦で蒙った甚大な被害から十分に回復していないこともあり、アメリカとの武力衝突だけは回避したいとの思いも同様に強かった。ソ連指導部は対米批判を展開すると同時に、西側諸国での平和的世論作りにも余念がなかった。社会主義国家と資本主義国家は国家体制に大きな相違があるとはいえ、協力の可能性は十分にあり、軍事衝突の必然性がない。ソ連には西側諸国と協力する用意はつねに出来ている、というのが、この時期の対米協力論調の主旨である。『実話報』創刊後の一年間、紙面に上記の二つの論調が交互出現している。米ソ間の対峙情勢が緊張度を増すにつれて、平和的協力を唱える記事が減って行った。

一九四六年九月末、スターリンがイギリス記者の質問に対するスターリンの返事内容を中心とした報道記事が、『実話報』における西側諸国との協力を示唆する対外宣伝のスタートとなっている。「斯大林大元帥答覆星期時報駐莫斯科記者亜歷山大維爾特先生一九四六年九月一七日致斯大林大元帥函中提出之問題」と題した、九月二六日付の『実話報』の記事では、スターリンはイギリス記者が問いかけた「新戦争」の可能性を否定し、それが一部のスパイと官僚がでっち上げたデマに過ぎないと非難した上、ソ連と西側民主国家との間、二つの制度間の「友情的競争」が可能かという問いに、「無条件に信じている」と肯定し、「英ソ友好関係の将来を固く信じていている。政治、貿易及び文化などの分野における両国間の連携強化は相互友好関係の樹立に大いにプラスになると考えている」と明確に表明している。二日後の九月二八日の『実話報』は「斯大林答覆英記者的声明引起高度注意」と題して、前述のスターリン発言に対する西側諸国の肯定的な反応を報道した。このような西側諸国との協力可能性を示唆する記事は、翌年の五月まで続いた。一九四七年五月の『実話報』は、スターリンがアメリカ共和党党員との会談をシリーズで取り上げた。これらの記事は、対米批判とともに、ソ連の対外宣伝の一部として、平和を望むソ連の姿を中国人読者に伝えようとしている。

中ソ友好を謳歌

ソ連に対するイメージ改善を目的にして創刊した『実話報』は、国レベルと地方レベル、二つの側面から中ソ友好の謳歌に力を惜しまなかった。国レベルでは、『実話報』は中ソ同盟関係とソ連の中国援助を中心に論説を展開しているのに対して、地方レベルでは、旅大ソ連軍と現地住民との親善活動を取り上げて、中ソ友好を唱えている。

国レベルの宣伝記事として、一九四六年八月一四日創刊号の社説は「慶祝中蘇条約簽訂一周年」という記念論文がある。同社説は、「一年前の本日、八月一四日に、モスクワで中ソ友好同盟条約及び旅順口、大連港、中国長春鉄道に関する協定が締結された」との文句から始まり、一年前に締結された中ソ友好同盟条約が存在したからこそ、現在中ソ友好関係のさらなる発展が可能となったと強調した上、中ソ友好同盟条約が極東及び世界平和の力強い保障となったとして、条約の役割とソ連の功績を称えている。社説は、内戦の発動者と裏の助長者として、国民政府とアメリカに対して激しい批判を続けた後、一つの論理上のジレンマにぶつかった。つまり、中ソ友好同盟条約の締結者としての国民政府を完全に否定すると、これだけ大々的に宣伝した中ソ友好同盟条約の意義が薄れてしまう。そのジレンマを回避するため、社説は条約の意義を唱えながら、国民政府こそが、条約の締結者であることを文面に言及しなかった。

この対処の仕方は『実話報』の中ソ友好宣伝記事に共通している。中国に実質上二つの政権が共存している現状に

写真 5-12

中華民國三十五年（一九四六年）八月二十二日 實話報 第五期 （星期四） （第四版）

蘇評論員馬西努論稱：
民族運動的興起證明
中國人民已選定了自己的道路

巴黎和會開始逐條檢討和約草案

美國時代雜誌稱：
法共力量普遍全國
農民呼法共領袖多列士為「救星」

日本 海員罷工

世界猶太民族運動者大會擬十一月舉行

國際學生大會開幕
—將討論建立國際學生組織之計劃—

美蘇戰災救濟協會代表團由蘇返美
牛頓說：「蘇聯人民殷切希望和平」

廓清保加利亞軍隊的渣滓

感謝紅軍的信有如雪片飛來

獻給無敵的紅軍

有史而還第一功

感謝

我衷心的感激與欽佩

感謝歌
職員 王永光

回憶「八一五─八二二」一週紀念日

永久忘不了的一天

携手偕行 永結盟好

「八二二」與大連
—一個小販子底自述—

写真 5-13　1948 年 7 月 16 日　ソ連軍が飛行機を出動して、農薬を撒く記事が掲載される紙面

地方新聞

蘇軍關心農民健康
派機噴藥滅害虫

蘇軍愛護農民
幫助殷德福拔麥子

受蘇方廠長獎勵

公私兼顧勞資兩利
鐵工業廠方與工友聯歡

西山區發展生產
新設小型工廠四處

兩種飛機和士兵

大批華文蘇聯影片
將在當地陸續上演

學校簡訊

友協流動圖書館成績大
交換心得大家都進步

Газета Советской Армии для китайского населения

対して、『実話報』は記事の中であえて中国の政権主体についての言明を避けて、そのかわりに、「中国人民」という用語を用い、巧みな対応をしていた。

ソ連の中国援助を挙げて、ソ連の偉大さと中ソの友情の深さを称えるのが、中ソ友好を訴える、もう一つのアプローチである。同じく創刊日に掲載された、「譲中蘇両国人民的偉大友誼日益巩固起来吧（中ソ両国人民間の偉大なる友情をますます発展させよう）」と、一年後の掲載記事「在艱危的日子里誰援助中国抗戦最多（困難な歳月に、誰が中国の抗戦に最も多くの力を貸したか）」[67]の二本の論文はその代表例である。「譲」論文は、「中国人民を日本侵略者の蹂躙から解放したのはソ連であり、ソ連は中国人民の本当の誠実な友人である」ことを強調した上、「中ソ両国人民は中ソ人民の偉大なる友情がますます強固なものになるように共に努力しよう」と読者に向けて呼びかけている。「在」論文は、抗日戦争中、ソ連がアメリカより早く中国へ軍事援助を提供したのであり、しかも、援助金額が米英両国の合計額を上回っていると主

写真5-14　1948年7月21日　ソ連軍の中蘇病院が地元住民に医療サービスを提供する記事が掲載される紙面

地方新聞
旅順中蘇醫院半年間
爲人民造福不淺
四千餘病人已恢復健康
蘇軍愛護小學生
擊斃瘋狗搶救老大爺
公署夏服分配結束
萬六千名職工學生穿上新衣裳
行政工會配合加强教育
一個月任務十九天完成
產量已提高至百分之百
中山區各行店員
積極籌備成立工會
人民都唱你們的歌
經常舉行音樂會

張して、中国人の民心を勝ち取ることに努めた。

しかし、中国人読者、とりわけ旅大地区の住民の民心を勝ち取るには、最も有効な手段は身近のことに着目することである。『実話報』は旅大地区の地方ニュースの報道でソ連軍と地元住民の親善活動を取り上げ、まさにこれを実践して、中ソ友好を称えている。たとえば、「蘇軍関心農民健康、派機噴農薬滅害虫（ソ連軍が農民の健康に気を配り、害虫駆除のため飛行機を使い農薬を撒く）」(68)と題する記事は、約九万平方メートル近くの水田に夥しい数の害虫の幼虫が観察されたので、ソ連軍が飛行機を出動させ、農薬を撒いたと報じて、ソ連軍の良さをアピールした。

また、「旅順中蘇医院半年間、為人民造福不浅、四千余病人已恢復健康」(69)と題する記事のように、地元の人々の声を借りて、ソ連軍の功績を褒め称えているものも少なくない。同記事は、旅順の中ソ病院が開業して以来半年間に、四千人余りの患者が治療を受けたと報じている。記事の一部は次のように綴っている。

急病にかかった二人の患者がやってきた時、ちょうど病院の医師たちは忙しくて、手が回らない状態であった。院長がソ連衛生局のボクタンノフ[70]中佐を呼んで助けを求めた。ボクタンノフは二人の患者さんを丁寧に診察した。患者さんは「日本侵略者の時代だったら、我々はもうとっくに病院から追い出されたでしょう」と大変感激した。

このような日本占領時代との比較を多用する報道手法は、今日のソ連軍の功績を宣伝するのに、より効果的だと『実話報』関係者に考えられていたのであろう。

社会主義国家ソ連の先進性

『実話報』のもう一つの中心課題は、社会主義国家としてのソ連の優位性をアピールすることである。そのため、ロシア革命、社会主義国家の建設経験、戦後の経済復興から、ソ連の社会主義制度、社会生活、指導者まで、ソ連の社会生活を幅広く取り上げている。創刊後の一九四六年八月二七日、『実話報』は早速「ソ連の新しい五ヵ年計画の偉大なる任務」の特集を組んで、ソ連の「国家五ヵ年計画」を回顧しながら、戦後復興計画を大きく掲げている。

政策宣伝のほか、『実話報』は文化、教育、工業・農業生産から、一般国民の日常生活まで広範に亘って、社会主義国家の制度的優位性と国民の豊かな生活の紹介に力を入れている。一九四八年二月一五日紙面のソ連自動車特集はその一例である。同特集は、大見出しの下、急速に発展を遂げたソ連の自動車産業を大々的に報道する記事が紙面一面を埋めている。新車が整然と並んでいる自動車工場の写真が目を見張るような統計数字とともに、工業化の道を邁進している社会主義の輝かしい未来を読者に強く訴えたことであろう。

農業面の紹介記事も少なくない。一九四六年八月二七日付のコルホーズに関する特集で、『実話報』はコルホーズ

写真5-15　1946年8月27日　ソ連5カ年計画を宣伝する紙面

實話報

蘇維埃國家經濟發展和興盛的五年計劃

本社啟事

本報暫由大連日報社發行部代為發行，希望訂閱本報的各界人士，直接向該報發行部聯系。

實話報社啟

全蘇聯自行車競賽

奧莎 察雅及加斯特里 榮獲一九四六年之冠軍

蘇聯象棋家 抵達荷蘭

蘇聯游泳隊飛抵捷克

写真 5-16　1947 年 3 月 8 日　国際女性デーの特集

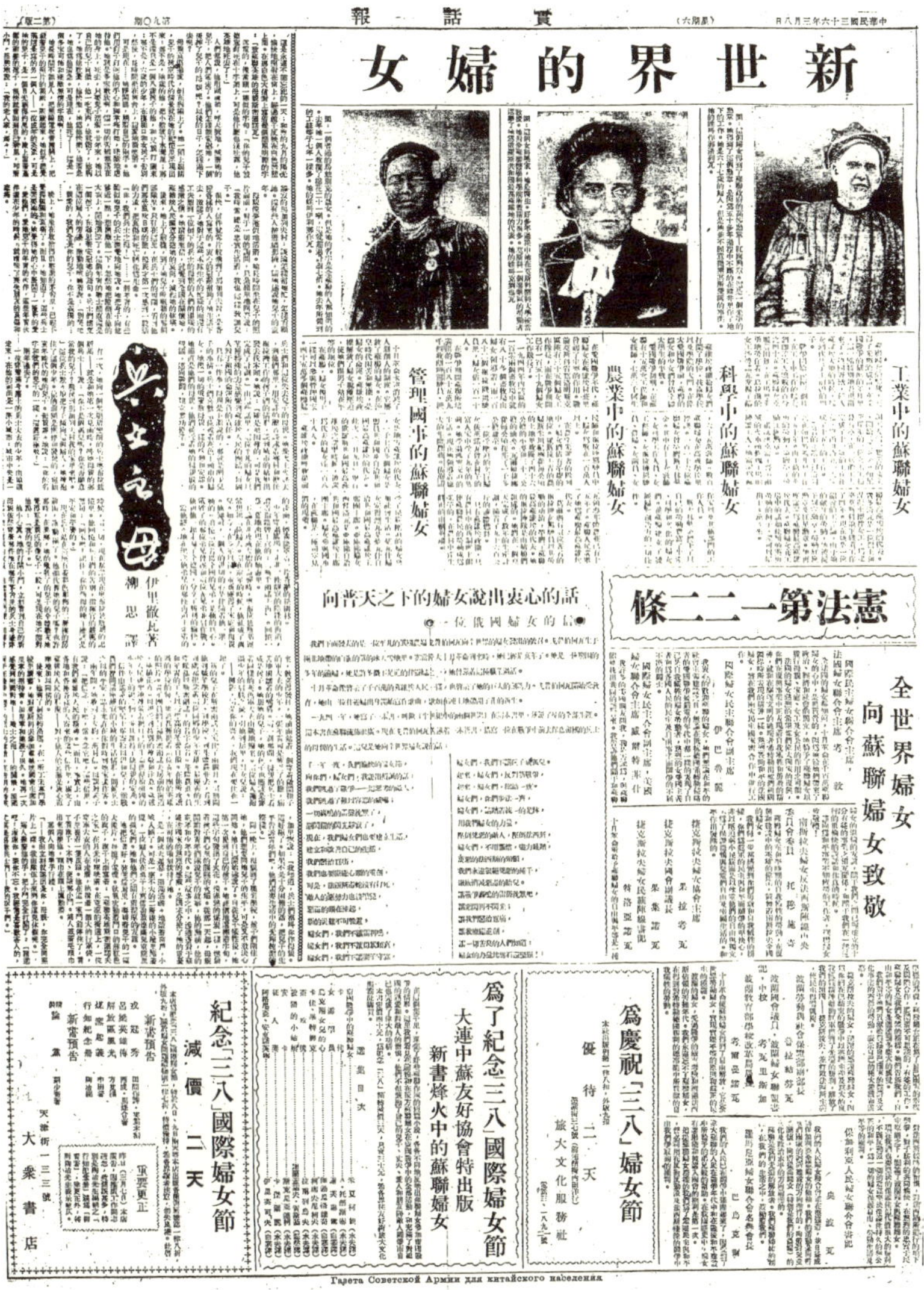

實話報

新世界的婦女

工業中的蘇聯婦女

科學中的蘇聯婦女

農業中的蘇聯婦女

管理國事的蘇聯婦女

向普天之下的婦女說出衷心的話

憲法第一二二條

全世界婦女向蘇聯婦女致敬

紀念「三八」國際婦女節 減價二天 大衆書店

為了紀念「三八」國際婦女節 大連中蘇友好協會特出版 新書烽火中的蘇聯婦女

為慶祝「三八」婦女節 優待二天 旅大文化服務社

Газета Советской Армии для китайского населения

写真 5-17　1947 年 7 月 20 日　社会主義国家のスポーツを宣伝する特集

實話報
第二〇〇期
第二版
中華民國三十六年七月二十日　星期日
社會主義國家的體育與運動
蘇聯各地迎接體育節
蘇聯鄉村之運動員
在挪威的全歐運動大會上
蘇選手榮獲冠軍
新書　種穀記
出賣石灰啓事
代賣士煤、食鹽　啓事
Газета Советской Армии для китайского населения

写真5-18　『実話報』紙面、1946年8月20日一面。

の歴史と発展、具体的な経営方式、さらに制度的な優位について、紙面を惜しまず詳細に紹介している。それにあわせて、大型コンバインが作業しているコルホーズのパノラマ写真が何より、社会主義コルホーズの明るいイメージを読者に一面に広げている。

市民の日常生活の写真を通して、社会主義の優位性をアピールするのは、『実話報』でよく見られる宣伝手法である。一九四六年八月二〇日紙面に多くの読者の目を引きつけた一枚の写真がある。ベンチに腰掛けている三人の中年男性がいる。うちの二人は悠然と新聞に目を通している。彼らの後に立派な三階建ての建物が背景となっている。写真の下に、「タンボスの熟練労働者がクリム保養所でのんびり過ごしている様子」という説明がある。長年の戦禍に翻弄され、いまなお内戦の恐怖に喘いでいる中国の人々にとって、この写真に流れているゆっくりとした空気は、贅沢すぎて、別世界のように見えても不思議ではない。ソ連社会主義の宣伝としてはすぐれたものであろう。

祝日、指導者の誕生日ごとに、『実話報』は常に国家指導者、国家的祝日を記念する特集を企画している。レーニン誕生及び逝去の記念日には、追悼の文章が、五年間も連続して掲載されている。スターリンの七〇歳誕生日に際しては、「スターリン及びスターリンによる指導」という論文が掲載された。論文は、ソ連人民を率い、ドイツファシズムを破って、社会主義建設を成功の道へ導いたとして、スターリンの功績に対して最大級の賛辞を捧げている。ソ連国内に関する社会生活からイデオロギーまでを含む、このような広範囲の宣伝によって、中国人読者におけるソ連イメージはある程度好転されただろう。

ヘス氏の研究によると、[71] 国共内戦中の旅大地区では、『実話報』や中共側の発行した『民主青年』などの刊行物が、ソ連軍と現地住民の親睦増進に一定の役割を果たしていた。『実話報』について、ソ連自身の評価は、史料不足の関係で筆者は把握していない。ただし、適切な宣伝人材の不足と担当責任者が政治宣伝の重要性を理解していないとして、同じ時期のドイツ領内におけるソ連軍の政治宣伝効果を否定したソ連指導部の意見と照らしてみると、『実話報』の場合は、紙面構成を見る限り、ある程度の評価を下しても妥当だと思われる。[72]

中国国内報道

『実話報』は国際情勢報道に力点を置き、それを通じてソ連の対外宣伝という役割に徹していたのに対して、中国国内に関する報道記事の数は少ないと言わざるを得ない。それが欧陽恵や秋江らの中国人職員の強い不満を買ったとしても不思議ではない。

一九四七年六月一ヶ月間の記事だけを取り上げて検討してみると、両者の差は歴然としている。一九四七年六月は西側陣営において、マーシャル・プランが発表され、中国国内においては中共の軍事態勢が六月一二日から防衛から進攻に転じ、いずれも歴史上重要な意義を持つ時期である。しかし、同年六月二七日から七月三〇日までの一ヶ月間、マーシャル・プランに関する記事・評論は一三本に上るのに対して、国共内戦の動向に触れる記事は見あたらず、ある意味で、ソ連軍の編集方針が明確に現れている事例である。

中国国内の報道記事は、国民政府統治地域（以下、国統区）、中共支配地域（以下、解放区）、国共内戦戦局の三種に分類できる。全体の記事数は極めて少なく、一つもない日もしばしばあった。一九四六年九月の一ヶ月間、国統区に関する報道記事が八本、解放区に関する記事はわずか一本、そのほかに毛沢東が記者の質問に答えるという記事が一本だけであった。二年後の一九四八年になっても、紙面構成は大きく変わっていない。一九四八年八月の一ヶ月間、解放区に関する報道は二本[73]、国共内戦の戦況に関する中共側の公報が三本、国統区に関する記事は一四本に留まっていた。

国統区についての報道は、官僚の腐敗、低迷する経済状況、崩壊した民主制度、悲惨な民衆生活に焦点をあてて国民政府の責任を追及する。こうした記事の多くは、国民政府に対するアメリカの軍事・経済援助に言及している。たとえば、一九四六年一〇月一五日付の「中国代表団在和会中之立場」と題する社説では、執筆者は「自分の政府がアメリカから巨大な軍事及び経済援助を受けている今日、中国代表団にアメリカ代表団の修正案と提案を拒否できる度胸は到底ないだろう」とパリ平和会議に参加した中国代表団の対応を揶揄しながら、国民党政府のアメリカ追随の姿勢を厳しく批判した。

中国内戦を論じる際、国民政府の内戦責任の追及は欠かせない。多くの記事はアメリカが国民党の黒幕であるとして、アメリカに対して批判を加えようと計り、批判の猛烈さが国民政府批判を上回っていることがしばしばあった。アメリカの軍事援助さえなければ、中国の内戦がここまでエスカレートすることはないと言い切った論調が支配的だったとも言える。

国統区の民衆が置かれた苛酷な状況は、国民政府批判の恰好の材料として、多くの記事に使われていた。一九四八年一月二九日の「軍事経済危機声中、南京図改革貨幣、這是売国新陰謀」と題した記事は、国民党政府が旧貨幣を廃止したのは、人民から資金を吸い上げ、内戦を拡大するためであって、そして改革案施行は、実はアメリカから借金を得るための手段に過ぎないと論じて、国民党政府の経済運営の失敗を容赦なく非難した。(74) 一九四七年六月二七日の「入夜惨号犹如地獄　蘇北各城遍設集中営」と題する記事では、国統区は、政治犯の監獄が林立し、夜に入ると、至る所から呻き声が聞こえ、まるで人間地獄のようだ。投獄された民主派人士と愛国青年が、獄中で酷い拷問を受け、次々と国民党政府に銃殺されているというふうに描かれている。このような記事は客観的に輿論上、中共への援護射撃の機能を果たしている。

一方、解放区についての報道記事は、友好的な姿勢で臨んでいるが、量が極めて少ない上、記事内容が文学や政治などの特定分野に限られていることに加えて、解放区の全体状況の提示に至っていない。ちなみに、解放区の政治を紹介する文章が掲載されるようになったのは、一九四八年に入ってからのことであった。(75)

国共内戦の戦況報道は、一九四六年八月『実話報』の創刊時よりすでに紙面に見かけられるが、本格的な報道開始は一九四八年秋の「三大戦役」以降である。(76) この時期から内戦の帰趨が明瞭になって、『実話報』はほぼ毎日戦局進展の報道記事を掲載し、目立つ見出しが多くなった。ただし、紙面全体で言えば、国共内戦報道は引き続き低い比率に留まっている。『実話報』が中共支持の姿勢を鮮明に打ち出したのは、一九四九年九月以降である。とりわけ、一九四九年一〇月、中華人民共和国が成立した時、建国祝賀の関連記事が連日に『実話報』の紙面を埋め尽くし、新しい時代の到来を鮮烈な形で予告しているのである。

内戦期全体を通じて終始中共との間に距離をおき、中共が全国的政権を樹立して初めて中共擁立の姿勢を鮮明にし

写真 5-19　1949 年 10 月 1 日　中華人民共和国が成立した当日の紙面一面。中華人民共和国の成立についての記事がない。

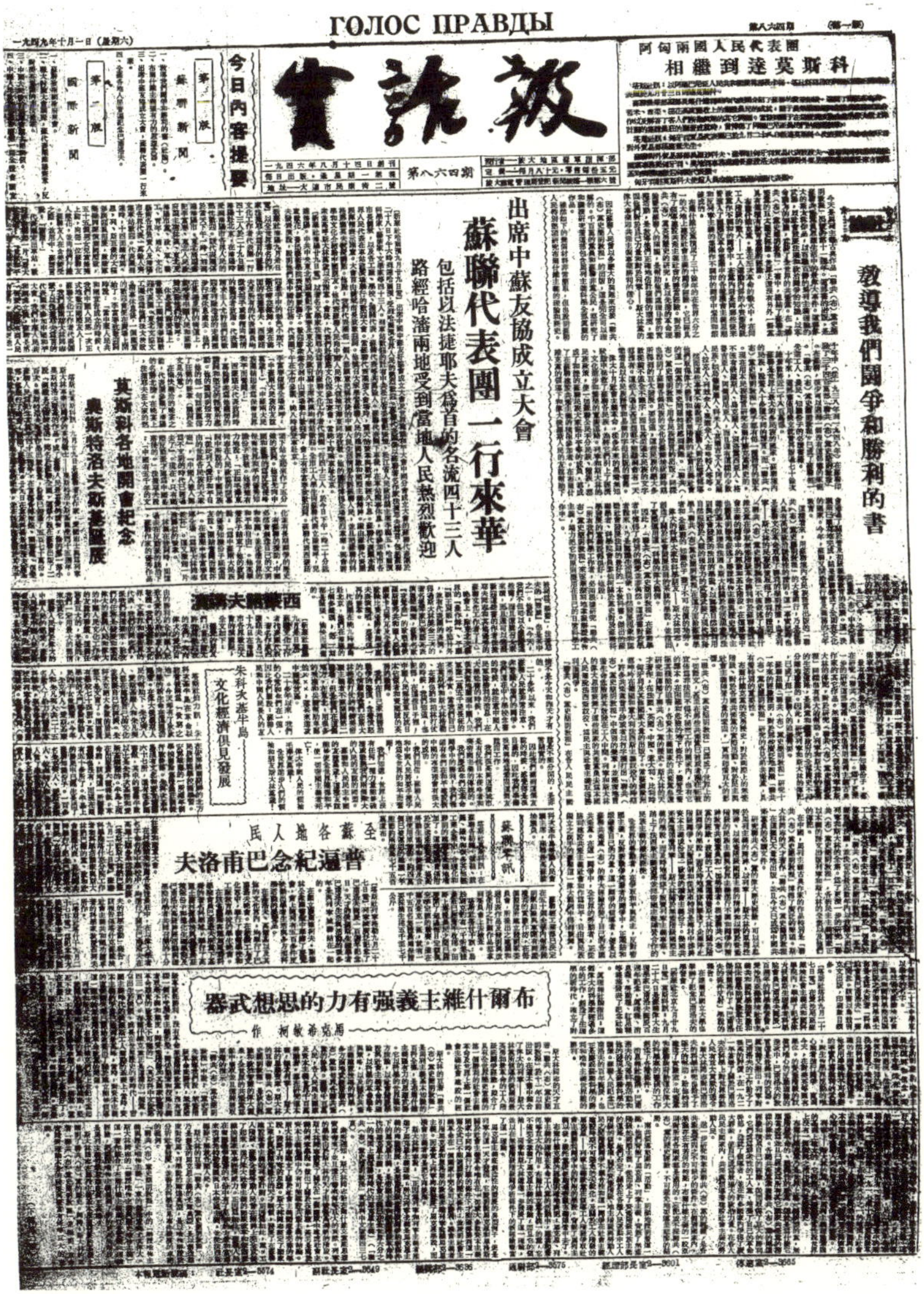

ГОЛОС ПРАВДЫ

實話報

今日內容提要

阿匈兩國人民代表團
相繼到達莫斯科

出席中蘇友協成立大會
蘇聯代表團一行來華
包括以法捷耶夫為首的名流四十三人
路經哈瀋兩地受到當地人民熱烈歡迎

社論
教導我們鬪爭和勝利的書

莫斯科各地開會紀念

全蘇各地人民
普遍紀念巴甫洛夫

布爾什維主義強有力的思想武器

写真 5-20　1949 年 10 月 2 日　中華人民共和国成立した翌日の紙面、控えめな報道姿勢が目立つ。（中華人民共和国の成立と中ソ友好を繋げて、大々的に報道し始めたのは、10 月 4 日である。第 5 章の写真 5-3（168 頁）を参照）

ГОЛОС ПРАВДЫ

一九四九年十月二日（星期日）

實話報

今日内容提要

維辛斯基

「現在各國人民大衆爭取和平的强大運動正在進行着和益加擴大着。維護和平的民主力量較戰爭挑撥者黑暗勢力的增長要快過百倍。民主力量反抗帝國主義侵略者的醜惡勾當的決心正在日益增長」。

——摘自在本屆聯合國大會上的演說——

中國人民政協勝利閉幕
毛澤東當選政府主席
副主席及政府委員亦在同時選出

和平陣營力量的戰鬥檢閱

中央人民政府公告
任命周恩來為總理

社會主義就是和平　資本主義就是戰爭

列寧對蘇聯青年的不朽遺訓

た点は、同じくソ連軍が発行した日本語紙『民主新聞』でも同様であった。『実話報』がこのような報道方針をとったのは、ソ連は国民政府と締結した中ソ友好同盟条約を法的根拠として旅大地区を占領して、表では国民政府を中国の唯一の政権としなければならない事情が大きな要因である。

まとめ

『実話報』は、実務担当機関の実例として、地方における中共とソ連軍の協力体制の特質を集約的に表している。『実話報』社内では、日常業務の順調な遂行には、中共幹部を主体とした中国人職員の協力が大きく寄与した。五年間の発刊期間を通じて、中国人職員とソ連軍当局の間に緊張を孕んだ協力関係が展開された。ソ連軍当局は、中国人職員に編集権を与えず、人事権を独占して、中共とソ連軍の正式の意思疎通のルールを設けないなどの措置を通して、『実話報』における絶対的支配権を制度上から確保していた。中国人職員は極めて重要な役割を果たしているにもかかわらず、終始補佐的立場に置かれた。ソ連軍当局のこうした方針は、『実話報』に対する支配権確保の一環であると同時に、同時期のソ連の外交スタンスの延長でもある。

こうした不均衡な体制下、中国人職員らは国民党批判が実現できないとして、強い不満を抱き、その不満が時にはソ連軍当局との激突という形で爆発した。「秋江辞職事件」から見られたように、貴重な翻訳人材を失うことを辞さないほど、ソ連軍側は支配権を確保するため、強気の姿勢を崩さなかった。相互の衝突は、双方の歩み寄りをもって解決を見た。中共側の歩み寄りの度合いが大きかったことが双方の力関係の結果と理解しても妥当であろう。

極東地域の領外における一宣伝機関として、『実話報』は、旅大地区を取り巻く内外情勢に適応しながら、ソ連の対外宣伝方針を忠実に履行していた。対米批判と西側陣営との協力示唆という二つの宣伝方向をとる『実話報』の国際面記事は、米ソ対峙と戦後の平和再建を強く意識したソ連の対外宣伝を展開している。ソ連の社会主義制度の先進性についての記事は多方面の内容をもって、国づくりの前夜にある中国人に社会主義国の魅力を提示して、多くの示唆を与えた。さらに、中ソ友好の宣伝は、国レベルと地方レベルの二つの側面から精力的に展開して、中国人の対ソイメージの好転にある程度寄与できた。中国国内情勢に関する報道記事は、内容的に対米宣伝の枠に組み込まれたほか、量的に少なかった。このようなソ連の外交スタンスをもとに形成された編集方針が、中国人職員の不満の種となっていたのは、すでに前述した通りである。ただし、中共が軍事的優位性を獲得するにつれて、『実話報』は中共支持の姿勢を鮮明にしたという事実も見過ごしていけない。この意味で、『実話報』はソ連の対外スタンスの重要なバロメーターとも言える。

註

(1) 欧陽恵は、タイ出身の華僑で、一九三〇年代末、タイ警察の取締まりを逃れるため、抗日気運の高まりの中で祖国の中国に戻り、延安に向かった。延安大学でロシア語を習得した。日本敗戦後、中共中央の指示を受けて、数百人の華僑出身の中共幹部とともに東北経由で南下して、東南アジアに戻ろうとしたが、交通関係で足止めされ、大連に留まった。後に人の紹介で『実話報』に入社して、地方新聞部の記者を務めた。『実話報』社内の中共組織の支部書記を務めたこともある。『実話報』廃刊後、欧陽は北京に移って、中ソ友好協会などの部署で中ソ間交流の仕事を担当した。一九五〇年代半ばより右派だと打倒され、二〇年あまりの下放生活を農村部で送った。筆者は、『実話報』をはじめ、一九四〇年代後半の旅大地区の中ソ関係について、同氏に対して三回に亘って計七〇時間のインタビューを行った。

(2) 『実話報』の創刊経緯は、『実話報』のソ連軍職員アントノフ氏（中国語氏名は安東諾夫）の回想文による。同文章は、ソ連共産党中央委員会会議の記録番号と関連のアーカイブの所在を提示しているので、信憑性が高いと思われる。弗・伊・安東諾夫「『実話報』時間、事件、人物」、大連市史志弁公室編『大連実話報史料集』大連出版社、二〇〇三年、四四四—四四五頁。なお、アントノフ氏の経歴は以下である。一九二三年生まれ、一九四一年九月ソ連軍に入隊し、一九四二年七月より軍事外国語学院に入学した。一九四六年七月より一九四七年二月まで、通訳としてソ連駐屯軍大連司令部に派遣され、軍参謀本部情報総局のインターン代表（中国語原文は「見習代表」）を務めた。一九四八年一一月より一九五一年九月まで『実話報』で記者を務めていた。一九五二年二月に北京に異動して、中国外文出版局ロシア語版『中国』画報社と『人民中国』雑誌社で編集顧問を務めた。一九五二年五月より中共中央編訳局で顧問を担当する。モスクワに戻った後、大尉の階級で軍から引退した。大連市史志弁公室編『大連実話報史料集』五六〇頁。

（3）創刊時の『実話報』社の住所は、大連市安陽街二九号にあって、一九四九年二月に明澤街六七号に移り、一九四九年六月民康街二号に移転した。終始大連市内にあった。

（4）ディミトロフらが提案した内容の一部は以下となっている。「一、赤軍の名義で宣伝を展開する場合は、戦争の目的、赤軍がドイツ領土に進駐する目的及び赤軍に対してドイツ国民が負う義務を説明する。ソ連の政策を解説するとともにソ連の状況を説明する。ソ連の文化業績を宣伝する。赤軍がドイツ人民を殺すというドイツファシズム宣伝機関が流したデマをつぶす、など（一部略）二、ドイツにおける反ファシズム戦士の名義で宣伝を展開する場合は、ドイツファシズムこそ侵略戦争を発動した元凶であり、ドイツ民族における悲惨な状況を作り出した張本人であることを訴えること（一部略）」。沈志華主編『蘇聯歴史档案選編』第二一巻、社会科学文献出版社、二〇〇二年、三五九—三六一頁。

（5）前掲『蘇聯歴史档案選編』第二一巻、三六五頁。

（6）二〇〇四年一二月、北京、欧陽恵へのインタビュー。

（7）大連市史志弁公室編「総論」『大連実話報史料集』五頁。翻訳を担当した宋書声が、一九四九年一〇月に遠い上海の『世界知識』雑誌から二期の雑誌を送られてきたことがある。この二期の雑誌には宋が翻訳して、『実話報』に掲載された二本の論文が転載されている。このことから全国広範に亘っている『実話報』の影響が垣間見える。宋書声「終身事業始

于此」前掲『大連実話報史料集』四七〇頁。

(8)『関東日報』は、大連市政府機関紙『新生時報』と中共旅順市委機関紙『民衆報』の二紙を合併して創刊された新聞である。発行期間は一九四七年五月から一九四九年三月までである。発行部数は創刊時の一万七〇〇〇部から廃刊時の二万部の間に浮動して、ピーク時は二万五四〇〇部(一九四七年六月、七月)に達した。任鳳林「『関東日報』始末」前掲、『蘇聯紅軍在旅大』一五六頁。『大連日報』は、中共大連市委機関紙『人民呼声』(一九四五年一一月一日創刊)が一九四六年六月一日に改名したものである。旅大地区の中共組織が名義を公開して活動できるようになるに伴って、一九四九年四月一日に『関東日報』とともに、新しく創刊された『旅大人民日報』に統合された。『人民呼声』創刊時の発行部数は四〇〇〇部で、一九四六年四月に一万部に上った。一九四九年三月の『大連日報』の発行部数は五万部以上達した。洛鵬等編『大連報史資料』大連日報社編、一九八九年九月、一―二頁、三一頁。

(9)同前書。

(10)同前書。

(11)関係者の回想によると、新華書店が『実話報』掲載文章を素材にまとめたこのような小冊子が多数あったことという。たとえば、大連新華書店が一九五〇年二月に出版した『スターリン全集紹介』(五千部)や、東北新華書店が出版した『馬列主義的社会形態学説』などがある。宋書声「終身事業始于此」前掲『大連実話報史料集』四六八―四七〇頁。

(12)筆者が入手できた同類の小冊子は、『ソ連学校教育講座』がある。同小冊子は『実話報』紙面に掲載されているソ連の学校教育に関する説明文章をまとめたもので、著者がソコロフで、一九四九年四月に新華書店により刊行された。その後、一九五一年と一九五二年、二回に亘って改訂された経緯がある。中央人民政府教育部と出版総署から師範学校教育学科の参考書として指定されたこともある。

(13)謝徳明は一九四〇年よりソ連軍に入隊した。一九四六年七月より一九四八年一一月まで『実話報』の社長と編集長を務めた。一九五三年より一九五六年まで北京の『人民中国』雑誌社で編集顧問として招聘された。「報人簡介」前掲『大連実話報史料集』五五一頁。

(14) 欧陽恵氏が、『実話報』社ではじめて謝徳明と会った時、謝が「有朋自遠方来、不亦楽乎」と『論語』の言葉を借りて、歓迎の意を現したことを数十年後でも鮮明に覚えている。二〇〇四年一二月、北京。欧陽氏へのインタビュー。

(15) 謝徳明が通訳を担当した経緯については、中国の中ソ関係研究者薛銜天が訪ロの際、本人に直接に確認した。薛銜天「駐東北蘇軍代表飛赴延安内情」『炎黄春秋』二〇〇三年第二期、四八—五一頁。

(16) 扎哈諾夫は一九三六年に赤軍に入隊して、一九三八年に中国語軍事翻訳訓練コースを卒業した。一九四六年七月より『実話報』地方生活部主任を務めた。ソ連軍から引退した後、モスクワ新聞社の北京事務所所長を務めた。生涯は多くの文学作品のロシア語訳を手がけた。「報人簡介」前掲『大連実話報史料集』五六一頁。

(17) 『実話報』廃刊後、李必新が一九五二年三月に北京に来て、中国外文出版局で編集顧問を務めて、同年五月より中共中央編訳局から顧問として招聘された。一九五五年にモスクワに戻り、大学教員を務めた。「報人簡介」前掲『大連実話報史料集』五五三頁。李必新がソ連国籍を取得したことは、上記の個人プロフィールに触れられていないが、複数の中国人職員は回想文で、李のことを「蘇籍華人」と呼んでいる。呉滌「尋覓『実話報』」前掲、『大連実話報史料集』四八五頁。馬列「我所了解的『実話報』」前掲、『大連実話報史料集』四三四頁。

(18) 洛鵬によると、『新生時報』などの新聞でも、掲載の前に、記事原稿を李必新に提出してチェックを受けることになっていた。洛鵬「『新生時報』的十八個半月」前掲『蘇聯紅軍在旅大』一三七頁。そのほか、李はソ連軍と中共系統の各宣伝部門との連絡役を担当していた。馬列「我所了解的『実話報』」前掲、『大連実話報史料集』四三四頁。ただ、欧陽恵氏の個人印象では、李必新は口数が少なく、勤務時間が終わると、いつも直ちに帰宅する。中ソ両方の職員との個人的付き合いが少なく、親しみにくい感じという。このような李必新の個人性格には、中国とソ連の間に挟まれたという李の立場が何らかの影響があったとも考えられるだろう。

(19) 欧陽恵「我在報社当記者」前掲、『大連実話報史料集』五二一頁。

(20) 大連市史志弁公室編『大連実話報史料集』四頁。

(21) 一九四五年末、タイ華僑出身の欧陽恵氏は中共の指示下で、東北を経由してタイに帰ろうとした。しかし、交通寸断のため、結局大連に留まった。当時の東北における中共による占領状況について、欧陽氏は自分自身の見聞きしたことを踏まえて、以下のように回顧している。「ある県を接収するに当たって、八人の幹部しかいなかった。しかも、現地の偽政権警察の武装はまだ解除されていなかった。八人だけが町に入るのは、飢えている狼の群れに子羊を放牧すると同然である。この八人が出来ることは、町の外でうろうろするだけだった。ほぼ同じ時期、六人の接収幹部が町に入って、闇に隠れた敵に暗殺されたという痛い話もあった」。二〇〇四年一二月欧陽恵氏とのインタビュー。

(22)『新生時報』は一九四五年一〇月三〇日に大連市政府によって創刊され、以降市政府機関紙として、中共大連当局の実質支配下にあった。創刊当初、社内の共産党員は洛鵬一人だけで、一方、国民党党員は一〇名を下らなかった。『新生時報』は一九四七年五月一六日より、旅順の『民衆報』と合併して、関東公署の機関紙『関東日報』となった。洛鵬「『新生時報』的十八個月」、前掲、『蘇聯紅軍在旅大』一三六―一四八頁。

(23)夏端「我和『実話報』」前掲、『大連実話報史料集』五三三頁。

(24)一年後の一九四六年一〇月になると、共産党員が三名に増えて、やっと社内に党支部を設立できるようになった(党支部設立の最小メンバー数の基準は三名)。洛鵬「『新生時報』的十八個月」、前掲、『蘇聯紅軍在旅大』一四六―一四七頁。

(25)二〇〇四年一二月欧陽恵氏とのインタビューによる。欧陽恵氏は創刊二ヵ月後に、友人の紹介で『実話報』に入社した。入社した時点では、延安からの中共幹部がすでに六名在籍していたことを記憶している。

(26)『実話報』が創刊した頃の『新生時報』は社内の共産党員が洛鵬と杜鴻業の二人だけだった。洛鵬「『新生時報』的十八個月」、前掲、『蘇聯紅軍在旅大』一四六頁。

(27)陳山・林揚「回憶『実話報』」前掲、『大連実話報史料集』四六一頁。

(28)夏端「我在『実話報』」前掲、大連市史志弁公室編『大連実話報史料集』五三四頁。

(29)薛傑「『実話報』歳月随録」前掲、『大連実話報史料集』五四四頁。

(30)二〇〇四年一二月、北京、欧陽氏へのインタビュー。

(31)二〇〇四年八月、バンコク、欧陽氏へのインタビュー。

(32) 一九五〇年代まで、多くの中国人は「蘇聯老大哥」という親しげな呼び方で（ニュアンスは、日本語の「兄貴」に近い）、ソ連のことを呼んでいた。また、一九三〇年代から一九五〇年代まで、多くの中国革命青年は、いち早く社会主義革命を実現し、新しい制度を取り入れたソ連に強い憧憬を持っていた。一九三〇年代半ば頃バンコクに住んでいた欧陽恵氏は、当時、タイの華僑革命青年には毛沢東などの中共指導者はほとんど知られていなくて、その代わり、彼らはみんなソ連に憧れていたと述懐している。二〇〇四年八月、バンコク、欧陽恵氏へのインタビュー。

(33) 『実話報』の翻訳を務めた宋書声は、中国人職員は誰でも毎日相当の量の仕事をこなさなければならなかったと述べている。「毎日の紙面に掲載される文章の総字数は約三万字前後になる。地元のニュース記事を外した後、翻訳を必要とする文章は二五万字前後になる。毎月二五回新聞を発行するので、一か月分の掲載された訳文の総字数は六二五万字に上る。これを一二名の訳者で分担して、一人当たりは五万字になる。私（宋書声）自身の場合、一九四九年八月の一ヶ月に、完成した訳文が七本で、総字数は三六万字であった。そのほか、日課のようにこなした通信社の配信記事の漢訳分をも計算に入れると、四万字を下らないはずである」宋書声「終身事業始于此」前掲『大連実話報史料集』四六六頁。

(34) ソ連人職員の中、中国語ができる人が多かったが、社長謝徳明のようなレベルはやはり少なかった。細かいところに誤った中国語を使ったりすることがよくあって、独立で漢訳を担当できるレベルではなかった。一九四八年一一月より一九五一年一〇月まで『実話報』社長を担当して、大学で中国語を教えたことがあるゴルジンネイ（中国語訳名は格魯金寧）が、会議に遅れた時、「遅れまして、すみません」と謝るつもりだったが、「遅れまして、みんなが私に申し訳ない」（你们对不起我、我迟到了）と間違った中国語表現で満場の失笑を招いたなど逸話が少なくない。宋書声「終身事業始于此」前掲『大連実話報史料集』四六七頁。

(35) 常公権「人生最美好的回憶」前掲、『大連実話報史料集』五〇四頁。

(36) 『実話報』の編集方針は紙面構成からも確認できる。また、複数の『実話報』元中国人スタッフの回想から、当時中国人スタッフの間でこのような認識が一般的だったことが分かる。たとえば、陳山・林揚の「一九四八年以前は中国解放戦争についてあまり報道されなかった。国民党政府を激しく批判する文章は掲載しない。どうしても報道しなければならない時にはきわめて慎重な態度で臨んだ」という回想がある。陳山・林揚「回憶『実話報』」前掲『大連実話報史料集』四五七頁。

(37) 旅順市市長を務めた王世明によると、「ソ連駐屯軍の新聞検閲はとても厳しいものだった。まずタス通信社の記事は必ず掲載しなければならない。新華社のニュース記事と地域のニュースは厳しい検閲をクリアしてからはじめて掲載が可能となる。中共の存在をほのめかす記事と国民党蔣介石を罵倒するような記事文章は掲載厳禁であった」という。王世明「旅順解放初期与蘇軍関係的回顧」前掲『蘇聯紅軍在旅大』一一三頁。

(38) 二〇〇四年一二月、北京、欧陽恵氏へのインタビュー。

(39) 欧陽恵「我在報社当記者」前掲『大連実話報史料集』五一八頁。

(40) 同前書。

(41) 欧陽恵氏によると、秋江は『実話報』が創刊されて間もない一九四六年末頃にやめたという。劉順元が在職中のことなので、秋江の辞職は一九四七年九月以前のことであるのが確実である。欧陽恵氏へのインタビュー、二〇〇四年一二月、北京。

(42) 二〇〇四年一二月、北京、欧陽恵氏へのインタビュー。

(43) 二〇〇四年一二月、北京、欧陽恵氏へのインタビュー。また、翻訳部主任を務めた陳山らの回想文によると、副編集長、編集部副主任、地方新聞部副主任などの中国人職員が担当するポストが設けられたのが、創刊して間もない時期だったとしている。陳山・林揚「回憶『実話報』」前掲『大連実話報史料集』四五八頁。

(44) 『実話報』で記者、地域コラムの編集者を務めたことのある林揚は、ソ連人の上司ザハロフがいかに慎重に編集に取り組んでいたかを次のように回顧している。「ソ連軍の大連における微妙な立場を考えて、ザハロフは新聞記事の校閲に細心の注意を払った。特に微妙な話題及び仕事の具体的なやり方などの場合、彼はいつも繰り返して推敲した。『仕事上で万が一何かミスが生じたら、私は星が一つなくなるよ』（降格処分を受ける意味—著者）と彼が冗談半分で言ったことがある。その彼の言葉を、私は十分に理解していた。というのは、当時ソ連軍の中国内外における立場からすると、何か問題が起こった場合、ザハロフ個人が処分を受けるだけでは済ますことができない。ソ連が国際社会で不利な立場に置かれてしまう恐れがあったから」。林揚「深切懐念扎哈洛夫同志」前掲『大連実話報資料集』五〇〇頁。

(45) 陳山、林揚「回憶『実話報』」前掲『大連実話報史料集』四六一頁。

(46) 同前書。

(47) 陳山と林揚によると、『実話報』の党支部は最初、旅大地委組織と宣伝部に直属して、一九四八年五月に中共旅大の宣伝系統に文化総支部が成立後、管轄先が文化総支部となった。陳山・林揚「回憶『実話報』」前掲『大連実話報史料集』四六一頁。同じ『実話報』社で勤務したことがある馬列は、『実話報』社内の党支部が独立の党支部として、旅大地委宣伝部または『実話報』社所在地の区委の直轄下にあった、と記憶している。両者の回想に若干の相違が見られたものの、いずれ独立した党支部として、旅大党組織の直轄下にあったことは共通している。馬列「我所了解的『実話報』」前掲『大連実話報史料集』四三五頁。

(48) 二〇〇四年一二月、北京、欧陽恵氏とのインタビュー。

(49) 二〇〇四年一二月、北京、欧陽恵氏とのインタビュー。

(50) 二〇〇四年一二月、北京、欧陽恵氏とのインタビュー。

(51) 韓光「旅大八年」前掲『蘇聯紅軍在旅大』三五―四三頁。

(52) 同前書。

(53) 二〇〇四年八月、バンコク、欧陽恵氏へのインタビュー。

(54) 二〇〇四年一二月、北京、欧陽恵氏へのインタビュー。

(55) 安東諾夫（アントノフ）「『実話報』時間、事件、人物」前掲『大連実話報史料集』四四七頁。

(56) 二〇〇四年一二月、北京、欧陽恵氏とのインタビュー。

(57) 大連市史志弁公室編「中国人民共和国蘇維埃社会主義共和国聯盟関于中国長春鉄路、旅順口及大連的協定」前掲『蘇聯紅軍在大連』二七五―二七七頁。

(58)そのうち、宋書声は局長の職で中共中央編訳局を引退した。畢克は組長、室主任、秘書長を歴任して、林基洲はスターリン著作翻訳室と哲学著作翻訳室副主任、副秘書長、副局長を歴任したのである。「報人簡介」前掲『大連実話報史料集』五六六―五六七頁。宋書声「終身事業始于此」前掲『大連実話報史料集』四七一頁。

(59)各政府部署で重役を担当した、元『実話報』中国人職員が数少なくない。元文化部中国芸術研究院副院長の陸梅林、元中国大百科全書出版社編集長の郭景天、元中国人民大学編訳室主任の劉赫文、元『新華月報』総編集長の林平等がいる。呉涤「尋覓『実話報』」前掲『大連実話報史料集』四八二頁。

(60)安東諾夫(アントノフ)「『実話報』時間、事件、人物」前掲『大連実話報史料集』四四八頁。

(61)この種の国内報道は極めて数多い。以下いくつかの事例を挙げてみる。たとえば、「美軍並未撤出中国、華北駐軍移動顕係混淆視聴」(『実話報』一九四七年二月九日)、「美国勢力侵入中国西北、美国正派員与西蔵建立「外交関係」(アメリカ勢力が中国西北に侵入、アメリカがチベットと「外交関係」樹立に向かって人員を派遣)」及び「青島又到美軍千余、天津美軍挙行演習(青島にまた千人のアメリカ軍人到着、米軍天津で演習行う)」(『実話報』一九四七年三月六日)「美帝侵華零訊(米帝の中国侵略速報)」(『実話報』一九四八年五月二七日)。

(62)いくかの記事の例を示すと、「英国報紙評論、美国之所謂『不干渉』中国(英国新聞がアメリカのいわゆる中国『不干渉』を斬る)」(『実話報』一九四六年八月二四日)、「美国士兵対記者説:中共要求美軍撤退之正義――美軍駐華並非一種安定因素(アメリカ軍兵士が記者に語る:中共が米軍撤退を要請するのは筋に合う、米軍の中国駐留は安定要素ではない)」(『実話報』一九四六年八月一七日)あるいは「美軍応不応該撤離中国? 百分之七十的美国人答道:『応該!』(アメリカ軍は中国から撤退すべきか。七〇%のアメリカ人は「そうすべきだ」と答えた)」(『実話報』一九四六年九月二八日)。

(63)『実話報』一九四七年三月一八日。

(64)『実話報』一九四七年三月二六日。

(65)『実話報』一九四七年五月一七日、「論美国法西斯主義」。

(66)『実話報』一九四八年七月二二日。
(67)『実話報』一九四七年七月七日。
(68)『実話報』一九四八年七月一六日。
(69)『実話報』一九四八年七月二一日。
(70)音訳、原文は「博克丹諾夫」。
(71)何凱思「蘇聯人在旅順和大連的活動一九四五―一九五五」沈志華ほか編『脆弱的聯盟：冷戦与中蘇関係』社会科学文献出版社、二〇一〇年、二八―四六頁。
(72)たとえば、一九四六年にスターリンに提出された報告では、ドイツに駐在するソ連軍政府の政治宣伝は「よくできていない。(ソ連軍政府)宣伝庁とソ連のドイツ駐在組織がドイツのマスメディアにソ連の経済、文化の業績及び平和と各国人民の安全を守るような対外政策に関する全面的情報を提供していない」とされている(「聯(共)中央専門委員会関与検査蘇駐徳軍政府情報庁工作給斯大林的報告草稿(一九四六年一二月二五日前完成)」沈志華主編『蘇聯歴史档案選編』第二一巻、社会科学文献出版社、二〇〇二年)四六七頁。二年後の一九四八年五月の評価も同じく否定的なものであった。「ソ連の業績を紹介する文章と放送番組はある程度増加が見られたものの、全く同じものばかりで、抽象的でドイツ人にとっては理解しにくいと思われる。ソ連の社会生活を生き生きと、具体的に伝えていない」「聯(共)中央専門委員会関与検査蘇駐徳軍政府情報庁工作給日丹諾夫的報告」(一九四八年五月)前掲『蘇聯歴史档案選編』五六二頁。
(73)その一つに、中国文学専攻のソ連人修士がレニングラード大学での学会報告で、中国新文学の希望は中国解放区にあるとの見解を発表したという記事がある(『実話報』一九四八年八月二一日「蘇東方学碩士費氏指出　中国新文学方向是在中国解放区」)。しかし、この記事は、ソ連記事の紙面に掲載されており、解放区を直接に論じているものではない。
(74)これに類する記事は数多くある。たとえば、一九四七年五月二七日の「南京政府印鈔忙、農村顆粒無存仍然加緊徴実」という記事では、南京政府は紙幣印刷に没頭して、農村部に食糧の在庫はゼロに近いにもかかわらず、食糧の徴収を容赦なく続行している、コメをめぐる争奪は江蘇、浙江から安徽に蔓延している、と報じている。また、同一日付の紙面の「言論自由何在?:文汇報等被封閉」という記事では、当局が文汇報などの新聞社を閉鎖し、さらには各新聞社に同情意思の表明を禁じる通達を出したと報じている。これは、国民党政府の民主制度が国民党政府によっていかに破壊されたかを暴露したものである。

（75）一九四八年二月二三日付「中国解放区的土地改革」という記事は、一九四七年一〇月一〇日に公布された中国土地法大綱に基づき、解放区で展開されている土地改革について、はじめてその現状を詳しく紹介している。この記事は、中国農民を苦しめてきた深刻な土地問題を根本的に解決して、民心を集め、解放戦争の勝利を勝ち取ったとして、中共の功績を高くたたえている。文学の紹介としては、一九四七年四月一九日付「現代中国的文学作品和作家」という特集が挙げられる。この特集は、はじめて解放区の文学作品と作家を取り上げているが、解放区の文芸界全体の状況についての体系的な紹介には至っていない。

（76）一九四八年秋以降、中共軍は東北、華北と華東で発動した瀋陽戦役、平津戦役、淮海戦役のことである。これにより、国民党軍は壊滅的打撃を受け、国共内戦の帰趨がついた。

終章

以上五章に亘って、国共内戦期の旅大地区における中共とソ連軍の協力関係に対して、その成立過程と実態を考察してきた。

第一章では、日本敗戦後、中国東北に入った中共、国民政府とソ連軍の間の複雑な三者関係を概観した上で、ソ連軍と国民政府の経済交渉及び中共軍に対するソ連軍の援助などを中心に、自らの利権を確保するため、中共と国民政府両方とも接触を保ったソ連軍の対中政策の二面的性格を分析した。

第二章では、ソ連軍進駐直後の旅大地区における混乱した社会情勢を振り返った上で、八月下旬の進駐直後から一〇月上旬までの間に、ソ連軍当局が国民党勢力支持の姿勢から、中共支持に急転換した一連の事実に注目して、以下の二つの事実を明らかにした。一つは、ソ連軍が一〇月上旬まで、中共系の各組織に対して、散発的武装組織と見なして排除の態勢をとっていたことである。もう一つは、旅大の中共政権がソ連軍の主導下に発足したことである。

第三章では、行政運営における中共とソ連軍の協力関係を考察した。住宅改革や中共旅大トップ指導者劉順元の更迭の個別事例のほか、重大案件についての意思決定権の所在、中共とソ連軍の対応を通して、旅大地区の中共とソ連軍による二重の統治構造を分析した。

第四章では、旅大地区の経済活動に焦点をあてた。具体的には、中共旅大の日系企業資産の接収工作、中ソ合弁企業、中共旅大の軍需生産、二回行われた貨幣改革を通して、経済面における中共旅大とソ連軍の協力関係は、政治面と同様、ソ連軍の主導で進められていたことを確認できた。ソ連軍は中共旅大の軍需生産に対して、慎重な協力姿勢をとっていた。また、貨幣改革の実施状況が、中共がはじめて大都市の金融管理にあたって、ソ連の経験に依存する構造を浮き彫りにした。

第五章では、ソ連軍当局発行の中国語紙『実話報』に焦点をあてて、『実話報』社内の中共とソ連軍の協力実態及び『実話報』の掲載内容という二つの側面から考察を行った。ソ連の宣伝機関として、『実話報』はソ連の対外宣伝方針を忠実に履行するとともに、中国民衆に対して対ソ友好の宣伝を精力的に行い、同時期のソ連と一般中国人のパイプ役を務めた。ただし、『実話報』社内では、中共幹部を主体とした中国人職員が社内業務の日常運営の中心を担っていたにもかかわらず、編集権を与えられなかった。このことは、実務レベルにおける中共とソ連軍の協力関係を端的に表していると言える。

本書では、資料の制限のため、ソ連軍側の档案資料を入手できず、ソ連軍当局の占領方針と統治姿勢を直接に探ることができなかったが、ソ連軍発行の中国語新聞『実話報』の掲載内容、及び同時期の東欧占領区のソ連軍の関連档案を通して、ソ連軍の対外宣伝方針の把握に努めた。そしてこれらの実証作業を通じて、間接的にソ連軍の当局の占領方針と統治姿勢を把握できた。

この協力体制の樹立と共同運営の実態に関する以上の考察から、国共内戦期の基層組織レベルで展開された中共とソ連の両者関係について、いかなる特質が見えてくるだろうか。以下では、序章で設定した問題提起に即して、結論を二点まとめてみたい。

一点目の問題提起は、中共旅大とソ連軍の間に対等的なパートナーシップが果たして形成できたのかということであった。上記の考察の結果、答えは否となる。その理由は、両者の協力関係が終始ソ連軍の主導下で進められたことにある。この点は、第二章で考察した協力関係の樹立段階ですでに顕著に見られる。さらに、行政運営と中ソ合弁企業、『実話報』社内の業務運営などの、その後の展開過程を見ても、ソ連軍主導の傾向は、中共旅大の実力の向上に伴ってやや衰えたとは言え、完全に消えたわけではない。

二点目の問題提起は、一点目の答えである対等なパートナーシップが形成できなかったということが、いかなる要因によるのか。そしてそれが当該時期の中ソ関係を考察する上で、いかなる示唆を与えられるのかということであった。

対等な関係が形成できなかったのは、中共旅大とソ連軍の間に、利益対立を調整するための健全な体制が終始形成されなかったことが一番の要因だと考えられる。両者の協力展開において、たびたび起きた衝突について、汪朝光は双方の戦略目標が一致した中の局部的相違に過ぎないと見て、ソ連軍の高圧的態度が衝突の悪化に加担したことを認めながら、最終的に中共側の寛容的対応が衝突の解決に繋がったと述べている。中共旅大の対ソ関係の処理について、汪朝光は成功したと評価を下している。

協力関係が一九四九年まで維持できたという結果だけを基準にして判断すれば、中共旅大の対ソ関係は「成功」と評価しても差し支えがないだろう。しかし、中共旅大とソ連軍の間に、「反国民政府」という共通の利害関係のほか、深刻な利益対立も多数存在していたことも留意すべきである。その中で旅大の経済資源の利用をめぐって、国民政府軍との交戦のために優先的に利用したいという中共旅大の利益訴求と、自国の経済回復のために用いたいというソ連軍当局の思惑とが激しく対立していたのは、その典型的事例である。また、国民政府の旅大接収が現実味を帯びるようになった時期、ソ連軍の主導下で、旅大地区の行政再区分が行われ、中共旅大が一時旅大から撤退を迫られた一連の事実は、ソ連軍当局の目標があくまでも旅大占領の確保にあり、中共側の利益とかけ離れたことを物語っている。

いかなるパートナーであっても、利益上の衝突はつきものである。肝心なのは双方の間に、対等な立場で利益上の衝突を処置できる健全な体制が形成されたかどうかという点である。中共とソ連軍の場合は、国共内戦期全体を通じて、緊密な協力関係を展開していた反面、相互の間に衝突解決のための健全な体制は構築されなかった。これは、中ソ同盟関係確立前夜にあたる国共内戦期の中共・ソ連両者関係の重要な特質となっている。その背後には、国共内戦期の中国を取り巻く内外情勢、それまでの中共とソ連の両者関係の歴史的経緯、さらに各自の政治的思惑のずれなどが原因として挙げられる。

このような協力構造におかれた中共は、ソ連軍側の高圧的な態度と中共幹部たちの不平不満に直面して、つねに難しい対応を求められていた。ソ連軍側の援助を不可欠だと考えていたからこそ、中共旅大は多くの難しい場面を乗り越えながら、驚くほど柔軟な対応力を発揮した。このような非対称の協力関係に規定されながら、中共の対外認識と対外交渉のテクニックが徐々に形成し、定着していったのである。

一九四九年に全国政権を樹立し、国の行方を支配できるようになるまで、弱小政治勢力として出発した中共は熾烈な政治闘争、過酷な軍事対戦などと、多くの試練を乗り越えながら、革命の道のりを四半世紀以上も歩み続けていた。その間、中共は甚大な人的、物的犠牲を代価に、少しずつ革命経験を積んでいったのである。一九四九年の国内革命成功を受けて、苦しい戦いから得られたこれらの経験は、いずれも成功に繋がった強烈な原体験として、記憶の深層に根ざして、長い間に亘ってその後の国家統治と対外関係に深遠な影響を及ぼし続けることになった。旅大でソ連軍との協力から得た対外認識と対応手法は、こうした経験の一部として、後の中ソ関係の展開に機能していただろう。

その具体的な検証作業は、今後の研究課題としたい。

写真 1　大連賓館から見えた風景。大連賓館は、1905 年に建てられた大和ホテルで、1945 年 8 月下旬にソ連軍が大連に進駐した直後、一時ソ連軍の司令部として利用されていた。広場周辺の低い石造の建物は日本殖民時代の建築物で、その後ろに林立する高層ビルは 1990 年代後に建てられたものである。さまざまな時代の建築群が同居する広場周辺を歩くと、過去百年間の大連の歴史が迫って来るようだ。筆者撮影、2006 年 1 月 16 日。

写真 2　旅順にある、蘇軍烈士陵園（ソ連軍戦死者墓地）の入り口。同陵園は、朝鮮戦争で戦死したソ連軍人の墓地であり、旅大地区に存在する複数の中ソ友好のシンボルの一つであった。ガイドさんによると、入り口のソ連軍兵士の銅像はもともと大連市内の街頭にあったが、後に陵園の入り口に移動された。同陵園の奥には日露戦争の戦死者のお墓がある。筆者撮影、2006 年 9 月 1 日。

あとがき

これまで、「なぜ、中ソ関係を研究するのですか」と聞かれたことが何回もあった。大学で日本語を、修士課程で社会学を専攻しという自分の経歴を知っている人間から見れば、確かに疑問が浮ぶところだろう。ごく簡単に申し上げると、自分が育った国のことをより知りたかったということであった。より具体的に説明すると、以下の二点に集約できよう。

一つは、今の中国のあり方を理解するには、少なくとも今から半世紀前の時点に遡って、社会主義発足前後の状況を知ることが不可欠であると考えたからである。中国の社会主義革命に多大な役割を果たし、今なお深遠な影響を及ぼしつつあるソ連の要素を抜きにしては、現代中国は語れないと思う。

個人の話になるが、何歳かははっきり覚えていないが、確かに子供の時のことだった。ある日、母は私を連れて、上海郊外の自宅から二時間近くのバスを乗り継いで、市内に開催する地方特産品の展覧会に出かけた。会場に辿り着くと、目の前に聳え立つ屋根の真ん中の上に金メッキの星が輝き、とてつもない巨大な西洋風の建物群が一面に広がっていた。大きな扉を通って中に入ると、きれいな模様をあしらわれた大理石のフロアが現れた。フロアは美しく磨かれ、人の姿が反射する程であった。そして、入り口のホールを通ると、またもう一つのホールとなり、きれいなフロアは延々と続き、建物の奥まで繋がっていく。まるで宮殿のようだった。母から、建物にはかつて中蘇友好大厦という名称があって、一九五〇年代に建てられたことを知った。だが、訪れた時はソ連人の姿やソ連関連の宣伝物は一切なく、あたりには上海弁が飛び交い、地方産の特価品を求めに殺到した群衆の熱気が渦巻いており、やや奇妙にすら見えた。

思えば、これは私の意識の中に、ソ連のことがはじめて明確な形で認識された時だったかもしれない。時はソ連と中国が袂を分って二〇年近く経った一九八〇年代初めだった。改革開放政策の展開のなか、かつての兄貴だったソ連が、この建物のかつての栄光とともに中国人の市民生活から遠ざかっていく時期であった。

しかし、じっくり観察してみると、当時でもソ連の影響は根強く私たち一人一人中国人の生活に残っていたことが分かる。一九五〇年代にソ連の社会主義を模範に作られた一連の制度は社会の隅々で機能し続けていた。一九六〇年代にソ連と中国が対立関係になった後でも、ソ連の映画や文学作品は引き続き中国で強い人気を維持しつつ、数世代にわたる多くの中国人の精神構造の骨幹をなした。中学校の時からロシア語を外国語として勉強した両親は、まさに中ソ友好の時代に育った世代で、昔の良き古き中ソ友好時代への郷愁じみた情緒をいつまでも捨てられない。ソ連と直接な繋がりがない、私の世代でも実はみんなソ連の強い影響下に育ったと言える。小学校に入ると、子供たちはソ連のピオネールを手本にして作られた少年先鋒隊に入隊して、社会主義のイデオロギー教育を受ける。この少年先鋒隊は今日でも全国各地での学校で教育の一環として機能している。このようなことは実に数多くあった。

もう一つは、これまでの歴史教育に規定された枠組みを超えた、より多くの有益な経験を、先入観が排除した歴史研究から得られるではないか、と考えている。中国政府は従来から、過去の百余年は中国に対する欧米列強の侵略の歴史であって、中国はつねに被害者の立場に置かされたことを強調する歴史教育を継続してきた。中学校の時、若い歴史の先生が、一九〇〇年に帝政ロシア軍がブラゴヴェシチェンスク（中国語名：海蘭泡）で大量の中国人を虐殺した海蘭泡事件を語ると、涙ぐんで顔が真っ赤になって激昂した光景と自分が感じた強い憤りは、今だに脳裏に鮮明に残っており、まさにこうした歴史教育の一環と位置づけられるだろう。無論、中国の近代史に起きた、このような数々の凄惨な歴史事実は、富国強兵と国の自立を強く願う大勢の中国人の精神的源泉であって、決して忘れるべきことではない。問題は、被害者的側面だけを強調した、ある意味で単純化された自国史教育で育てられた国民が、国力が顕著に台頭しはじめた今日のような歴史的節目にあたっても、いまなお単一的歴史認識をもって国家関係を捉えて、対外問題を理解しがちなことである。外国との付き合いは一層増加かつ緊密化する今後において、より広い視野で歴史を見る必要があることは言うまでもない。

その意味で、本書の研究内容は、民族自立を求める中国人の長い道のりのほんの一コマに過ぎないが、そこに提示された歴史の事実が中国人の強かな精神、対外関係処理の複雑さ、真の対等的交流の難しさと尊さなどについて、考える一助ともなれば望外の喜びである。

＊　＊　＊

北京外国語大学修士課程を卒業後、対外経済貿易大学で五年間勤務して、日本語と日本社会を教えていた。楽しい日々ではあったが、何かしたいという焦燥感が付きまとった時期でもあった。

二〇〇三年春に思い切って、大学の専任教職をやめて、早稲田大学アジア太平洋研究科の天児慧先生の門下に入ることにした。修士課程と違い（修士論文は日本の医療保障福祉制度をテーマにした）、博士課程の専攻が中国研究へ方向転換したのは、よその国のことを勉強する前、まずは自分の国をしっかり理解したいという強い思いがあったためである。

天児ゼミでは、公私にわたって、天児先生に大変お世話になった。先生から教わった数多くのことの中、もっとも肝に銘じているのは、研究テーマの問題意識を磨くことである。学問の面のほか、学生たちにかかってくる先生の元気な声と笑顔、そしてカラオケに行くと、マイクロを握りしめて、力尽るまで人に渡さないという先生の姿から、いつもぬくもりがある一面を感じた。自分にとって、学問的にも、人間的にも超越しがたい存在である。

同じ早稲田大学アジア太平洋研究科の村嶋英治先生には、一方ならぬお世話になった。村嶋先生からの研究協力の要請がなければ、本研究の重要な歴史証言者である欧陽恵氏に出会うことはなく、本研究が生まれることもなかったであろう。研究史料の購入、研究成果発表などの面で、村嶋先生が数多くの便宜を配慮してくださった。タイの政治史研究が専門である、村嶋先生のバンコクの住所をはじめて訪れた際、部屋に積まれたタイ語の古書の山に圧倒されたことがある。先生によると、これはタイで収集した古書のほんの一部に過ぎないという。研究者にとって忍耐と地道な努力の必要性を改めて深く認識できたことは、先生との長い付き合いから得られた貴重なものである。

博士課程在学中、早稲田大学社会科学学術院の劉傑先生のゼミに参加して、歴史研究の方法について入門レベルから勉強することができた自分は幸運としか言えない。自分が歴史研究者の道に進む決心が深まったことには、歴史研究者の責務について、劉先生が語られた話から大いに共鳴を覚えたこともある。はじめて劉先生のお目にかかったのは、先生が国際交流基金の招聘を受けて、当時私が在学した北京外国語大学日本学研究センターに来られて、日本外交史の講義をされた一九九六年であった。その時のユーモアを交えながら、淡々と語りかけてくる劉先生の講義は一つの世界を開いてくれた。早稲田では劉先生のご指導を再び仰ぎ、歴史洞察力などの学問面のほか、先生の寛容力と人々への配慮などの人間面からも多くのことを勉強できた。

博士論文審査の場を含めて、いくつかの研究発表で、日本の中ソ関係研究第一人者、東京大学名誉教授石井先生からいただいた激励の言葉は長く心に残っていくだろう。一九四〇年代から一九五〇年代までの中ソ関係に関する石井先生の緻密な研究は、先導的な存在として多くの貴重な示唆を与えてくれた。石井先生は近年、中国などで精力的な調査活動を展開されている。去年の二〇一〇年、中越戦争で戦死した中国人兵士の墓地を訪れた後、先生は一通の葉書を寄せてくださった。紙面に滲み出る、多くの若い命の死に胸を痛める先生の心情は、歴史研究者としての素質について多くのことを考えさせられた。

華東師範大学の沈志華先生、李丹慧先生、崔丕先生にも多くのご教示をいただいた。二〇〇七年夏、突然の訪問にもかかわらず、沈志華先生は北京の自宅で半日間も割いて、こちらの相談に応じてくださり、その上、膨大なソ連側の資料を快く提供してくださった。その後、国際学術交流の場で研究成果を発表する場を含めて、後進の私に多くの機会を提供してくださった。人生のすべてを中ソ関係研究にかけた沈志華先生の姿から多くの感銘を受けたのは、私一人だけではないだろう。

新潟大学の井村哲郎先生からはじめてお電話をいただいた日は嬉しかった。先生は一九四九年に発行した『旅大概述』を提供するほか、研究論文発表の場を設けてくださった。同大学の広川佐保先生から貴重なコメントを寄せていただき、あわせて感謝の意を表したい。

二〇〇六年に発足した時点で参加した戦後満洲史研究会には大変お世話になった。長い間、丸山鋼二先生、飯塚靖先生、花井みわ先生、梅村卓氏、大沢武彦氏、大沢武司氏、角崎信也氏、朴敬玉氏、南龍瑞氏、松村史紀氏をはじめとする多くの研究仲間たちから多くのことを学び、研究上の孤独感も幾分和らぐことができた。

博士課程在学中、青木保先生のご推薦で、サントリー文化財団から中国人研究フェローとして二年間の研究助成をいただけたことは、自分の研究にとって大きな支えと励みとなった。同財団が主催した報告会で、大嶽秀夫先生、五百旗頭真先生、張競先生などの碩学の面々からいただいたコメントと激励の言葉は、駆け出しの自分にとっては貴重な糧となった。報告会後、自分の研究の視野が広げたのは、一重に財団の皆様のお蔭である。

博士在学中でも現在でも、井坂忠明氏、上村威氏、小林義之氏、島田大輔氏、張碧恵氏、張望氏、任哲氏、野口真広氏、平川幸子氏、三牧聖子氏、山本英嗣氏、楊志輝氏などの早稲田内外の諸兄諸姉から、いつも多くのご教示と刺激に富んだ時間をいただいた。本書の仕上げの段階で、島田大輔氏にはお世話になったところが多く、あわせて感謝の意を表したい。

＊　＊　＊

日本に来た当初、生活面で多くの戸惑いを感じた私たち夫婦に、木下宗男・千佳子ご夫婦、小泉勝秀（故人）・志津子ご夫婦、末石一男・新ご夫婦、福井慶紀・彩ご夫婦、沼尻勉氏（故人）、山本清志・美智子ご夫婦、山本洋志・逸君ご夫婦などの友人達が暖かく接してくれた。中でも年配の方々が私たちを子供のように親切に扱ってくれたお蔭で、異国の地で安らぎの時間を得ることができた。

蘇州大学時代の恩師梁継国先生（茨城大学教授）には、学部生の時から足かけ二〇年近くお世話になった。研究者を目指そうとしたのは、梁継国先生の影響が大きかった。

研究者を目指す一心で日本留学に踏み切ったが、気付いたらすでに一〇年間近くの歳月が流れた。その間、親孝行と言えるようなことはろくにできなかった。息子のわがままを許してくれた父鄭偉徳、母成勤媛に申し訳ない気持ちが山ほどある。親の立場になってはじめて、両親が自分の成長にかけてくれた心労が分かるようになった。苦労して自分を育った両親の恩は一生をもって報いることができないかもしれないが、せめて本書をもってなんとか応えたい。五年前に娘が生まれた時、言葉が通じない、全く知らない土地にやってきて、学業に没頭する私たち夫婦の育児に献身的な協力をしてくれた義理の父李光明、母張正蓮に感謝の気持ちが言い尽くせない。

同じ研究者である妻は、良き生活パートナーであり、恐ろしいライバルでもある。妻は博士課程を終えた後、仕事の関係で現在遠く離れている広島大学で子供を育てながら、研究に励んでいる。そんな妻から時々叱咤激励の言葉も頂戴して、頭が上がらない思いがいっぱいある。家族旅行の時、いつも通過したトンネルに振り返って、「トンネル、バイバイ！」と無邪気な声をかける娘天天ちゃんは、妻が言うように、天から授かった宝物で、たくさんの楽しい時間を与えてくれた。仕事の関係で、これまでは一緒に生活する時間が少なかったが、それを補うのは自分のこれからの人生課題の一つであろう。

本書の刊行は独立行政法人日本学術振興会の平成二三年度科学研究費補助金（研究成果公開促進費・学術図書）による出版助成を受けたものであり、刊行に際しては御茶の水書房の小堺章夫氏に、一方ならぬお世話になった。はじめて本を出すこともあって、刊行するまで、こちらはいろいろな不手際をかさねたが、氏はいつも大変忍耐強く対応して下さった。心より感謝の意を申し上げたい。

二〇一一年十一月

鄭　成

参考文献

英語文献

Belhoff, Max. *Soviet Policy in the Far East, 1944–1951*. London: Oxford University Press, 1953.

Bianco, Lucien. *Origins of the Chinese Revolution, 1915–1949*. Stanford: Stanford University Press, 1967.

Borg, Dorothy and Heinrichs, Waldo. *Uncertain Years: Chinese-American Relations, 1947–1950*. New York: Columbia University Press,1980.

Borisov, O. B. translated from the Russian by David Fidlon. *The Soviet Union and the Manchurian Revolutionary Base* (*1945–1949*). Moscow: Progress Publishers, 1977.

Borisov, O. B. and Koloskov, B. T. *Soviet-Chinese Relations, 1945–1970*. Bloomington: Indiana University Press, 1975.（邦訳、O. Б. ボリーソフ、Б. T. コロスコフ 著、滝沢一郎訳『ソ連と中国：友好と敵対の関係史』サイマル出版会、一九七九年）

Chassin, Lionel Max. *The Communist Conquest of China: a History of the Civil War, 1945–1949*. Cambridge: Harvard University Press, 1965.

Chen, Jian. *Mao's China and the Cold War*. Chapel Hill: University of North Carolina Press, 2001.

Clubb, O. Edmund. *China and Russia: The Great Game*. New York: Columbia University Press, 1971.

Cohen, Warren I. *America's Response to China: a History of Sino-American Relations*. New York: Columbia University Press, 2000.

Frillmann, Paul and Peck, Graham, Introduction by John K. Fairbank. *China: the Remembered Life*. Boston: Houghton Mifflin,1968.

Forman, Harrison. *Changing China*. New York: Crown Publishers, 1948.

Forman, Harrison. *Report from Red China*. London: R. Hale limited, 1946.

Hunt, Michael H. *The Genesis of Chinese Communist Foreign Policy*. New York: Columbia University Press, 1996.

Iriye, Akira and Cohen, Warren I. *American, Chinese, and Japanese Perspectives on Wartime Asia, 1931–1949*. Wilmington, Del.: SR Books, 1990.

Iriye, Akira. *The Cold War in Asia: a Historical Introduction*. Englewood Cliffs, N.J.: Prentice-Hall, 1974.

Klochko, M. A. *Soviet Scientist in Red China*. International Publishers' Representatives Ltd, 1964.

Lee, Chong-Sik. *Revolutionary Struggle in Manchuria: Chinese Communism and Soviet Interest, 1922–1945*. Berkeley: University of California Press, 1983.

Levine, Steven I. *Anvil of Victory: The Communist Revolution in Manchuria, 1945–1948*. New York: Columbia University Press, 1987.

Mclane, Charles B. *Soviet Policy and the Chinese Communists, 1931–1946*. New York: Columbia University Press, 1958.

North, Robert C. *Moscow and Chinese Communists*. 2nd ed. Stanford: Stanford University Press, 1963.

Pepper, Suzanne. *Civil War in China: the Political Struggle, 1945–1949*. Berkeley: University of California Press, 1978.

Reardon-Anderson, James. *Yenan and the Great Powers: the Origins of Chinese Communist Foreign Policy, 1944–1946*. New York: Columbia University Press, 1980.

Sheng, Michael M. *Battling Western Imperialism: Mao, Stalin, and the United States*. New Jersey: Princeton University Press, 1997.

Wang, Jianwei. *Limited Adversaries: Post-Cold War Sino-American Mutual Images*. Oxford [England]; New York: Oxford University Press, 2000.

Westad, Odd Arne. *Cold War and Revolution: Soviet-American Rivalry and the Origins of the Chinese Civil War, 1944–1946*. New York: Columbia University Press, 1993.

Westad, Odd Arne. *Decisive Encounters: the Chinese Civil War, 1946–1950*. Stanford, Calif.: Stanford University Press, 2003.

Westad, Odd Arne. *Reviewing the Cold War: Approaches, Interpretations, and Theory*. London ; Portland, OR : F. Cass, 2000.

Zhang, Shuguang and Chen, Jian. *Chinese Communist Foreign Policy and the Cold War in Asia: New Documentary Evidence, 1944–1950*. Chicago: Imprint Publications, 1996.

Zubok, V. M. *Inside the Kremlin's Cold War: from Stalin to Khrushchev*. Cambridge, Mass.: Harvard University Press, 1996.

日本語文献

石井明『中ソ関係史の研究：一九四五―一九五〇年』東京大学出版会、一九九〇年

石井明「戦後内戦期の国共両党・ソ連の関係について――一九四五年秋、中国東北――」、『中国の政治と国際関係』東京大学出版会、一九八四年

石井明「中ソ関係における旅順・大連問題」日本国際政治学会編『中ソ関係と国際環境』一九九〇年

石井明「第二次世界大戦終結期の中ソ関係――旅順・大連問題を中心に――」江夏由樹ほか編『近代中国東北地域史研究の新視角』山川出版社、二〇〇五年

石堂清倫『大連の日本人引揚の記録』青木書店、一九九七年

井村哲郎編『一九四〇年代の東アジア：文献解題』アジア経済研究所、一九九七年

岩橋照子『長江の虹：漢口・上海・大連、そして引き揚げ』海鳥社、二〇〇六年

宇野重昭編『深まる侵略屈折する抵抗：一九三〇年―四〇年代の日・中のはざま』研文出版、二〇〇一年

江夏由樹ほか編『近代中国東北地域史研究の新視角』山川出版社、二〇〇五年

エル・ヤ・マリノフスキー著、石黒寛訳『関東軍壊滅す：ソ連極東軍の戦略秘録』徳間書店、一九六八年

大沢武彦「戦後内戦期における中国共産党の東北支配と対ソ交易」『歴史学研究』第八一四号、二〇〇六年

岡部達味編『中国外交――政策決定の構造』日本国際問題研究所、一九八三年

加藤祐三『中国の土地改革と農村社会』アジア経済研究所、一九七二年

外務省外交政務局刊と外務省亜細亜局刊の複製合本『戦前期中国在留日本人統計』第二巻、『関東州並満洲在留本邦人及外国人人口統計表』第一一回〜第一七回（大正七年〜大正一三年）、不二出版、二〇〇四年
角崎信也「新兵動員と土地改革――国共内戦期東北解放区を事例として――」『近きに在りて』第五七号、二〇一〇年
関東州経済会『関東州経済の現勢』関東州経済会、一九四四年
関東州経済会編、執筆：大野斯文ほか『関東州経済年報』昭和一九年版、関東州経済会、一九四五年
関東州工業会『関東州工場名簿』昭和一八年度版、関東州工業会、一九四三年
関東州庁長官官房庶務課編纂『関東州貿易統計』関東州庁、一九三七年
関東庁編『関東庁施政二十年史（上、下）』原書房、一九七四年
『関東庁庁報』（マイクロフィルム版）遼寧省档案館技術部（製作）、一九九五年
香島明雄『中ソ外交史研究　一九三七―一九四六』世界思想社、一九九〇年
菊地昌典、袴田茂樹、矢吹晋『中ソ対立――その基盤・歴史・理論』有斐閣、一九七六年
小林慶二文、福井理文写真『観光コースでない「満州」、瀋陽・長春・ハルビン・大連・旅順』高文研、二〇〇五年
斎藤充功『旅順歴史紀行――いま甦るセピア色の世界――』スリーエーネットワーク、二〇〇一年
斎藤良二編著『関東局警察四十年の歩みとその終焉』関東局警友会事務局、一九八一年
榊谷仙次郎『榊谷仙次郎日記』榊谷仙次郎日記刊行会、一九六九年
下斗米伸夫『ソ連＝党が所有した国家』講談社、二〇〇二年
下斗米伸夫『アジア冷戦史』中央公論新社、二〇〇四年
曽田三郎編著『近代中国と日本――提携と敵対の半世紀――』御茶の水書房、二〇〇一年

大連一中校友会『大連一中：創立五十周年記念』大連一中校友会、一九七〇年
大連商工会議所編『大連経済便覧』大連商工会議所、一九四三年
高碕達之助『満州の終焉』実業之日本社、一九五三年
高碕達之助集刊行委員会編纂『高碕達之助集』東洋製缶、一九六五年
高橋伸夫『中国革命と国際環境：中国共産党の国際情勢認識とソ連、一九三七年―一九六〇年』慶應義塾大学出版会、一九九六年
田中恭子『土地と権力中国の農村革命』名古屋大学出版会、一九九六年
太原要編『満洲の旅：大連―哈爾浜』マンチユリヤ、デーリー、ニユース、一九四〇年
塚瀬進『中国近代東北経済史研究：鉄道敷設と中国東北経済の変化』東方書店、一九九三年
鄭成「中ソ同盟関係形成期における中共とソ連軍の協力関係への一考察――旅大ソ連軍の中国語紙『実話報』を通して――」『近現代東北アジア地域史研究会ニューズレター』第二一号、二〇〇九年
鄭成「「冷戦と中ソ関係：外交、経済と文化交流」――国際学会に参加して――」早稲田大学アジア太平洋研究センター、『アジア太平洋討究』第一四号、二〇一〇年
鄭成「戦後大連における中共組織とソ連軍の協力と衝突――両者の「共同」行政運営を中心に――」『近きに在りて』第五七号、二〇一〇年
鄭成「国共内戦期の経済分野における中共とソ連の協力実態――旅大地区を中心に――」早稲田大学アジア太平洋研究センター『アジア太平洋討究』第一六号、二〇一一年
寺村謙一編著『旅順と大連アルバム』東京堂、一九四一年

寺村謙一編著『回想の旅順・大連』大連市史刊行会、一九七四年
東北財経委員会調査統計処編「旧満州経済統計資料」『偽満時期東北経済統計』（一九三一〜一九四五年）柏書房、一九九一年
董彦平著、加藤豊隆訳『ソ連軍の満州進駐』原書房、一九八二年
時実弘『幻影の大連：関東局中国語通訳生の記録』大湊書房、一九七八年
富永孝子『遺言なき自決：大連最後の日本人市長・別宮秀夫』新評論、一九八八年
富永孝子『大連　空白の六百日』新評論、一九九九年
中嶋嶺雄『中ソ対立と現代』中央公論社、一九七八年
長岡新吉、西川博史編著『日本経済と東アジア：戦時と戦後の経済史』ミネルヴァ書房、一九九五年
中山隆志『ソ連軍進攻と日本軍』国書刊行会、一九九〇年
中山隆志『一九四五年夏最後の日ソ戦』国書刊行会、一九九五年
西村成雄『中国近代東北地域史研究』法律文化社、一九八四年
日本国際問題研究所中国部会編『中国共産党史資料集』勁草書房、一九七四年
日本国際政治学会編『ソ連外交政策の分析』有斐閣、一九六〇年
日本国際政治学会編『中ソ対立とその影響』有斐閣、一九六五年
福島三好『満鉄回想：実録・満鉄最後史』山手書房、一九八五年
細谷千博編『太平洋・アジア圏の国際経済紛争史：一九二二―一九四五』東京大学出版会、一九八三年
О.Б.ボリーソフ、Б.Т.コロスコフ著、滝沢一郎訳『ソ連と中国：友好と敵対の関係史』サイマル出版会、一九七

九年
ボリス・スラヴィンスキー／ドミートリー・スラヴィンスキー著、加藤幸廣訳『中国革命とソ連――抗日戦までの舞台裏（一九一七―三七年）』共同通信社、二〇〇二年
宮本信生『中ソ対立の史的構造――米中ソの「核」と中ソの大国民族主義・意識の視点から――』日本国際問題研究所、一九八九年
増田芳雄『アジア民族の夢満州：日露戦争後の旅順と奉天』学会出版センター、二〇〇五年
松本俊郎『「満洲国」から新中国へ：鞍山鉄鋼業からみた中国東北の再編過程 一九四〇～一九五四』名古屋大学出版会、二〇〇〇年
丸沢常哉『新中国建設と満鉄中央試験所』二月社、一九七九年
満史会編『満州開発四十年史』満州開発四十年史刊行会、一九六四年
満洲国史編纂刊行会編『満洲国史』満蒙同胞援護会、一九七〇年
満洲青年聯盟史刊行委員会編『満洲青年聯盟史』原書房、一九六八年
満州中央銀行史研究会編『満州中央銀行史――通貨金融政策の軌跡』東洋経済新報社、一九八八年
満洲帝国政府編『満洲建国十年史』原書房、一九六九年
満鉄会編『満鉄四十年史』吉川弘文館、二〇〇七年
毛里和子『中国とソ連』岩波書店、一九八九年
毛里和子「序説 社会主義の変容と中ソ関係研究の新しい視角」日本国際政治学会『中ソ関係と国際環境』有斐閣、一九九〇年

山極晃編『東アジアと冷戦』三嶺書房、一九九四年
山極晃、毛里和子編『現代中国とソ連』日本国際問題研究所、一九八七年
山崎高延編『旅順開城記念展覧会写真帖』旅順開城記念会、一九二八年
吉村暁『少年たちの満洲』自由社、一九九二年
呂同挙撮影『大連・古い建物』池宮商会、二〇〇三年

中国語文献

新聞

『新華日報』
『実話報』
『東北日報』
『解放日報』

論文、著書、回想録など

安・安・葛羅米柯ほか主編『蘇聯対外政策史』中国人民大学出版社、一九八八年
安東尼拉・薩洛莫尼、卡佳訳『列寧与俄国革命』三聯書店、二〇〇六年

安徽大学蘇聯問題研究所他編訳『一九一九―一九四九蘇聯「真理報」有関中国革命的文献資料選編』第一、二、三輯、四川省社会科学院出版社、一九八五―一九八八年
彼・尼・波斯別洛夫主編『蘇聯共産党歴史』（第一巻）上海人民出版社、一九八三年
鮑里索夫他『蘇中関係（一九四五―一九八〇）』生活・読書・新知三聯書店、一九八二年
薄一波『薄一波文選（一九三七―一九九二）』人民出版社、一九九二年
陳広相「対斯大林勧阻解放軍過江問題的再研究」『近代史研究』一九九四年第三期
陳兼「関与中国和国際冷戦史研究的若干問題」『華東師範大学学報』（哲学社会科学版）第三三巻第六期、二〇〇一年
陳雲『陳雲文選』人民出版社、一九八四年
陳志斌、孫暁『氷点下的対峙：一九六二―一九六九中蘇辺界之戦実録』国際文化出版公司、一九九三年
曹錫珍編著『中蘇外交史』世界知識出版社、一九五一年
大連機車車両工廠廠志編纂委員会編『鉄道部大連機車車両工場志：一八九九―一九八七』大連出版社、一九九三年
大連日報社編『大連日報史料集』大連日報社、一九八五年
大連市地方志編纂委員会弁公室『大連市志・民政志、軍事志』大連出版社、一九九三年
大連市史志弁公室編著『中共大連地方史』大連出版社、一九九六年
大連市史志弁公室編『大連市工会代表大会文献』大連出版社、一九九四年
大連市史志弁公室編『城市的接管与社会改造（大連巻）』大連出版社、一九九八年
大連市史志弁公室編『大連市志・紡織工業志』中央文献出版社、二〇〇三年
大連市史志弁公室編『大連市志・机械工業志』中央文献出版社、二〇〇三年

大連市史志弁公室編『大連市志・中共地方組織志』中央文献出版社、二〇〇一年
大連市史志弁公室編『大連実話報史料集』大連出版社、二〇〇三年
大連市史志弁公室編『蘇聯紅軍在旅大』内部資料、一九九五年
大連造船廠史編集委員会『大連造船廠史一八九八―一九九八』内部資料、一九九八年
大連市史志弁公室、大連民政局編『大連英烈』大連出版社、一九九五年
『大連農村金融志一九四五―一九九〇』遼寧人民出版社、出版年不詳
大連市総工会工運史研究室編『大連市工会代表大会文献』大連出版社、一九九四年
単文俊他主編『大連歴史大事記一九一九．五―二〇〇〇．一二』大連出版社、二〇〇一年
迪特・海茵茨希著、張文武・李丹琳訳『中蘇走向聯盟的艱難歴程』新華出版社、二〇〇一年
『釣魚台档案』叢書編書組『中蘇（俄）之間重大国事風波』紅旗出版社、一九九八年
丁群『劉順元伝』江蘇人民出版社、一九九九年
丁暁春、戈福禄、王世英编『东北解放战争大事记』中共党史資料出版社、一九八七年
東北財経委員会調査統計処編、木庭俊解題『旧満洲経済統計資料（偽満時期東北経済資料一九三一～一九四五年）』
柏書房、一九九一年
東北物資調節委員會研究組『東北經濟小叢書兩種』學海出版社、一九七一年
多列夫斯基『斯大林与中国』新華出版社、二〇〇一年
何忠誠「大連建新公司――我党創建的第一个大型兵工聯合企業」『遼寧師範大学学報（社科版）』一九九八年第六期
胡礼忠、金光耀、沈済時『从尼布楚条約到叶利欽訪華：中俄中蘇関係三〇〇年』福建人民出版社、一九九四年

『胡喬木回憶毛沢東』人民出版社、一九九四年
黄紀蓮『中蘇関係史話』社会科学文献出版社、二〇〇〇年
黄修栄主編『蘇聯、共産国際与中国革命的関係新探』中共党史出版社、一九九五年
海父編著『為什么一辺倒』上海知識出版社、一九五〇年
吉林省圖書館偽滿洲国史料編委会編『偽滿洲国史料』全国圖書館文献縮微復制中心、二〇〇二年
賈烈英「蘇聯出兵東北与日本投降」『北京航空航天大学学報（社会科学版）』一九九九年第三期
賈丕才著、宋銘恩訳「戦後初期的蘇中関係（一九四六―一九四九）」『蘇聯問題研究資料』一九九一年第六期
賈丕才著、張静訳『中国革命与蘇聯顧問』中国社会科学出版社、一九八一年
賈永軒「旅順大連最終収帰祖国的曲折経歴」『遼寧師範大学学報（社科版）』一九九四年第四期
姜長斌『蘇聯社会主義制度的変遷』黒龍江教育出版社、一九八八年
近代中国研究委員会編『解放日報記事目録』近代中国研究委員会、一九六七―一九六八年
金灜芳、孫克文「抗日戦争勝利後在東北問題上三国四方的関係和闘争」『中共党史資料』一九八八年第二八期
軍事科学院軍事歴史研究部編著『中国人民解放軍戦史』軍事科学出版社、一九八七年
軍事歴史研究部編著『中国人民解放軍全史』軍事科学出版社、二〇〇〇年
卡比察『一九三一―一九四五年的中蘇関係』世界知識出版社、一九五七年
孔寒氷『中蘇関係及其対中国社会発展的影響』中国国際広播出版社、二〇〇四年
李充生『旅大的今昔』抜提書局、一九四七年
李丹慧「戦後中蘇関係研究的新材料和新角度」『中共党史資料』一九九七年第五期

李福斌「解放戦争時期中国共産党与蘇聯関係発展述評」『哈爾濱師専学報』一九九七年第二期
李嘉谷『中蘇関係（一九一七—一九二六）』社会科学文献出版社、一九九六年
李嘉谷編『中蘇国家関係史資料滙編（一九三三—一九四五）』社会科学文献出版社、一九九七年
李連慶『冷暖歳月——一波三折的中蘇関係』世界知識出版社、一九九九年
李涛『借鑑与発展：中蘇教育関係研究、一九四九—一九七六』浙江教育出版社、二〇〇六年
李躍新、羅平漢「論蘇聯出兵東北対東北根拠地建立的歴史影響」『史学月刊』一九九九年第三期
李越然『中蘇外交親歴記』世界知識出版社、一九九九年
李玉貞『孫中山与共産国際』台湾中央研究院近代史研究所、一九九六年
廉風編著『蘇聯怎様幇助中国』上海通俗文化出版社、一九五〇年
廖盖隆「抗日戦争後期和解放戦争初期蘇聯与中国革命的関係」『中共党史研究』（増刊）一九九〇年一二月
林軍『中蘇外交関係一九一七—一九二七年』黒龍江人民出版社、一九九〇年
林軍「初期蘇聯対華政策的内部分岐」『世界歴史』一九九五年第二期
劉徳喜「一九四五年八月到一九四九年一〇月蘇聯対華政策」『中共党史資料』（増刊）一九九九年一二月
劉強敏、于濱力「論述解放戦争時期東北根拠地的軍工生産」『世紀橋』一九九六年第二期
梁玉多「試論抗戦勝利後我党在北満地区的政権建設」『北方文物』一九九六年第二期
遼寧人民出版社編『蘇聯専家和中蘇造船公司』遼寧人民出版社、一九五五年
羅志剛『中蘇外交関係研究一九三四—一九四五』武漢大学出版社、一九九九年
羅時平「試析解放戦争時期蘇聯与中国革命的関係」『中共党史資料』（増刊）一九九九年一二月

羅時叙『由蜜月到反目―蘇聯専家在中国』世界知識出版社、一九九九年
遼瀋戦役記念館、淮海战役記念館、天津市历史博物館編『三大戦役』上海教育出版社、一九九二年
劉志青『恩怨歴尽後的反思：中蘇関係七十年』黄河出版社、一九九八年
林邁可著、楊重光訳、李效黎校『八路軍抗日根据地見聞録：一个英国人不平凡經歷的記述』國際文化出版公司、一九八七年
劉白羽『時代的印象』光華書店、一九四八年
劉功成『大連工人運動史　一八七九―一九四九』遼寧人民出版社、一九八九年
劉功成『大連工運著名人物　一九二三―一九八九』遼寧人民出版社、一九九〇年
劉統『東北解放戦争紀実』東北出版社、一九九七年
劉芝明『清算蕭軍的反動思想』香港：新民主出版社、一九四九年
陸毅主編、中共吉林省委党史研究室、吉林省東北抗日聯軍研究基金会編『韩光党史工作文集』中央文献出版社、一九九七年
羅家倫編『中華民国資料匯编』台北：中国国民党中央委員会党史史料編纂委員会、一九六八年
洛鵬主編『大連報史史料』大連日報社、一九八九年
呂正操『呂正操回憶録』解放軍出版社、二〇〇七年
旅大概述編輯委員会印行『旅大概述』内部発行、一九四九年
馬興國主編『中日關係研究的新思考：中國東北与日本國際学術研討会論文集』遼寧大学出版社、一九九三年
孟憲章他編『蘇聯出兵中国東北』中国百科全書出版社、一九九五年

孟憲章主編『中蘇貿易史史料』中国対外経済貿易出版社、一九九一年
倪良端「東北抗聯移師蘇聯前後」『党史縦覧』二〇〇四年第一期
凝遠編著『蘇聯怎様幇助中国建設』湖南通俗読物出版社、一九五一年
牛軍『从延安走向世界：中国共産党對外關系的起源』福建人民出版社、一九九二年
牛軍『从赫爾利到馬歇爾——美国調停国共矛盾始末』福建人民出版社、一九八九年
牛軍『从延安走向世界』福建人民出版社、一九九二年
牛軍「論中蘇同盟的起源」、『中国社会科学』一九九六年第二期
牛軍「毛沢東与中蘇同盟破裂的縁起（一九五七—一九五九）」『国際政治研究』二〇〇一年第二期
牛軍「一九四五年至一九四九的美蘇国共関係」『歴史研究』二〇〇二年第二期
潘念之等共著『中国与蘇聯』光明書局、一九三七年
潘祝平「劉順元事件与中蘇関係」『炎黄春秋』二〇〇四年第六期
彭施魯「東北抗日聯軍和蘇聯遠東軍関係回顧」『中共党史資料』一九九六年第五六期
彭明『中蘇友誼史』人民出版社、一九五七年
彭真『彭真文選（一九四一—一九九〇年）』人民出版社、一九九一年
秦孝儀主編、中華民国重要史料初編編輯委員会『中華民国重要史料初編——対日抗戦時期』（第七編、戦後中国）台北：中国国民党中央委員会党史委員会、一九八一年
秦孝儀主編、中華民国重要史料初編編輯委員会『中華民国重要史料初編——対日抗戦時期』（第三編：戦時外交）台北：中国国民党中央委員会党史委員会、一九八一年

沈毅「論近代大連城市経済的地位与作用」『社会科学輯刊』一九九四年第六期
沈志華ほか編著『蘇聯共産党九三年――一八九八至一九九一年蘇共歴史大事実録』当代中国出版社、一九九三年
沈志華「蘇聯出兵中国東北：目標和結果」『歴史研究』一九九四年第五期
沈志華『中蘇同盟的経済背景：一九四八―一九五三』香港：香港亜太研究所、二〇〇〇年
沈志華「対中蘇同盟経済背景的歴史考察――中蘇経済関係（一九四八―一九四九）研究之一」『党的文献』二〇〇一年第二期
沈志華『蘇聯歴史档案選編』社会科学文献出版社、二〇〇二年
沈志華『蘇聯専家在中国（一九四八―一九六〇）』中国広播電視出版社、二〇〇五年
沈志華主編『中蘇関係史綱（一九一七―一九九一）』新華出版社、二〇〇七年
沈志華『毛沢東、斯大林与朝鮮戦争』広東人民出版社、二〇〇七年
沈志華、李浜（Douglas A. Stiffler）編『脆弱的聯盟：冷戦与中蘇関係』社会科学文献出版社、二〇一〇年
沈志華主編『中蘇関係史綱―一九一七―一九九一年中蘇関係若干問題再探討』社会科学文献出版社、二〇一一年
师秋朗整理『峰与谷、师哲回忆录』红旗出版社、一九九二年
師哲口述、李海文整理『中蘇関係見証録』当代中国出版社、二〇〇五年
孫才順「以什么標準来評判抗戦期間的中蘇関係――論抗戦期間中蘇関係悪化的原因」『山東師範大学学報（人文社会科学版）』二〇〇一年第四期
孫其明『中蘇関係始末』上海人民出版社、二〇〇二年
蘇聯科学院経済研究所編『蘇聯社会主義経済史』生活・読書・新知三聯書店、一九八〇―一九八七年

索久林、倪笑春『中蘇辺貿向導』東北国際信息編輯部、一九八九年
孫科『中蘇関係』中華書局、一九四六年
田保国『民国時期中蘇関係（一九一七―一九四九）』済南出版社、一九九九年
汪朝光『一九四五―一九五九：国共政争与中国命運』社会科学文献出版社、二〇一〇年
王承礼主編『中国東北淪陥十四年史綱要』中国大百科全書出版社、一九九一年
王勝利『大連近百年史人物』遼寧人民出版社、一九九九年
王鉄崖編『中外旧約章滙編』第三冊、生活・読書・新知三聯書店、一九八二年
王永成「東北解放区的貨幣発行与統一」『党史縦横』一九八八年第四期
王真『動蕩中的同盟：抗戦時期的中蘇関係』広西師範大学出版社、一九九三年
魏碧海『第四野戦軍征戦紀実』解放軍文芸出版社、二〇〇二年
呉東之主編『中国外交史　中華民国時期一九一一―一九四九』河南人民出版社、一九九四年
伍修权『我的歴程』解放軍出版社、一九八四年
徐焰『蘇聯出兵中国東北紀実』天地図書有限公司、一九九三年
夏林根、于喜元ほか編『中蘇関係辞典』大連出版社、一九九〇年
向青「関与斯大林勧阻解放大軍過江之我見」『党的文献』一九八九年第六期
向青ほか主編『蘇聯与中国革命』中央編訳出版社、一九九四年
薛銜天編『中蘇国家関係史資料匯編（一九四五―一九四九）』社会科学文献出版社、一九九六年
薛銜天『中蘇関係史（一九四五―一九四九）』四川人民出版社、二〇〇三年

薛銜天『民国時期中蘇関係史（一九一七―一九四九）』中共党史出版社、二〇一〇年
燕治華、張基地、朱英山「劉少奇与劉順元的友情」『春秋』一九九八年第一期
楊若雲ほか『共産国際和中国革命』上海人民出版社、一九八八年
楊奎松「中蘇国家利益与民族情感的最初碰撞」北京『歴史研究』二〇〇一年第六期
楊奎松「中国共産党奪取東北的戦略演変与蘇聯」『中共党史研究（増刊）』一九九〇年一二月
楊奎松『中共与莫斯科的関係：一九二〇―一九六〇』当代図書、一九九七年
楊奎松『毛沢東与莫斯科的恩恩怨怨』江西人民出版社、一九九九年
楊奎松「美蘇冷戦的起源及対中国革命的影響」『歴史研究』一九九九年第五期
楊奎松「関与解放戦争中的蘇聯軍事援助問題――兼談治学態度並答劉統先生」『近代史研究』二〇〇一年第一期
楊奎松「二〇世紀三个中蘇条約形成経過之回顧与比較」『俄羅斯研究』二〇一〇年第三期
楊奎松『「中間地帯」的革命――国際大背景下看中共成功之道』山西出版集団、山西人民出版社、二〇一〇年
叶羅菲耶夫『中国文化、文学和芸術在蘇聯』時代出版社、一九五五年
尤・米・加列諾維奇著、部彦秀ほか訳、薛銜天監修『両大領袖：斯大林与毛沢東』四川人民出版社、一九九九年
尤・米・加列諾維奇『両个一把手：赫魯暁夫与毛沢東』四川人民出版社、一九九九年
展望週刊編『中蘇友好関係学習手冊』上海：展望週刊、一九五〇年
張殿選編『大連公安歴史長編一九四五―一九四九』大連市公安局、内部資料、一九八七年
張沛『大連訪問紀要』東北新華書店、一九四九年
張桂華「国民政府「外交接収」東北与戦後美蘇関係」『民国档案』一九九八年第二期

張盛発「从消極冷漠到積極支持：論一九四五—一九四九年斯大林対中国革命的立場和態度」『世界歴史』一九九九年第六期
張盛発「戦後初期斯大林対中国革命的態度和立場」『中共党史研究』二〇〇〇年第一期
張挺『大連百年報紙』国際文化出版公司、二〇〇三年
張正隆『雪白血紅』大地出版社、一九九一年
趙紹棣ほか訳『赫魯暁夫回想録』中国広播電視出版社、一九八八年
鄭成「内戦時期東北地方層面上的中蘇関係：以「実話報」為例」沈志華、李濱編『脆弱的同盟：冷戦与中蘇関係』社会科学文献出版社、二〇一〇年
中俄関係史研究会編『戦後中蘇関係史走向（一九四五—一九六〇）——中俄（蘇）関係学術論文選』社会科学文献出版社、一九九七年
中共北京市委党史研究室編『反飢餓反内戰運動資料匯編』北京大学出版社、一九九二年
中共大連市委党史研究室『中共大連党史大事記』大連出版社、一九九一年
中共大連市委党史研究室中共営口市委党史研究室編『解放戦争時期遼南五地委』北京中共党史出版社、一九九三年
中共大連市委党史資料征集弁公室編『解放初期的大連』内部資料、一九八五年
中共档案館編『中共中央文件選集』第一五—一八巻、中共中央党校出版社、一九八九年
中共東北軍党史組編『中共東北軍党史已故人物伝』中共党史出版社、一九九五年
中共中央党史研究室張聞天選集伝記組編、張培森主編『張聞天年譜』中共党史出版社、二〇〇〇年
中共中央党史資料征集委員会等編『遼瀋決戦』人民出版社、一九八八年

中共中央党史研究室第一研究部編訳『共産国際、聯共（布）与中国革命档案資料叢書』（一―一七）中共党史出版社、二〇〇七年
中共中央宣伝部弁公庁、中央档案館編研部編『中国共産党宣伝工作文献選編』学習出版社、一九九六年
中国共産党編年史編委会『中国共産党編年史（一九四四―一九四九）山西人民出版社、中共党史出版社、二〇〇二年
中国社会科学院近代史編訳『共産国際有関中国革命資料選輯』（一、二、三）中国社会科学出版社、一九九〇年
中国第二歴史档案館編『中華民国史档案資料滙編』第五輯第二編（外交）江蘇古籍出版社、一九九七年
中国社会科学院近代史研究所翻訳室『蘇聯顧問在中国』中国社会科学出版社、一九八〇年
中蘇友好協会総会編『偉大的友誼』時代出版社、一九五三年
中蘇友好協会総会編『中蘇友好』一九四九―一九五二年
中蘇友好協会総会輯『学習蘇聯先進経験』中華書局、一九五二年
中蘇友好協会総会輯『偉大的友誼』時代出版社、一九五三年
中央文献研究室編『毛沢東年譜』（上、中、下）人民出版社、一九九三年
中央文献研究室編『毛沢東文集』（第一―六巻）中央文献出版社、一九九六年
中央文献研究室編『周恩来文集』（上、下）中央文献出版社、一九九六年
周保中、東北抗日遊撃日記編輯組『東北抗日遊撃日記』、人民出版社、一九九一年
周霖「蘇軍出兵中国東北対中共「向北発展、向南防御」戦略方針的影響」『中国青年政治学院報』一九九四年第四期
朱建華、趙蘭英「解放戦争時期創建東北革命時期根拠地述略」『社会科学戦線』一九八四年第三期
朱建華ほか編『東北解放区財政経済史稿』黒龍江人民出版社、一九八七年

資中筠『美国対華政策的縁起和発展（一九四五—一九五〇）』重慶出版社、一九八七年

著者紹介

鄭　成（テイ　セイ）

1971年中国上海生まれ。

1998年北京外国語大学大学院日本学研究センターより日本文学修士学位取得。2009年に早稲田大学アジア太平洋研究科より学術博士（国際関係学）博士号取得。対外経済貿易大学（中国北京）専任講師、早稲田大学アジア太平洋研究センター研究助手を経て、現在、早稲田大学社会科学部非常勤講師、同大学アジア太平洋研究センター・特別センター員。

中国現代史専攻。

主要業績：

《脆弱的同盟－冷战与中苏关系》（共著）北京：社会科学文献出版社、2010年。

「国境を超えた国民統合の試み――中国革命への華僑社会の参与」梅森直之、平川幸子、三牧聖子編著『歴史の中のアジア地域統合』（アジア地域統合講座第3巻）勁草書房、近刊予定。

『中国に帰ったタイ華僑共産党員：欧陽惠氏のバンコク、延安、大連、北京での経験』村嶋英治・鄭成編、早稲田大学アジア太平洋研究センター、近刊予定。

国共内戦期の中共・ソ連関係――旅順・大連地区を中心に

2012年2月7日　第1版第1刷発行

著　者　鄭　成

発行者　橋本盛作

発行所　株式会社　御茶の水書房

〒113-0033　東京都文京区本郷5-30-20

電話　03-5684-0751

Printed in Japan

印刷・製本／シナノ印刷（株）

ISBN 978-4-275-00961-6　C3031